背单词，这300个词根就够了！

主　编　王铁志　王　斐
参　编　柯　科　寇　恒　杨雪梅　温　源
　　　　潘　琪　谢　妍　王观宇　李娜娜

本书以 300 个词根为着力点，致力解决英语学习者在 4000~10000 词阶段的单词记忆需求。内容覆盖四六级、考研、SAT、雅思、托福、GRE 词汇。读者只需每天学习一个词根及衍生的几十个单词，全书完成后记忆成果为 300 个词根和 6000 个单词，并且完全掌握通过词根记忆单词的能力。

本书既适合自学，又适合社群学习。读者可以在购买本书后加入相应的微信和 QQ 社群，在作者的带领下充分利用碎片化的时间学习，达到自主学习和社群学习完美结合。

图书在版编目（CIP）数据

背单词，这300个词根就够了 / 王铁志，王斐主编.
—北京：机械工业出版社，2019.2（2020.7 重印）
ISBN 978-7-111-61840-9

Ⅰ.①背… Ⅱ.①王… ②王… Ⅲ.①英语-词汇-记忆术 Ⅳ.①H313.1

中国版本图书馆 CIP 数据核字（2019）第 010631 号

机械工业出版社（北京市百万庄大街 22 号　邮政编码 100037）
策划编辑：孙铁军　　　　　　　责任编辑：孙铁军
责任印制：张　博
三河市宏达印刷有限公司印刷
2020 年 7 月第 1 版・第 2 次印刷
184mm×260mm・19.75 印张・1 插页・437 千字
标准书号：ISBN 978-7-111-61840-9
定价：69.80 元

电话服务	网络服务
客服电话：010-88361066	机 工 官 网：www.cmpbook.com
010-88379833	机 工 官 博：weibo.com/cmp1952
010-68326294	金　书　网：www.golden-book.com
封底无防伪标均为盗版	机工教育服务网：www.cmpedu.com

前 言
Preface

  单词是听说读写的基础，但是很多同学都被单词关给难住了，每天花大量时间去背单词，即使记住了一批单词，长时间不用的话也很容易忘……

  如何让背单词变得更高效、更有趣呢？

  在读过上百本英文原著、研究过数十本原版词汇书籍之后，我们发现词根词缀绝对是个利器。所以近十年里，我一直致力于词根和词缀的研究，而且发现了一些非常有用的规律，能让背单词变得轻松十倍以上！

  英语里的词根和词缀就像汉语里的偏旁部首，有一定的规律可循。在汉语里，反犬旁"犭"组成的汉字大多都代表动物（比如狮、狼、狗、猫），木字旁的汉字大多代表植物（比如树、松、林、枝、杨、柳），月字旁的汉字大多和人的身体有关（比如肝、脏、胰、腺、脾、肺）。

  同理，英语也一样，也有几百个"偏旁部首"，就是我在这本书里所要讲的词根和词缀，它们最早可能来源于拉丁语等古老的语言，比如 bio 表示"生命"，spect 表示"看"，chron 表示"时间"，trans 表示"穿过"等。掌握了这些词根和词缀之后，会将我们头脑里的词汇串联起来，形成记忆网络，在碰到一个新的单词时，也很快能把它"解剖"，然后这个单词就会很轻松地烙印在我们的大脑里，想忘都忘不掉！

  另外，本书区别于其他传统词根和词缀书籍的优点就是，每个小节都是由一个典型词引入一个词根，接着会拓展这个词根下面的重点词汇，读起来非常轻松、便捷，再配上精选的例句，把单词放到语境中去记忆，更是如虎添翼！

  最后，相信大家在读完这本书之后，不仅能轻松记住几千个新单词，对于整个英文词汇体系，也会有一个深刻的认识。时不我待，快快拿起本书，让你的英文水平达到一个全新的高度吧！

编 者

目 录
Contents

前　言
第一章　词缀总结 1
　　前缀总结 2
　　后缀总结 4

第二章　300 个词根 7

001 ced 8	*030* ment 37	*059* thus 66
002 spect 9	*031* prov 38	*060* ven/vent 67
003 dict 10	*032* hap 39	*061* vi 68
004 fin 11	*033* misc 40	*062* petr 69
005 clus 12	*034* cern 41	*063* ton 70
006 cept 13	*035* cap 42	*064* punct 71
007 mut 14	*036* magn 43	*065* centr 72
008 mod 15	*037* vict/vinc 44	*066* dur 73
009 tract 16	*038* pris 45	*067* sat 74
010 rupt 17	*039* art 46	*068* oper 75
011 val 18	*040* mir 47	*069* par 76
012 vert 19	*041* lu/lav 48	*070* curs 77
013 tens 20	*042* und 49	*071* soph 78
014 crat 21	*043* order 50	*072* prehend 79
015 nounce 22	*044* serv 51	*073* trus 80
016 duc 23	*045* laps 52	*074* ped 81
017 fac 24	*046* ger 53	*075* nov 82
018 fid 25	*047* soc 54	*076* tempor 83
019 tort 26	*048* spon 55	*077* puls 84
020 man 27	*049* dign/dain 56	*078* luc 85
021 later 28	*050* cand 57	*079* spers 86
022 spir 29	*051* her 58	*080* muni 87
023 vas 30	*052* numer 59	*081* rud 88
024 ambl 31	*053* brev 60	*082* tect 89
025 dom 32	*054* pend 61	*083* archi 90
026 ann 33	*055* tain 62	*084* loqu 91
027 ev 34	*056* pet 63	*085* gree 92
028 juven 35	*057* sper 64	*086* integr 93
029 equ 36	*058* cruc 65	*087* labor 94

#	root	page		#	root	page		#	root	page
088	lect	95		130	norm	137		172	miss/mit	179
089	cid	96		131	nomin	138		173	mount	180
090	tail	97		132	ferv	139		174	not	181
091	sens	98		133	frig	140		175	opt	182
092	sid	99		134	cult	141		176	fund	183
093	mot	100		135	past	142		177	prim	184
094	junct	101		136	mens	143		178	plen	185
095	van	102		137	medi	144		179	tour	186
096	pound	103		138	rig/rect	145		180	loc	187
097	pos	104		139	sist	146		181	liter	188
098	pict	105		140	port	147		182	plor	189
099	gram	106		141	mob	148		183	polic	190
100	lev	107		142	son	149		184	press	191
101	migr	108		143	greg	150		185	priv	192
102	audi	109		144	rod/ros	151		186	proper	193
103	phon	110		145	rog	152		187	put	194
104	mini	111		146	quir/quist/quest	153		188	quiet	195
105	bat	112		147	cent/cant	154		189	tim	196
106	frag	113		148	fil	155		190	tom	197
107	anim	114		149	scend	156		191	tribut	198
108	fut	115		150	alt	157		192	turb	199
109	clin	116		151	cit	158		193	vag	200
110	sequ	117		152	claim	159		194	vuls	201
111	host/hospit	118		153	corp	160		195	viv	202
112	grav	119		154	cred	161		196	ject	203
113	cur	120		155	cre	162		197	log/logue	204
114	orn	121		156	dem	163		198	leg/lect	205
115	ori	122		157	doc	164		199	vac	206
116	cycl	123		158	habit	165		200	noc/nox	207
117	rot	124		159	hum	166		201	plex	208
118	flor/flour	125		160	jud	167		202	plic	209
119	veget	126		161	jur	168		203	it	210
120	cad/cas	127		162	voc	169		204	err	211
121	cid/cis	128		163	ora	170		205	clar	212
122	nutr/nurt	129		164	part/port	171		206	cogn	213
123	flict	130		165	pass	172		207	ut/us	214
124	vis/vid	131		166	pen	173		208	ag/ig/act	215
125	form	132		167	per	174		209	fall/fal	216
126	fer	133		168	plat	175		210	flam/flagr	217
127	gress/gred	134		169	mark	176		211	dyn	218
128	manu	135		170	memor	177		212	preci	219
129	vor	136		171	min	178		213	cosm	220

v

#	Root	Page	#	Root	Page	#	Root	Page
214	anthrop	221	243	thesis	250	272	liber	279
215	fabl/fabul	222	244	range	251	273	radic	280
216	mon	223	245	rav	252	274	crypt	281
217	du/dupl	224	246	san	253	275	mis	282
218	sim	225	247	scrib	254	276	nihil	283
219	ac	226	248	sert	255	277	onym	284
220	act	227	249	sign	256	278	nat	285
221	alter	228	250	solu	257	279	merg	286
222	apt	229	251	somn	258	280	sect	287
223	card/cord	230	252	speci	259	281	cert	288
224	celer	231	253	sta	260	282	sol	289
225	chron	232	254	stit	261	283	idio	290
226	em	233	255	sting	262	284	parl	291
227	erg	234	256	strain	263	285	rid/ris	292
228	flect	235	257	popul	264	286	cub	293
229	flu	236	258	mater	265	287	dorm	294
230	lat	237	259	patr	266	288	forc/fort	295
231	leg	238	260	mort	267	289	fug	296
232	lim	239	261	plac	268	290	fus	297
233	line	240	262	marin	269	291	gen	298
234	logy	241	263	aer	270	292	gnor	299
235	lumin	242	264	nav	271	293	grad	300
236	lus	243	265	pur	272	294	quit	301
237	stru	244	266	bell	273	295	terr	302
238	sum	245	267	neg	274	296	carn	303
239	sur	246	268	helic	275	297	herb	304
240	tact	247	269	rad	276	298	dot/don	305
241	test	248	270	tir	277	299	sci	306
242	text	249	271	insul	278	300	astr	307

附　录　词根速查索引 ………………………………………………………………… 308

第一章

词缀总结

前缀总结

➤ 表示否定的前缀：

anti {
　antisocial 反社会的（anti + social）
　antibiotic 抗生素（anti + biotic）
　antidote 解药（anti + dote）
}

counter {
　counterreaction 逆反应（counter + reaction）
　counterstrike 反击（counter + strike）
}

de {
　devalue 贬值（de + value）
　deport 驱逐出境（de + port）
　descend 下降（de + scend）
}

dis/dys {
　disorder 混乱（dis + order）
　disagree 不同意（dis + agree）
　dysfunction 功能紊乱（dys + function）
}

in {
　incorrect 错误的（in + correct）
　intangible 无形的（in + tangible）
　injustice 不公正（in + justice）
}

im {
　impolite 不礼貌的（im + polite）
　impartial 公正的（im + partial）
　impatient 不耐烦的（im + patient）
}

il/ir {
　illegal 非法的（il + legal）
　illiterate 不识字的（il + literate）
　irregular 不规则的（ir + regular）
　irresistible 不可抵抗的（ir + resist + ible）
}

mis {
　miscount 数错（mis + count）
　misunderstand 误会（mis + understand）
}

mal {
　maltreat 虐待（mal + treat）
　malfunction 故障（mal + function）
}

non {
　non-violent 非暴力的（non + violent）
　non-profit 非营利的（non + profit）
}

un {
　uncertain 迟疑不决的（un + certain）
　unsatisfactory 令人不满意的（un + satisfy + tory）
　unemployment 失业（un + employ + ment）
}

➤ 表示前面或者后面的前缀：

ante/anti {
　antecedent 先行的（ante + ced + ent）
　anticipate 预期
}

ex {
　ex-president 前任总统（ex + president）
　ex-husband 前夫（ex + husband）
}

fore {
　forehead 前额（fore + head）
　foresight 远见（fore + sight）
　foresee 预见（fore + see）
}

pre {
　precede 领先（pre + cede）
　predict 预报（pre + dict）
}

pro {
　progress 进步（pro + gress）
　prominent 突出的
　provoke 驱使（pro + voke）
}

post {
　postgraduate 研究生（post + graduate）
　postwar 战后的（post + war）
}

re {
　return 返回（re + turn）
　recall 回忆（re + call）
}

表示重复，强调的前缀：

a + 两个重复的字母，都是前缀 ad 的变形
advance 前进
abbreviate 缩写
assume 假定

affiliate 使附属于
arrival 到达

re { review 审查 (re+view)
     rearrange 重新整理 (re+arrange)
     reunion 团聚 (re+union) }

▶ 表示数目的前缀：

semi 半 { semifinal 半决赛 (semi+final)
         semicircle 半圆 (semi+circle)
         semiconductor 半导体 (semi+conductor) }

multi/poly 多 { multiple 多部分的 (multi+ple)
               multitude 多数 (multi+tude)
               polyester 聚酯 (poly+ester)
               polymer 聚合物 (poly+mer) }

uni/solo/mono 一，独 { uniform 制服 (uni+form)
                     soloist 独奏者 (solo+ist)
                     monotonous 单调的 (mono+ton+ous) }

cent 百 { century 世纪
         centigrade 摄氏度 (cent+grade)
         centimeter 厘米 (cent+meter) }

bi/du/di 二，两个 { bicycle 自行车 (bi+cycle)
                  bilingual 双语的 (bi+lingual)
                  dual 双重的 (du+al)
                  duplicate 复制
                  dioxide 二氧化物
                  dilemma 进退两难 }

kilo 千 { kilometer 公里 (kilo+meter)
         kilogram 公斤 (kilo+gram) }

milli 百万 { million 百万
            millionaire 百万富翁 }

tri 三 { tricycle 三轮车 (tri+cycle)
        triangle 三角形 (tri+angle)
        trilogy 三部曲 (tri+logy) }

▶ 典型前缀：

co/com/con/col/cor 共同 { cooperative 合作的 (co+operative)
                         combat 斗争 (com+bat)
                         congress 国会 (con+gress)
                         collective 集体的 (col+lect+ive)
                         corporate 共同的 }

circum 周围，环绕 { circumstance 环境 (circum+stance)
                  circumspect 谨慎的 (circum+spect) }

contra 相反 { contrary 相反的 (contra+ry)
             contradict 反驳 (contra+dict) }

en/em 使处于……境地 { enlarge 扩大 (en+large)
                    enable 使能够 (en+able)
                    empower 授权 (em+power) }

homo 同，相同 { homosexual 同性恋的 (homo+sex+ual)
              homogeneous 同种类的 (homo+gene+ous) }

hyper 超过，太多
- hypertension 高血压（hyper + tension）
- hyperactive（人）过分活跃的（hyper + active）

hypo 下面，次等
- hypotension 低血压（hypo + tension）
- hypocritical 虚伪的（hypo + critical）
- hypothesis 假设（hypo + thesis）

inter 在……之间；在……之内
- international 国际的（inter + national）
- interact 相互作用（inter + act）

mini 小
- minibus 面包车（mini + bus）
- minimum 最小量的
- miniature 微型的

per 彻底，完全
- persist 坚持（per + sist）
- permanent 永恒（per + man + ent）

trans 转变
- translation 翻译
- transplant 移植（trans + plant）

后缀总结

▶ 表示人的后缀：

ant
- assistant 助理（assist + ant）
- accountant 会计师（account + ant）
- servant 仆人，佣人（serve + ant）

ee
- employee 雇员（employ + ee）
- trainee 实习生（train + ee）
- examinee 考生（examine + ee）

er/or
- inventor 发明家（invent + or）
- instructor 指导员，教练（instruct + or）
- designer 设计师，设计者（design + er）
- promoter 倡导者，提倡者（promot + er）

ess
- princess 公主（prince + ess）
- poetess 女诗人（poet + ess）

ian
- historian 历史学家（history + ian）
- comedian 喜剧演员，滑稽演员（comedy + ian）
- civilian 平民（civil + ian）

ist
- scientist 科学家（science + ist）
- racist 种族主义者（race + ist）

man
- gentleman 先生（gentle + man）
- freshman （大学）一年级学生（fresh + man）
- spokesman 发言人；代言人（spoke + man）

▶ 表示地点、场所和方位的后缀：

ory/itory/atory
- factory 工厂（fact + ory）
- depository 储藏所，仓库（deposit + ory）
- observatory 天文台（observe + atory）

um/rium
- museum 博物馆
- aquarium 水族馆（aqua + rium）
- auditorium 礼堂（auditor + ium）

表示学科的后缀：

graphy
- autography 笔迹（auto + graphy）
- biography 传记（bio + graphy）
- geography 地理（geo + graphy）

logy
- ecology 生态；生态学（eco + logy）
- cosmology 宇宙论，宇宙学（cosmo + logy）

ics
- economics 经济学（economy + ics）
- electronics 电子学（electron + ics）
- physics 物理学

nomy
- astronomy 天文学（astro + nomy）
- bionomy 生态学；生理学（bio + nomy）

表示主义，学派的后缀：

ism
- socialism 社会主义（social + ism）
- communism 共产主义（commun + ism）
- optimism 乐观主义
- atheism 无神论

一般性名词后缀：

age
- marriage 婚姻（marry + age）
- baggage 行李，包袱（bag + age）
- postage 邮资，邮费（post + age）

ship
- leadership 领导能力（leader + ship）
- friendship 友谊（friend + ship）
- citizenship 公民身份（citizen + ship）

ance/ence
- perseverance 坚持不懈（persevere + ance）
- difference 差异（differ + ence）

tion/sion
- collection 收藏品（collect + tion）
- calculation 计算（calculate + tion）
- admission 入场费；进入许可（admit + sion）
- discussion 讨论（discuss + sion）

ary
- missionary 传教士（mission + ary）
- anniversary 周年纪念日（anni + vers + ary）

cy
- bankruptcy 破产（bankrupt + cy）
- intimacy 亲密（intimate + cy）
- frequency 频率（frequent + cy）

ty/ity
- property 资产（proper + ty）
- complexity 复杂性（complex + ity）
- similarity 相似点（similar + ity）

ication/ization
- certification 证书（certify + ication）
- simplification 简化（simplify + ication）
- civilization 文明（civil + ization）

th
- depth 深度（deep + th）
- strength 力量
- filth 污秽

ment
- management 管理（manage + ment）
- establishment 机构（establish + ment）
- argument 论证（argue + ment）

ure/ture
- structure 建筑物（struct + ure）
- procedure 程序（procede + ure）
- capture 战利品（capt + ure）
- mixture 混合（mix + ture）
- temperature 温度（temper + ture）

ness
- bitterness 苦（bitter + ness）
- darkness 黑暗（dark + ness）

表示形容词的后缀：

able
- reliable 可以依靠的（rely + able）
- valuable 有价值的（value + able）

al
- exceptional 异常的（exception + al）
- pastoral 牧师的（pastor + al）
- conventional 传统的（convention + al）

ant
- vacant 空虚的（vac + ant）
- vibrant 振动的（vibr + ant）
- extravagant 奢侈的

ary/ory
- ordinary 普通的
- necessary 必要的
- contradictory 矛盾的（contradict + ory）
- compulsory 义务的（com + puls + ory）

ed
- delighted 高兴的（delight + ed）
- frightened 害怕的（frighten + ed）

en
- wooden 木制的（wood + en）
- golden 金色的（gold + en）
- woolen 羊毛的（wool + en）

ent
- dependent 依靠的（depend + ent）
- excellent 优秀的（excel + ent）

ful
- grateful 感谢的（grate + ful）
- wonderful 极好的（wonder + ful）
- skillful 熟练的（skill + ful）

ic/ical
- classic 经典的（class + ic）
- horrific 可怕的（horrify + ic）
- economical 节约的（economy + ical）

ing
- interesting 有趣的（interest + ing）
- encouraging 令人鼓舞的（encourage + ing）
- compelling 强制的（compel + ing）

ish
- foolish 愚蠢的（fool + ish）
- selfish 自私的（self + ish）
- lavish 浪费的（lav + ish）

ous
- ridiculous 荒唐的（ridicule + ous）
- prosperous 繁荣的（prosper + ous）

some
- handsome 英俊的（hand + some）
- troublesome 令人烦恼的（trouble + some）
- tiresome 烦人的（tire + some）

tive/sive
- affirmative 肯定的；积极的（affirm + tive）
- respective 各自的（respect + tive）
- abusive 滥用的（abuse + sive）
- permissive 许可的（permit + sive）

y
- spicy 辣的（spice + y）
- lucky 幸运的（luck + y）
- sleepy 困倦的（sleep + y）

表示动词的后缀：

ate
- separate 分开
- operate 经营
- indicate 指示

en
- quicken 加速（quick + en）
- weaken 削弱（weak + en）
- harden 变硬（hard + en）

ify
- beautify 美化（beauty + fy）
- intensify 强化（intense + ify）
- simplify 简化（simple + ify）

ish
- abolish 废除
- diminish 减少
- establish 建立

ize
- modernize 使现代化（modern + ize）
- apologize 道歉（apology + ize）
- organize 组织（organ + ize）

第二章

300词根

词根 ced 001

词根是 ced，来源于拉丁动词 cedere，意为 to go，"走"的意思。所以，带有这个词根的单词基本上都会和"走"有点关系，要么向后走，要么走到了前面，要么跟着走，大家可以根据具体的意思去进行联想记忆。这个词根还有另外一个形式是 ceed。

【同根词汇】

recede [rɪˈsiːd] vi. 后退；减弱
antecedent [ˌæntɪˈsiːd(ə)nt] n. 先行词；祖先 adj. 先行的；先前的
decedent [dɪˈsiːd(ə)nt] n. 死者，已故者
proceed [prəˈsiːd] vi. 开始；继续进行

代言词 precedent

【代言词剖析】

[ˈpresɪdənt] 考研/TOEFL/IELTS

n. 前例；先例　adj. 在前的，在先的

刚看到这个词的音标，是不是感觉跟我们的 president（n. 总统；董事长）有点像呢？大家要注意的是 president 音标是 [ˈprezɪdənt]，一个是 s 音（清辅音），一个是 z 音（浊辅音），大家可以多听几遍这两个单词的发音，注意区分哦。还有就是，这个词最常用到的是它的名词形式，大家重点记住就行。

► 从词根到单词

= pre（在……前的）+ ced（走）+ ent（人或者物）= 走在前面的人或者物→先例，可借鉴的例子。

常用表达

judicial precedent 司法判例
condition precedent 先决条件

► 前缀扩展

前缀是 pre，表示"在……前的，预先"的意思，我们经常说一个单词的前缀是什么，那今天就记下这个经常出现的名词 prefix（n. 前缀），还有：
predict vt. 预报，预言；预知
precept n. 规则；格言

► 高频近义词

model n. 模型；典型
pattern n. 模式；样品

► 后缀扩展

后缀是 ent，一个既可以构成形容词，又可以构成名词的后缀。我们都对应着给大家举几个例子，看看这些单词有什么共同的特点。
obedient adj. 顺从的，服从的；孝顺的
prevalent adj. 流行的；普遍的
resident n. 居民 adj. 居住的；定居的

► 高频反义词

following adj. 接着的；下列的
latter adj. 后者的；近来的
subsequent adj. 后来的，随后的

► 精选例句

According to precedent, the new comers will clean the office for some time.
根据惯例，新来的人要打扫办公室一段时间。
The precedent decision should be understood before we act.
在采取行动之前我们应该弄明白先前的决定。

词根 spect

词根是 spect，来源于拉丁语 specere，意为 to look, to see，也就是"看"的意思。

【同根词汇】

inspect [ɪnˈspekt] v. 检查；视察
prospect [ˈprɒspekt] n. 希望；前景；景色
retrospect [ˈretrəspekt] n. 回顾；追溯
spectacular [spekˈtækjʊlə] adj. 壮观的；令人惊叹的 n. 壮观场面

代言词 perspective

【代言词剖析】

[pəˈspektɪv] 考研/CET6/GRE/TOEFL/IELTS

n. 观点，看法；远景；透视

这个单词的含义其实是比较丰富的，大家在阅读中应该经常会看到。表示"立场，观点"，类似于 view（n. 看法）；表示"远景，景色"，类似于 vista（n. 远景；展望），还可以表示一个人思考的方法、态度、价值观等含义。

常用表达

in perspective 用透视法
new perspective 新的观点

▶ 从词根到单词

= per（贯穿，从头至尾）+ spect（看）+ ive（人、物或者某些抽象的事物）= 从头至尾全看到了 → 看透了！→ 看得很透、很全面了，就有了自己的观点和想法。

▶ 前缀扩展

前缀是 per，表示"through""通过"的含义，引申一下也有"贯穿，从头到尾"的意思，在词根或者单词的前面有加强的作用。我们来看几个相关单词：

perspire vi. 出汗，流汗
pervade vt. 遍及；弥漫

▶ 后缀扩展

后缀是 ive，也是一个既可以构成形容词，又可以构成名词的后缀。作为形容词后缀时，表示"有……性质的，有……作用的，有……倾向的，属于……的"，我们来看几个相关单词：

negative adj. 否定的；消极的；负面的
sensitive adj. 敏感的
responsive adj. 反应积极的，反应敏捷的
impressive adj. 感人的；给人以深刻印象的
detective n. 侦探
alternative n. 二者择一；供替代的选择

高频近义词

viewpoint n. 观点，看法；视角
opinion n. 意见；主张
standpoint n. 立场；观点

高频反义词

close-up n. 特写镜头，特写
obscure adj. 昏暗的；朦胧的

精选例句

They have different perspectives on that terrorist attack. 他们对于那次恐怖袭击持有不同看法。
You can get a perspective of the whole city from here. 从这里你可以看到城市的全景。

词根 dict 003

词根是 dict，来源于拉丁语，意为 to say, to assert，也就是"说话，断言"的意思。带有这个词根的单词都与"说话"有一些关系。

【同根词汇】

dictionary [ˈdɪkʃ(ə)n(ə)rɪ] n. 字典；词典
dictation [dɪkˈteɪʃ(ə)n] n. 听写；口述；命令
predict [prɪˈdɪkt] v. 预言；预报；预知
dictator [dɪkˈteɪtə] n. 独裁者，专政者

代言词 contradict

【代言词剖析】

[ˌkɒntrəˈdɪkt] 考研/CET6/GRE/TOEFL/IELTS

v. 反驳；否认；与……矛盾；发生矛盾

大家可能见过 contradiction（n. 矛盾）这个名词，因为生活中总是有各种各样的 spear（n. 矛，枪）和 shield（n. 盾；防护物），学会如何化解和消除矛盾就是我们必须学会的技能。我们还是从根源上入手，来消除今天的"矛盾"！

常用表达
contradict oneself 自相矛盾
class contradiction 阶级矛盾

▶ **从词根到单词**
= contra（相反，对立）+ dict（说）
= 反对别人所说的话 → 引申一下，就是"反驳，否认"的意思，也可以表示"与……相矛盾，与……相抵触"。

▶ **前缀扩展**
前缀是 contra，表示"against"或"opposite"，即"相反的，对立的"意思，contro 和 counter 是它的两个变形，它们作为前缀的含义都是一样的。有几个很重要的单词：
contraband n. 走私货，禁运品
controversial adj. 有争议的，引起争议的
counterfeit n. 仿造；假冒；虚伪

▶ **高频近义词**
deny vt. 拒绝；拒绝承认
oppose v. 反对，抗争
refute vt. 反驳，驳斥；驳倒

▶ **高频反义词**
agree v. 同意；赞成
approve v. 批准；赞成
confirm v. 证实；确定

▶ **精选例句**
Don't contradict your father.
别和你父亲犟嘴。
The report contradicts what we heard yesterday.
这个报道与我们昨天听到的有矛盾。

词根 fin
004

词根是 fin，来自拉丁语 finis，表示 end，limit，即"末尾，界限"的意思。大家很熟悉的单词如 final 和 finish 就来自这个词根。喜欢看法国电影的小伙伴肯定在电影结束的时候看到过"FIN"这个单词，在法语里就类似"THE END"，即"结束"的意思。

【同根词汇】

confine [kənˈfaɪn] vt. 限制 n. 范围
define [dɪˈfaɪn] v. 定义
definite [ˈdefɪnɪt] adj. 一定的；确切的
definitive [dɪˈfɪnɪtɪv] adj. 明确的；决定性的

代言词 finite

【代言词剖析】

[ˈfaɪnaɪt] 考研/CET6/GRE/IELTS

adj. 有限的；限定的

看着是一个很短的单词，但读出来发音却非常饱满，一定要记得单词中的两个"i"都读它们字母本来的读音，即双元音 [aɪ]。至于单词，大家通过词根加后缀的方式很容易就能记住了，还是一起来扩展一下吧。

常用表达
finite resource 有限资源
a finite life span 有限的寿命

▶ 从词根到单词

= fin（界限）+ ite（……的）
= 有界限的→有限的，限定的。

▶ 后缀扩展

后缀是 ite，在这里是一个重要的形容词后缀，表示"……的"。例如：
impolite adj. 无礼的；粗鲁的
exquisite adj. 精致的；细腻的
erudite adj. 博学的；有学问的

▶ 高频近义词

limited adj. 有限的；被限制的
bounded adj. 有界限的，有限制的
restricted adj. 有受限制的；保密的

▶ 高频反义词

endless adj. 无止境的；连续的
infinite adj. 无限的，无穷的
immeasurable adj. 无限的；不能测量的

▶ 精选例句

Fossil fuels are finite, and rapidly being depleted.
化石燃料是有限的，并正在迅速枯竭。
Do you think the universe is finite or infinite?
你认为宇宙是有限还是无限的？

词根

clus
005

词根是 clus，来自拉丁语 claudere，表示 close，即"关闭"的意思。词根 clud 和 clus 同源，它们两个的含义也一样。

【同根词汇】

exclude [ɪkˈskluːd] vt. 排除；排斥
include [ɪnˈkluːd] vt. 包含，包括
conclusive [kənˈkluːsɪv] adj. 决定性的；最后的

代言词
exclusive

【代言词剖析】

[ɪkˈskluːsɪv] 考研/CET6/GRE/TOEFL/IELTS

n. 独家新闻　*adj.* 独家的；唯一的

　　经常听到新闻上说"独家报道""独家爆料""独家采访"，听上去很霸道的感觉。实际上这也是一个很常见的形容词，表达"独家经营的，专属的，专有的，排外的"。

常用表达

exclusive news 独家新闻
exclusive interviews 独家采访

从词根到单词

= ex（向外）+ clus（关闭）+ ive（……的）
= 朝外关闭了的→把其他的堵在门外面了，也就是自己占了先机，"独有的，独家的"！

▶ **前缀扩展**

　　前缀是 ex，意思是"out"，表示"向外""分离"的含义，带该前缀的单词很多：

exception *n.* 例外；异议
exotic *adj.* 异国的；外来的
extract *vt.* 提取；取出

▶ **后缀扩展**

　　后缀是 ive，一个重要的形容词后缀，表示"……的"，例如：

attractive *adj.* 吸引人的；有魅力的
distinctive *adj.* 有特色的，与众不同的

▶ **高频近义词**

sole *adj.* 独占的；唯一的
particular *adj.* 特别的；详细的；独有的
unique *adj.* 独特的；稀罕的

▶ **高频反义词**

general *adj.* 一般的；综合的
extensive *adj.* 广泛的；大量的
comprehensive *adj.* 综合的；广泛的

▶ **精选例句**

Some papers thought they had an **exclusive**.
一些报社以为他们有一条独家报道。
The reporter managed to get an **exclusive** interview with the Prime Minister.
这位记者设法抓住了时机对首相进行了独家采访。

词根 cept 006

词根是 cept，来自拉丁语 capere，意为 to take，to seize，即"拿，抓"的意思。

【同根词汇】

concept [ˈkɒnsept] n. 观念，概念
perception [pəˈsepʃ(ə)n] n. 看法；洞察力
deception [dɪˈsepʃ(ə)n] n. 欺骗，欺诈

代言词 susceptible

【代言词剖析】

[səˈseptəbl] 考研/GRE/TOEFL/IELTS

adj. 易受外界影响的；易受感染的；容许……的

每天我们总是接触到各种各样的事情，有正能量，有负能量，我们也难免不受到影响，那今天的单词就是描述这样的状态，比如，容易受到……影响，对……比较敏感的，或者说某个人容易动情，容易情绪波动，也可以用。

从词根到单词
= sus（在下面）+ cept（拿）+ ible（易于……的）
= 容易被拿到什么下面→容易被拿下，易受外界影响的；易受感染的。也可以表示"可以接受……的"或"允许……的"。

常用表达
be susceptible to 易受……影响；对……敏感
be susceptible of 容许有；有……的能力

▶ 前缀扩展

前缀是 sus，是由常见的前缀 sub 变形而来，意思是一样的，都表示 under，即"在下面，自下而上的"的含义。sus 这个前缀一般出现在字母 c，p，t 的前面。比如：
suspect v. 怀疑；猜想
sustain vt. 维持；支持

▶ 后缀扩展

后缀是 ible，也是一个很常见的形容词后缀，表示"易于……的"。比如：
accessible adj. 易接近的；可进入的
flexible adj. 灵活的；易弯曲的
visible adj. 明显的；看得见的

▶ 高频近义词

liable adj. 有义务的；有……倾向的
sensitive adj. 易受伤害的；善解人意的
vulnerable adj. 易受伤害的；脆弱的

▶ 高频反义词

immune adj. 免疫的；免除的
resistant adj. 抵抗的；反抗的

▶ 精选例句

Old people are the most susceptible to advertisements.
老年人最容易受广告的影响。
A signed agreement is not susceptible of change.
已签署的协议不可再改动。

词根 mut 007

词根是 mut，也是来自拉丁语，意思是 to change，即"改变"的意思。相关的单词都有"交换"和"改变"的含义。

【同根词汇】

mutual ['mjuːtʃʊəl] adj. 共同的；相互的
mutate [mjuːˈteɪt] vi. 变异；突变
permutation [ˌpɜːmjʊˈteɪʃ(ə)n] n. 排列；交换

代言词 commute

【代言词剖析】

[kəˈmjuːt] 考研/GRE/TOEFL/IELTS

v. 通勤；交换 n. 通勤来往；乘车上下班

大家都是乘坐什么交通工具上班或者上学呢？by bus（坐公交），take the subway（乘地铁），还是 on foot（步行）？如果你是乘汽车或火车往返于市区工作的地方与郊区自己的住处之间（听起来很漫长的路途！），那么 commute 这个词一定得记住啦！

常用表达
commute between 通勤于……之间
commuting time 上下班时间

▶ 从词根到单词

= com（和）+ mut（改变）+ e（常见词尾）
= 和很多人一起改变，变动 → 引申一下，就是一起乘车上下班，"通勤"。

▶ 前缀扩展

前缀是 com，是一个特别常见的前缀，表示 with 和 together，后来引申出 altogether (adv. 完全地) 或 completely (adv. 彻底地) 的意思，这时候就有了加强或者强调的作用。再学几个相关单词：
compose v. 作曲；创作
committee n. 委员会
complete vt. 完成 adj. 完整的

▶ 高频近义词

exchange v. 交换；兑换
transportation n. 运输；交通
substitute vt. 代替
transfer v. 转移；调任；转乘
shift work 换班工作，倒班工作

▶ 精选例句

Commuting in the rush hour requires a phlegmatic temperament.
在上下班交通高峰期间乘坐通勤车要有安之若素的心境。
A 22-mile **commute** for her is very easy.
22英里的通勤路程对她来说很容易。

词根 mod

008

词根是 mod，来自拉丁语的 modus，意为 manner，mode，即"模式，方法，风度"的意思。

【同根词汇】

com**mod**ity [kəˈmɒdɪtɪ] n. 商品；日用品
moderate [ˈmɒd(ə)rət] adj. 适度的；温和的
modest [ˈmɒdɪst] adj. 谦虚的；适度的

代言词 accom**mod**ate

【代言词剖析】

[əˈkɒmədeɪt] 考研/CET6/GRE/TOEFL/IELTS
vt. 使适应；向……提供住处

首先给大家介绍一个特别热心的单词，accommodating（adj. 乐于助人的），还有一个看起来很高端的名词 accommodation（n. 住处；和解），其实它们和我们今天要讲的重点单词都来自一个词根，大家看完今天的内容肯定会一并记住的！

▶ 从词根到单词

= ac（强调）+ com（共同）+ mod（模式，方式）+ ate（做，使……）
= 让一大堆人共同做一件事，或者一个模式→让某个人适应环境，或者给……提供住宿或住处。

常用表达

accommodate to 适应……
accommodate sb with sth 为……提供

▶ 前缀扩展

主要的前缀是 com，在昨天的单词 commute 里面给大家介绍过，表示 with 和 together，"和，共同"的意思。比如：
comply vi. 顺从；遵照；答应
complex adj. 复杂的；费解的

最开始还有一个前缀 ac，表示加强，强调，我们再看几个重点单词：
accelerate v. 加速
accumulate v. 积累；增加

▶ 后缀扩展

后缀是 ate，作为动词词缀，一般表示"做，造成，使……"的含义。
illustrate v. 说明；图解
calculate v. 计算

▶ 高频近义词

provide v. 供给；提供
supply vt. 供应；提供
adapt v. 使适应；适合

▶ 高频反义词

starve v. （使）挨饿
shelter n. 避难所；庇护
refugee n. 难民

▶ 精选例句

We must accommodate ourselves to circumstances. 我们必须适应环境。
This hotel can accommodate 50 guests. 这家旅馆可供50位来宾住宿。

词根 tract 009

词根是 tract，来自拉丁语 trahere，意为 to draw，即"拉拽"的意思。所以带这个词根的单词憋着一股劲呢！

【同根词汇】

tractor [ˈtræktə] n. 拖拉机
retract [rɪˈtrækt] v. 撤回
distract [dɪˈstrækt] v. 转移；使分心
extract [ɪkˈstrækt] v. 提取；摘录

代言词 abstract

【代言词剖析】

[ˈæbstrækt] 考研/CET6/GRE/TOEFL/IELTS

adj. 抽象的；理论的；抽象派的

大家肯定听过 abstract painter（抽象派画家），abstract painting（抽象画）这些说法，正好用到今天的单词；还有，下次记得看到抽象画，要 concentrated（*adj.* 心神专注的）哦！说不定你会喜欢上这种艺术形式呢！

常用表达

abstract idea 抽象概念
abstract art 抽象派；抽象主义

▶ **从词根到单词**

= abs（离开）+ tract（拉拽）
= 被拉开了，拽走了 → 抽象的，理论的。也可以做动词，表示"提取，转移（注意力），使（某人）心不在焉"；做名词的时候就是"摘要，概要"，或者也可以直接指"抽象派艺术作品"。

▶ **前缀扩展**

前缀是 ab，表示 away，即"远离"的意思，在有的词根前面会变成"abs"和"a"，当然包含的意思都是一样的。例如：

abnormal *adj.* 反常的；不正常的
abolish *v.* 废除
abstain *v.* 自制，放弃

▶ **高频近义词**

blurry *adj.* 模糊的
misty *adj.* 有雾的；模糊的
unspecific *adj.* 不具体的

▶ **高频反义词**

concrete *adj.* 具体的；有形的
tangible *adj.* 可触摸的；实际的

▶ **精选例句**

Her head's full of abstract ideas about justice and revolution.
她的头脑里充满了关于正义和革命的抽象概念。
Abstract paintings did not appeal to him.
抽象派绘画无法引起他的兴趣。

词根 rupt
010

词根是 rupt，来自拉丁语，表示 break，即"断裂"的意思，一个很有脾气的词根。

【同根词汇】
corrupt [kəˈrʌpt] adj. 腐败的 v. 腐败；腐化
bankrupt [ˈbæŋkrʌpt] adj. 破产的 vt. 使破产
eruption [ɪˈrʌpʃ(ə)n] n. 爆发；喷发
interrupt [ɪntəˈrʌpt] v. 打断；中断

代言词
corruption

【代言词剖析】
[kəˈrʌpʃn] CET6/TOEFL/IELTS
n. 贪污；腐败

之前很热门的电视剧《In the Name of People》就是一部 corruption drama（贪污腐败题材的电视剧），里面 anti-graft investigations（反贪调查）的情节是最吸引人的！

常用表达
combat corruption 反腐
crime of corruption 贪污罪

▶ 从词根到单词
= cor（共同）+ rupt（断裂）+ ion（动作或者状态）
= "共同断裂了"的动作→一大帮人的底线都断了，良心丢掉了，也就开始"贪污腐败"了！

▶ 前缀扩展
前缀是 cor，是 com 的变形，com 这个前缀大家应该很熟悉啦，所以它们的意思就是 with, together，表示"共同"。下面的单词就带有这个前缀：
correction n. 改正，修正
correspond v. 符合，一致
corporation n. 公司；法人

▶ 后缀扩展
后缀是 ion，一个很常见的名词后缀，一般表示"动作或者状态"，比如：
instruction n. 指令，命令
discussion n. 讨论，议论

▶ 高频近义词
decay v. （使）衰退；（使）腐败
graft vt. 嫁接；贪污
bribery n. 受贿；行贿

▶ 高频反义词
honesty n. 诚实，正直
impartial adj. 公平的，公正的
righteous adj. 正义的；正直的

▶ 精选例句
Corrupt officials always try to draw the curtain over their corruption.
贪官污吏总是企图掩盖自己的腐败行为。
Corruption stands in the way of the development of society.
贪污腐败妨碍社会发展。

词根 val

011

词根是 val，来源于拉丁语 valere，意为 worth，即"价值"的意思。

【同根词汇】

prevalent ['prev(ə)l(ə)nt] adj. 流行的；普遍的
equivalent [ɪ'kwɪv(ə)l(ə)nt] adj. 等价的；相等的
invaluable [ɪn'væljʊ(ə)b(ə)l] adj. 无价的；非常贵重的

代言词 ambivalent

【代言词剖析】

[æm'bɪvələnt] GRE/TOEFL/IELTS
adj. 矛盾的；摇摆不定的

之前给大家重点讲过了 contradict（v. 反驳；与……矛盾），见过了 contradiction（n. 矛盾），那今天就再来记一个有关矛盾的形容词，形容因内心矛盾而"摇摆不定的；犹豫不决的"状态再合适不过了！

▶ 从词根到单词

= ambi（两侧）+ val（价值）+ ent（……的）
= 两侧或者双方都有价值→有点"难以取舍"，或者"模棱两可"的感觉。

常用表达

ambivalent personality 矛盾人格
be ambivalent about 对……感到矛盾

▶ 前缀扩展

前缀是 ambi，来源于拉丁语 ambio，意为 both，即"两，两侧"的意思。比如：
ambiguous adj. 模棱两可的；不明确的
ambidextrous adj. 双手灵巧的

▶ 高频近义词

contradictory adj. 矛盾的；反对的
hesitant adj. 迟疑的；犹豫不定的
inconsistent adj. 不一致的；前后矛盾的

▶ 后缀扩展

后缀是 ent，很重要的形容词后缀，我们再配几个重要的形容词给大家：
independent adj. 独立的
prominent adj. 突出的，显著的

▶ 高频反义词

positive adj. 确定的，肯定的
determinate adj. 确定的；决定的
resolved adj. 下定决心的；断然的
doubtless adj. 无疑的；确定的

▶ 精选例句

She seems to feel ambivalent about her new job.
她似乎对新工作喜忧参半。

What worries me is that he's so placid and, almost, ambivalent while he's doing it.
我所担心的是，他太温和了，在做这件事时有点犹豫不决。

词根 vert 012

词根是 vert，来源于拉丁语 vertere，意思是 turn，即"转，转向，转移"的意思。

【同根词汇】

convert [kən'vɜːt] v. 转变，变换
pervert [pə'vɜːt] n. 变态
introvert ['ɪntrəvɜːt] n. 内向的人

代言词 divert

【代言词剖析】

[daɪ'vɜːt] 考研/CET6/GRE/TOEFL/IELTS

v. 转移；娱乐

"转接电话""绕道""分散注意力""消遣一下"，学完今天的单词，大家对于这些实用的表达就全都掌握了。所以，别看这个单词比较短，却很实用。还有，记单词的时候可不要分散注意力，而要 concentrate（vi. 全神贯注）哦！

常用表达

divert attention from 从……转移注意力
divert call 转接电话

▶ 从词根到单词

= di（分开）+ vert（转向）
= 分开转向 → 引申一下，就是"转移"，或者从学习或者工作中转移出来，还有"娱乐"的意思。

▶ 前缀扩展

前缀是 di，意思是 apart，即"分开，分离"的意思。例如：
divorce v. 离婚
digress v. 离题
digest v. 消化

▶ 高频近义词

transform v. 变换，改变
modify v. 修改
alter v. 改变

▶ 高频反义词

fixed adj. 确定的；固执的
invariable adj. 不变的；常数的
constant adj. 不变的；恒定的

▶ 精选例句

They want to divert the attention of the people from the real issues.
他们想要把人们的注意力从真正的问题上转移开。
The children were immensely diverted by his funny stories.
孩子们被他讲的幽默故事逗得乐不可支。

词根 tens 013

词根是 tens，来源于拉丁动词 tendere，它还有两个变形，tend 和 tent，表达的意思都是一样的，表示 stretch，即"伸开，伸展，延伸"的意思。

【同根词汇】

extend [ɪkˈstend] v. 延伸；扩大
tendency [ˈtend(ə)nsɪ] n. 倾向，趋势
intensive [ɪnˈtensɪv] adj. 加强的；集中的

代言词 extensive

【代言词剖析】

[ɪkˈstensɪv] 考研/CET6/TOEFL/IELTS
adj. 广泛的；大量的；广阔的

这个单词的意思确实也很广泛，汉语中有个成语和它很搭，"包罗万象"，我们夸别人知识广博也可以用到！需要和 extended（adj. 延伸的；长期的）区分一下，虽然它们是同样的词根，但引申出来的意思可不一样哦。

从词根到单词

= ex（向外）+ tens（伸开，延展）+ ive（……的）
= 向外伸开的→广阔的，范围广的。

常用表达

extensive contact 广泛的联系
extensive management 粗放式管理

▶ 前缀扩展

前缀是 ex，一个很重要的前缀，表示"向外，分离"的意思。例如：
expel vt. 驱逐；开除
exclude vt. 排除；排斥

▶ 高频近义词

spacious adj. 宽敞的，广阔的
considerable adj. 相当大的；重要的
widespread adj. 广泛的；分布广的

▶ 后缀扩展

后缀是 ive，很常见的形容词后缀，我们直接看单词：
inclusive adj. 包括的，包含的
aggressive adj. 侵略性的；有进取心的

▶ 高频反义词

restricted adj. 受限制的
limited adj. 有限的
confined adj. 狭窄的；有限制的

▶ 精选例句

In English study, intensive reading must be combined with extensive reading.
在英语学习中，精读必须与泛读结合起来。

The teacher had both extensive knowledge and profound scholarship.
那位教师的学问博大精深。

词根 crat
014

词根是 crat，它和另外一个形式 cracy 都来源于希腊语，表示 to govern, to rule, government，即"管理，统治"的意思。

【同根词汇】
bureaucratic [ˌbjʊərəʊˈkrætɪk] adj. 官僚的；繁文缛节的
aristocrat [ˈærɪstəkræt] n. 贵族
democracy [dɪˈmɒkrəsɪ] n. 民主

代言词 autocratic

【代言词剖析】
[ɔːtəˈkrætɪk] TEM8/TOEFL/IELTS
adj. 独裁的；专制的；独断专行的

大家肯定听说过卓别林的电影《The Great Dictator》，就是《大独裁者》。这里的 dictator（n. 独裁者；专制者）就是今天我们要记住的单词所形容的对象，当然，生活中也有不少这样的人，我们叫他们"专横的人"！

常用表达
autocratic monarchy 君主专制
autocratic rule 独裁统治

▶ 从词根到单词
= auto（自己）+ crat（管理）+ ic（……的）
= 自己管理自己的→就是自己说了算，意为"独裁的，专制的，独断专行的"。

▶ 前缀扩展

前缀是 auto，是 self，即"自己"的意思。看下面的单词：
automatic adj. 自动的
autobiography n. 自传；自传文学

▶ 后缀扩展

后缀是 ic，很明显，又是一个形容词后缀，表示"……的"。例如：
tragic adj. 悲剧的；不幸的
economic adj. 经济的；经济学的

▶ 高频近义词

imperial adj. 帝国的；皇帝的
tyrant n. 暴君
arbitrary adj. 武断的；专制的

▶ 高频反义词

democratic adj. 民主的
liberal adj. 自由主义的
impartial adj. 公平的，公正的

▶ 精选例句

Some feudal states were ruled by autocratic kings.
有些封建国家由专制的国王统治。
The autocratic government call out the army to suppress the workers' strike.
独裁政府出动了军队镇压工人罢工。

词根 nounce 015

词根是 nounce，来源于拉丁语，表示 speak，即"讲话，说出"的意思。

【同根词汇】

pronounce [prəˈnaʊns] v. 发音
announce [əˈnaʊns] v. 宣布
renounce [rɪˈnaʊns] vt. 宣布放弃
announcement [əˈnaʊnsm(ə)nt] n. 公告；宣告

代言词 denounce

【代言词剖析】

[dɪˈnaʊns] 考研/CET6/GRE/TOEFL/IELTS

v. 谴责；告发

denounce 表示公开地指责或者谴责，跟 condemn 的用法类似。我们都知道 blame（vt. 责备；归咎于）这个单词，它表示一般的责难或责备，但并没有责骂的意思，所以语气也比较弱。如果到了责骂、责备的程度，就需要用到 scold（v. 谩骂，斥责）和 rebuke（v. 指责，斥责）了。

从词根到单词

= de（否定）+ nounce（说出）
= 说出一些否定的话 → 引申一下，就是"谴责，告发"的意思了。

常用表达

denounce... as 谴责……是
denounce to 向……告发

▶ 前缀扩展

前缀是 de，在这里是一个否定前缀，表示"除去""取消"或者"否定""非""相反"的意思。例如：

decode v. 解码
devalue v. 贬值

▶ 高频近义词

condemn vt. 谴责
criticize vi. 批评；评论
reproach vt. 责备；申斥

▶ 高频反义词

praise v. 赞美，夸奖
compliment vt. 恭维；称赞
applaud vt. 赞同；称赞

▶ 精选例句

The Union official denounced the action as a breach of the agreement.
工会负责人谴责这一行动破坏了协议。
Somebody denounced him to the military police as a spy.
有人向宪兵队告发他为间谍。

词根 duc

016

词根是 duct,它还有 duc,duct 这些变形。都来源于拉丁语 duere,表示 lead,即"引导"的意思。

【同根词汇】
reduce [rɪˈdjuːs] v. 减少；降低
seduction [sɪˈdʌkʃ(ə)n] n. 诱惑
conduct [ˈkɒndʌkt] vt. 传导（电热等）；带领
productive [prəˈdʌktɪv] adj. 多产的

代言词 deduction

【代言词剖析】
[dɪˈdʌkʃn] 考研/CET6/GRE/TOEFL/IELTS

n. 推理；扣除

老师引导大家学习的时候经常会说到归纳,可以用 induction (n. 感应；归纳法)来表示,即总结一下规律;当然,也要学会演绎,就是举例子,去应用,就要用到今天的单词了。

常用表达
tax deduction 减免税款
logical deduction 逻辑推理

▶ 从词根到单词
= de（向下）+ duct（引导）+ ion（名词后缀）
= 向下引导,引着走下去→引申一下,就是"减少,扣除";或者"推论,推理"。

▶ 前缀扩展
前缀是 de,还记得学 denounce 的时候给大家介绍过,其基本意思表示"离开""除去",或者否定,也可以解释为"向下"的意思。比如下面两个单词就是这样:
descend v. 下降
decline v./n. 下降

▶ 高频近义词
subtraction n. 减法
speculation n. 投机；推测
infer v. 推断；做出推论
detection n. 侦查,探测

▶ 后缀扩展
后缀是 ion,常见的名词后缀,例如:
expansion n. 膨胀；扩张
obsession n. 痴迷

▶ 高频反义词
growth n. 增长
extension n. 延长；扩大

▶ 精选例句
Will the taxpayer be entitled to any tax deduction?
这位纳税人是否可享有税项减免？
He arrived at the solution by a simple process of deduction.
他通过一番简单的推理得出了解决问题的方法。

词根 fac 017

词根是 fac，来源于拉丁语 facere，它有很多变化形式，如 fac, fact, fict, fect, fig 等，表示 to do, 即"做，制作"的意思。

【同根词汇】
faculty [ˈfæk(ə)ltɪ] n. 全体教员
manufacture [ˌmænjʊˈfæktʃə] n./v. 制造
artifact [ˈɑːtəˌfækt] n. 人工制品；手工艺品
infection [ɪnˈfekʃ(ə)n] n. 传染；感化
figment [ˈfɪgm(ə)nt] n. 虚构的事物

代言词 facilitate

【代言词剖析】
[fəˈsɪlɪteɪt] 考研/CET6/GRE/TOEFL/IELTS
vt. 促进；帮助；使……容易

实际上今天的单词是在形容词 facile（adj. 灵巧的；易做到的）基础上，去掉 e，加上 ity 变成名词 facility（n. 设施；设备），然后去掉 y，再加上一个动词的后缀组合而来的，表示"使容易做到，使变得简单"，也有 help（v. 帮助）的意思。

从词根到单词
= fac（做，制作）+ ile（形容词后缀）+ ity（名词后缀）+ ate（动词后缀）
= 帮助人来做事→促进，帮助，使……变得容易。

常用表达
该动词实为 facility 派生而来，所以我们立足于其名词来学习常用搭配：
recreational facility 娱乐设施
public facility 公共设施

后缀扩展
后缀 ile 可以表示形容词，比如：
mobile adj. 可移动的
fragile adj. 脆的；易碎的
后缀 ity 是个典型的名词后缀，比如：
brevity n. 简洁，简短
sincerity n. 真实，诚挚
后缀是 ate，是个可以表示动词的后缀，有"做，造成"的含义，比如：
advocate vt. 提倡，拥护
cultivate vt. 培养

高频近义词
accelerate v. 加速；促进　promote vt. 促进；提升
boost vt. 促进；增加　assistant n. 助手，助理

高频反义词
hinder vt. 阻碍；打扰
obstruct vt. 妨碍；阻塞

精选例句
Friendly contacts between different peoples facilitate the cultural and economic interchange.
各国人民的友好接触促进文化和经济交流。
The new underground railway will facilitate the journey to all parts of the city.
新的地铁将为去城市各处提供方便。

词根 fid
018

词根是 fid，来源于拉丁语，表示 to trust，即"相信"的意思。

【同根词汇】
confidential [ˌkɒnfɪˈdenʃ(ə)l] adj. 机密的
confide [kənˈfaɪd] vt. 吐露；委托
perfidy [ˈpɜːfɪdɪ] n. 不诚实；背信弃义

代言词 diffident

【代言词剖析】
[ˈdɪfɪdənt] 考研/GRE/TOEFL/IELTS
adj. 无自信的；羞怯的

大家都喜欢 confident（adj. 确信的；有信心的）这个状态，但生活中，我们并不总是能表现得信心十足，有时候免不了会心虚或者不自信。其实很正常，也许这正是我们需要努力的起点呢！

▶ 从词根到单词
= dif（不，否定）+ fid（相信）+ ent（……的）
= 不相信（自己）的样子 → 引申一下，就是没有自信了，看起来羞怯的样子。

常用表达
be diffident about 对……缺乏自信心
diffident manner 羞怯的举止

▶ 前缀扩展
前缀是 dif，它和 di 都是我们经常见到的一个前缀 dis 的变形，一般表示分开或者否定的意思，比如：
diminish v. 减少，缩小
differentiate v. 区分，区别
disadvantage n. 缺点；不利条件

▶ 高频近义词
bashful adj. 害羞的，腼腆的
timid adj. 胆小的；羞怯的
reluctant adj. 不情愿的；勉强的

▶ 后缀扩展
后缀是 ent，典型的形容词后缀，比如：
permanent adj. 永久的，永恒的
sufficient adj. 足够的；充分的

▶ 高频反义词
optimistic adj. 乐观的；乐观主义的
arrogant adj. 自大的，傲慢的

▶ 精选例句
He was too diffident to express his opinion.
他太不自信，不敢发表自己的见解。
I don't know much about the job, and I'm diffident about my ability to do it properly.
对于这种生疏的工作，我感到心虚，没把握能做好。

词根 tort

019

词根是 tort，来自拉丁语 tortus，意思是 to twist，表示"扭曲"的含义。

【同根词汇】
distort [dɪˈstɔːt] v. 扭曲
retort [rɪˈtɔːt] n./v. 反驳，顶嘴
tortuous [ˈtɔːtʃʊəs] 拐弯抹角的；含混不清的

代言词
torture

【代言词剖析】
[ˈtɔːtʃə] 考研/CET6/CET4/GRE/IELTS
n. 拷问；折磨 vt. 拷问；使痛苦；曲解

大家应该知道 tortoise (n.乌龟) 这个慢悠悠的动物吧，还有它那弯曲的脚。实际上，这个单词就来自拉丁语 tortus，表示"扭曲"的意思，因为人们发现乌龟脚是扭曲的！今天就再学一个代言词，它们有同样"弯曲的脚"——词根。

常用表达
severe torture 严刑拷打
suffer the torture 受折磨

从词根到单词
= tort（扭曲）+ ure（名词）
= 把什么东西给扭曲了→扭曲变形了，总感觉会很疼，很痛苦。就有了折磨、拷问这样的含义，也可以表示"曲解"的含义。

▶ 后缀扩展
后缀是 ure，有时候也写成 ture，都代表与行为或者结果相关的一些名词，比如：
furniture n. 家具
mixture n. 混合物
pasture n. 草地；牧场

▶ 高频近义词
afflict vt. 折磨；使痛苦
trouble vt. 使烦恼；折磨
persecute vt. 迫害；困扰
damage v. 损害；损坏

▶ 高频反义词
soothe vt. 安慰；使平静
comfort vt. 安慰；使（痛苦等）缓和
pacify vt. 使平静；安慰

▶ 精选例句
She suffered the torture of toothache.
她受着牙痛的折磨。
Torture her as they did, the enemy got nothing out of her.
虽然敌人拷打她，却没有能从她嘴里问出什么。

词根

020

词根 man，变形是 main，都来源于拉丁动词 manere，表示 to stay，即"停留"的意思。

【同根词汇】
remain [rɪˈmeɪn] v. 保持 n. 剩余物；残骸
mansion [ˈmænʃ(ə)n] n. 大厦；宅邸
maintain [meɪnˈteɪn] v. 保持；保养

代言词
permanent

【代言词剖析】
[ˈpɜːmənənt] 考研/CET6/GRE/TOEFL/IELTS
adj. 永久的；持久的

permanent 常做形容词，指总是处于相同的情况和地位，可长期持续下去，永久不变，没有比较级和最高级形式。它还可用作名词，词义与形容词词义也密切相关：烫发。使用化学试剂使头发变卷，这样的状态可以持续几个月，不是短暂的效果哦！

常用表达
permanent committee 常务委员会
permanent member 常任理事国

▶ 从词根到单词
= per（自始至终地）+ man（停留）+ ent（……的）
= 一直待在那里的，一直存在的 → 永久的。

▶ 前缀扩展
前缀是 per，相当于英文中的 through，throughout，表示"穿过；自始至终地"，例如：
perspective n. 透视；看法
persevere vi. 坚持不懈
perspire vi. 出汗

▶ 高频近义词
enduring adj. 持久的；忍耐的
lasting adj. 永久的；永恒的

▶ 后缀扩展
后缀是 ent，是很常见的形容词后缀，例如：
dependent adj. 依靠的；依赖的
different adj. 不同的
urgent adj. 急迫的

▶ 高频反义词
impermanent adj. 暂时的，非永久的
temporary adj. 短暂的
transient adj. 短暂的；瞬息的

▶ 精选例句
Heavy drinking can cause permanent damage to the brain.
饮酒过量可能造成永久性脑损伤。
At the end of the probationary period you will become a permanent employee.
试用期结束后，你将成为终身雇员。

词根 later 021

词根是 later，来源于拉丁语 latus，表示 side，即"侧面，旁边"的意思。

【同根词汇】
lateral [ˈlæt(ə)r(ə)l] adj. 侧面的，横向的
bilateral [baɪˈlæt(ə)r(ə)l] adj. 双边的；有两边的
multilateral [mʌltɪˈlæt(ə)r(ə)l] adj. 多边的；多国的

代言词 collateral

【代言词剖析】
[kəˈlætərəl] 考研/GRE/TOEFL/IELTS
n. 担保物　adj. 并行的；旁系的

经常听到新闻上谴责某某国家采取了单边行动，用到的就是 unilateral（adj. 单边的）这个单词啦，和今天我们要学的单词同出一门，它们有一个相同的词根，一起来看看吧。

▶ 从词根到单词
= col（共同）+ later（侧面、旁边）+ al（……的）
= 都在一侧，都在旁边的样子→引申一下就是"并行的，旁系的"。如果作为共同拥有的东西先放到一边，就可以联想到"抵押品"或者"担保物"了。

常用表达
collateral security 抵押品
collateral damage 附带性的破坏〔尤为军队等所用〕，波及无辜

▶ 前缀扩展
前缀是 col，它和我们以前见过的前缀 cor 的意思一样，表示"共同"，例如：
colleague n. 同事，同僚
collapse v. 倒塌；瓦解
collaborate vi. 合作；勾结

▶ 高频近义词
warranty n. 保证；担保
insurance n. 保险；保险费
parallel adj. 平行的；类似的

▶ 后缀扩展
后缀是 al，它既是个形容词后缀，也是个名词后缀，例如：
industrial adj. 工业的
regional adj. 地区的；局部的
denial n. 否认；拒绝

▶ 高频反义词
lineal adj. 直系的
redemption n. 赎回；拯救

▶ 精选例句
The bank will insist on collateral for a loan of that size.
银行对这样的大笔贷款一定要有抵押物。
Cousins are collateral relatives.
表/堂兄弟姊妹都是旁系亲属。

词根 spir
022

词根是 spir，来源于拉丁语，表示 breath，即"呼吸"的意思。

【同根词汇】

aspire [əˈspaɪə] vi. 渴望；立志
transpire [trænˈspaɪə] vi. 蒸发；泄露
dispiriting [dɪˈspɪrɪtɪŋ] adj. 沮丧的

代言词
aspiration

【代言词剖析】

[ˌæspəˈreɪʃn] GRE/TOEFL/IELTS

n. 渴望；抱负；志向

这个词表示比较强烈的"愿望，志向，抱负"，可指国家、组织对某一领域的愿望，比如 national aspirations（民族的希望），也可指某人在某一方面的远大志向，比如 personal aspirations（个人志向）。所以，它表示的志向一般都比较高远，想起来都能让人立马精神抖擞哦！

常用表达

lofty aspirations 崇高的愿望
soaring aspirations 雄心壮志

▶ 从词根到单词

= aspire + ation = a（加强）+ spir（呼吸）+ ation（名词）
= 看到渴望的东西就加快呼吸，热血沸腾→引申一下，就是"渴望，抱负，志向"啦。

▶ 前缀扩展

前缀是 a，一个比较短的前缀，一般表示"on, in, to, at, from, out"，主要是强调词根的意思。例如：

amass v. 聚集；收集
amend v. 修正；改善

▶ 后缀扩展

后缀是 ation 是我们常见的名词形后缀 tion 的变形，一般表示动作或动作的结果。例如：

termination n. 终结
connection n. 联系

▶ 高频近义词

longing n. 渴望；向往
ambition n. 野心，雄心
desire n. 欲望；要求

▶ 高频反义词

mediocre adj. 平庸的；平凡的
negative adj. 消极的
passive adj. 被动的

▶ 精选例句

He has aspirations to fame and greatness.
他有建立丰功伟绩和名扬四海的远大志向。
His true aspiration is to become the President of the United States.
他真正的抱负是想成为美国总统。

词根 vas 023

词根 vas，来源于拉丁文，还有两个变形是 wad 和 vad，表达的意思都是一样的，表示 to go，walk，即"走，去"的意思。

【同根词汇】

invade [ɪnˈveɪd] v. 侵略；蜂拥而入
evade [ɪˈveɪd] v. 逃避，躲避
evasion [ɪˈveɪʒ(ə)n] n. 逃避；回避
wade [weɪd] vt. 涉水；费力行走
waddle [ˈwɒd(ə)l] vi. 摇摇摆摆地走；蹒跚而行
pervade [pəˈveɪd] vt. 遍及，弥漫

代言词 pervasive

【代言词剖析】

[pəˈveɪsɪv] 考研/CET6/TOEFL/IELTS/GRE
adj. 普遍的；渗透的；遍布的

结合词根的意思就很容易记住 pervasive 了，单词中的词根 vas，就表示四处"溜达"，那么相对应的单词就跟走路有了联系。相比较来说，prevalent 更中性一些，而 pervasive 用来表示"遍布，蔓延"，甚至"泛滥"，多用来形容不好的事物。

▶ 从词根到单词

= per（全部）+ vas（走）+ ive（……的）
= 全部走遍的 → 引申一下，就是走遍了的，好像到处都是了，有了"遍及，普遍"的含义。

常用表达

all pervasive 无孔不入，遍及各方面的
pervasive influence 普遍的影响

▶ 前缀扩展

前缀是 per，除了表示"贯穿，自始至终，全部"，还有"假，坏"的意思，例如：
permanent *adj.* 永久的
persistent *adj.* 固执的，坚持的
pervert *vt.* 堕落，滥用

▶ 高频近义词

popular *adj.* 流行的　frequent *adj.* 频繁的
prevalent *adj.* 盛行的，流行的　prevailing *adj.* 占优势的；普遍的　widespread *adj.* 广泛的；分布广的

▶ 后缀扩展

后缀是 ive，是很常见的形容词后缀，例如：
invasive *adj.* 侵略性的；蔓延性的
evasive *adj.* 逃避的；含糊的

▶ 高频反义词

scarce *adj.* 稀少的；罕见的
peculiar *adj.* 特殊的；独特的

▶ 精选例句

A sense of social change is *pervasive* in her novels.
她的小说里充斥着社会变化的意识。
She lives with a *pervasive* sense of guilt.
她生活在深深的愧疚中。

词根 ambl
024

词根是 ambl，有时候也写成 ambul，都来源于拉丁语，表示 to wander, to walk, to go, 即"漫游；行走"的意思。最早这个词属于中古荷兰语，指"夜晚多情的猫出来游荡"，后来演变为"闲逛"的意思。

【同根词汇】
ramble ['ræmbl] v. 漫步；漫谈；漫游
preamble [pri'æmbl] n. 前文；序文；前言
rambler ['ræmblə] n. 漫步者，漫谈者；攀缘蔷薇

代言词 scramble

【代言词剖析】
['skræmbl] 考研/CET6/GRE/TOEFL
v. 攀爬；混杂；争夺　n. 攀爬；争夺；混乱

这个单词用来表示动作移动的时候，表示向上攀爬或迅速移动；同时，如果大家都迅速地移动到某个地方，那就像是大家争抢或争夺一样东西，表示混乱。除此之外，这个词还可以用来表示一道美食，scrambled eggs（炒蛋）。

从词根到单词
= sc（朝上，向上）+ rambl（行走）+ e（常见后缀）
= 朝上行走 = 攀登。引申一下，都往上爬，那就有点"争夺"的感觉了！

常用表达
scramble to one's feet 某人连忙站起来
scramble to do sth 急忙做某事

▶ 前缀扩展
前缀是 sc，可以联想到词根 scens，表示向上，攀爬，例如：
ascend v. 上升；登高
descend v. 下降；下来

▶ 后缀扩展
后缀是 e，比较常见的构词后缀，例如：
ascribe vt. 归因于；归咎于
assemble v. 集合，聚集

▶ 高频近义词
clamber v. 攀爬
jostle v. 争夺；竞争
commotion n. 骚乱

▶ 高频反义词
contribute vt. 贡献；捐献
downhill n. 下坡；滑降
trim v. 修剪；整理

▶ 精选例句
Thousands of people will be scrambling for tickets.
将有数千人抢购门票。
It's quite a scramble to get to the top of the hill!
要往上爬很长一段路才能到达山顶呢！

词根 dom 025

词根 dom，有时候也写作 domin，原本的意思是"家的主人"，无论在中国还是在西方国家，家的主人都具有统治权，所以 dom 就延伸为"统治"的含义，由"统治"又引申为"驯服"的含义。

【同根词汇】
domestic [dəˈmestɪk] adj. 国内的；家庭的
dominant [ˈdɒmɪnənt] adj. 支配的，统治的
domineer [ˌdɒmɪˈnɪə] v. 对某人发号施令；专横跋扈

代言词 predominant

【代言词剖析】
[prɪˈdɒmɪnənt] 考研/CET6/GRE/TOEFL/IELTS
adj. 主要的；占优势的；显著的

dominant 和 predominant 这两个单词的意思相近，dominant 主要强调有统治地位，表示影响和势力最大的，如：the dominant politician；而 predominant 强调有优势，在权力、地位等方面超过其他的，如：the predominant feeling.

▶ **从词根到单词**
= pre（before 前）+ domin（统治）+ ant（形容词后缀）
= 在最前面支配的，也就是"占优势的，主导的"。

常用表达
predominant power 主导权
predominant contribution 显著的贡献

▶ **前缀扩展**
前缀是 pre，表示"前，先，预"，例如：
prewar *adj.* 战前的
prepay *vt.* 预付
preheat *vt.* 预热

▶ **后缀扩展**
后缀是 ant，是常见的形容词后缀，表示"属于……的"或"具有……性质的"，例如：
accordant *adj.* 一致的；调和的
observant *adj.* 善于观察的；机警的
distant *adj.* 远的，远离的

▶ **高频近义词**
principal *adj.* 主要的；首要的
foremost *adj.* 第一流的，最重要的
paramount *adj.* 首要的
overriding *adj.* 最重要的

▶ **高频反义词**
subordinate *adj.* 级别或职位较低的；下级的

▶ **精选例句**
The predominant feature of his character was pride.
他的性格中主要的特点是骄傲。
Man has been predominant over other species for a long time.
人类长久以来一直在支配其他物种。

词根 ann
026

词根是 ann/enn，都来源于拉丁文，有"年份，年岁"的意思。

【同根词汇】
annual [ˈænjʊəl] adj. 每年的，年度的
centennial [senˈtenɪəl] adj. 一百周年纪念的 n. 百年庆典
millennium [mɪˈlenɪəm] n. 一千年，太平盛世
perennial [pəˈrenɪəl] adj. 四季不断的，常年的

代言词 anniversary

【代言词剖析】
[ˌænɪˈvɜːs(ə)rɪ] 考研/CET6/IELTS
n. 周年纪念；周年纪念日

今天要学的词根是 ann，有时候可以写成 enn，都是"年份，年岁（year）"的意思。罗马帝国时期著名的史学家泰西塔斯（Tacitus）编写过一本史书就叫作 The Annals（《编年史》），相当于我国的《史记》(Records of the Historian)。

▶ 从词根到单词
= ann（年岁）+ i（连接字母）+ vers（旋转）+ ary（名词后缀）
= 每年都要轮回一次的日子，引申一下，就是"周年纪念日"的意思了。

常用表达
wedding anniversary 结婚纪念日
anniversary of one's birth 寿诞；生日

▶ 词根扩展
中间的词根是 vers，和 vert 一样，都表示"转，转向"，例如：
universal adj. 普遍的；通用的
adversity n. 逆境；不幸
diverse adj. 不同的；多种多样的

▶ 后缀扩展
后缀是 ary，是很常见的名词后缀，例如：
secretary n. 秘书
missionary n. 传教士
adversary n. 对手

▶ 高频近义词
birthday n. 生日
commemoration n. 纪念；庆典
red-letter day n. 大喜之日

▶ 精选例句
They held a dinner to celebrate his anniversary.
为了庆祝他的周年纪念他们举办了一个宴会。
If there is something that I would give her for our 50th wedding anniversary, it would be a certificate of gratitude. 在我们结婚 50 周年纪念日之际，如果我有什么能送给她的话，那就是一份感激。

词根 ev 027

词根 ev，相当于 age，表示"年龄，时代"。

代言词 longevity

【同根词汇】
medieval [ˌmediˈiːvl] adj. 中世纪的
primeval [praɪˈmiːv(ə)l] adj. 原始的
coeval [kəʊˈiːv(ə)l] adj. 同年代的 n. 同时代的人或事物

【代言词剖析】
[lɒnˈdʒevəti] GRE/TOEFL/IELTS
n. 长寿；寿命

今天要学的词根是 ev，来自拉丁语 aevum，表示"age or lifetime"。单词 eve（前夕）就来源于此。还有单词 eon（n. 永世）和 era（n. 时代；年代）也是这个词根的变形。

常用表达
longevity peaches 长寿桃
longevity noodles 长寿面

从词根到单词
= long（长的）+ ev（年龄，时代）+ ity（表名词）
= 长的年龄 → 引申一下，就指"长寿"或者"寿命"的意思。

前缀扩展
前缀是一个单词 long，我们来记几个相关的单词：
longing n. 渴望，热望
longitude n. 经度

后缀扩展
后缀是 ity，常见的名词后缀，例如：
curiosity n. 好奇，好奇心
variety n. 多样化；种类
commodity n. 货物；日用品

高频近义词
seniority n. 长辈
span n. 时期；跨度
lifetime n. 一生；寿命

高频反义词
abortion n. 流产，夭折
ephemeral adj. 短暂的；朝生暮死的
transient adj. 短暂的
pass away 逝世

精选例句
Proper rest and enough sleep contribute to longevity.
适当的休息和足够的睡眠有益于长寿。
The main characteristic of the strike has been its longevity.
这次罢工的主要特点是持续时间长。

词根 juven
028

词根 juven，来自拉丁语，意为 young，即"年轻"的意思。

【同根词汇】

juvenile [ˈdʒuːvənaɪl] adj. 青少年的 n. 青少年
juvenility [ˌdʒuːvəˈnɪləti] n. 年轻，不成熟
rejuvenescent [ˌriːdʒuːvɪˈnesənt] adj. 返老还童的

代言词 rejuvenate

【代言词剖析】

[rɪˈdʒuːvəneɪt] GRE/TOEFL/IELTS

v. 使……年轻；使……恢复精神；变年轻

大家都听过"返老还童"，很酷的技能！今天要学的词根就正好和这个意思有关。rejuvenation（n. 返老还童；恢复活力）是今天重点单词的名词形式，还有一个和它意思很接近的单词 Renaissance（n. 文艺复兴），一起记下来。

▶ **从词根到单词**

= re（重新）+ juven（年轻）+ ate（表动词）
= 重新做一回年轻人→引申一下，就是变年轻，穿越回 17 岁的青葱岁月。当然，也可以表示"恢复活力"的含义。

常用表达

rejuvenate skin 使肌肤焕发活力
rejuvenate China 振兴中华

▶ **前缀扩展**

前缀是 re，它的基本意思是 back，即"回，向后"，后来引申出了"重复"和"相反"的含义，来看几个代表性的单词：
revoke vt. 撤回，取消
reunion n. 重聚；（班级或学校的）同学会
rebellion n. 叛乱；反抗

▶ **高频近义词**

refresh v.（使）恢复精神；提神
regenerate vt. 再生
revive vt. 唤醒；使恢复精神
childish adj. 孩子气的；幼稚的
naive adj. 天真的，幼稚的

▶ **后缀扩展**

后缀是 ate，可以表示动词的后缀，有"做，造成"的含义。例如：
indicate vt. 表明；指出
participate v. 参与，参加
evaluate v. 评价；估价

▶ **高频反义词**

age v.（使）变老；（使）老化
mature adj. 成熟的

▶ **精选例句**

The government pushed through schemes to rejuvenate the inner cities.
政府大力推行改造内城的计划。
He tried to rejuvenate himself by performing physical exercises each day.
他每天进行体育锻炼试图使自己恢复活力。

词根 equ 029

词根 equ，来自拉丁语，意为 equal，same，即"相同"的意思。

【同根词汇】

equal ['iːkwəl] adj. 平等的；相等的
equator [ɪ'kweɪtə] n. 赤道
equation [ɪ'kweɪʒ(ə)n] n. 方程式；等式
equivalent [ɪ'kwɪv(ə)l(ə)nt] adj. 等价的 n. 等价物，相等物

代言词 adequate

【代言词剖析】

['ædɪkwət] 考研/CET6/GRE/TOEFL/IELTS

adj. 足够的；适当的；能胜任的

表达"足够的"这个概念除了 enough 这个单词外，今天就再积累几个，adequate 表示"恰好满足"，enough 和 sufficient 可表示足够满足，而 ample 表示充足而且有余的状态。

常用表达

adequate to the demand 满足要求
adequate to the work 胜任这项工作

从词根到单词

= ad（加强）+ equ（相同，相等）+ ate（表形容词）
= 相同了的状态，变成相同的→引申一下，就是和所需要的相同了，就"足够"了、"胜任"了。

▶ 前缀扩展

前缀 ad 是一个表示强调作用的前缀，一般出现在元音字母或者 d, h, j, m 这些字母的前面，比如：
addict vt. 使沉溺；使上瘾
adhere vi. 坚持；黏附
adjacent adj. 邻近的，毗连的

▶ 后缀扩展

后缀是 ate，讲 rejuvenate 的时候说它是一个动词后缀，今天在这个单词里大家可以看到它也是表示形容词的后缀，再来积累几个相关单词：
innate adj. 先天的；与生俱来的
moderate adj. 有节制的，温和的
considerate adj. 体贴的；体谅的
collegiate adj. 大学的；学院的

▶ 高频近义词

sufficient adj. 足够的；充分的
suitable adj. 适宜的；合适的
ample adj. 足够的；充足的

▶ 高频反义词

deficient adj. 不足的；有缺陷的
inadequate adj. 不充分的，不适当的
incapable adj. 无能力的；不能胜任的

▶ 精选例句

You ought to take adequate measures. 你应该采取适当的措施。
His knowledge of French was adequate for the job although he was not fluent in the language. 他的法语虽不流利，倒也足以满足其工作之需。

词根 ment 030

词根 ment，在这里表示 mind，即"思考，神智"的含义。

【同根词汇】

mental ['ment(ə)l] adj. 精神的；脑力的
mention ['menʃ(ə)n] vt. 提到，谈到
comment ['kɒment] v./n. 注释，评论
demented [dɪ'mentɪd] adj. 发狂的，疯狂的

代言词 commentary

【代言词剖析】

['kɒməntri] GRE/TOEFL/IELTS

n. 实况报道；现场解说；评论；注释

学完今天的单词大家就会记住有关"评论"的几个重点单词，comment 和今天学习的单词也算是近义词，只不过 comment 有动词和名词两种词性，而 commentary 只有名词的含义。

▶ **从词根到单词**

= com（共同）+ ment（思考）+ ary（表名词）
= 共同思考的结果，对一些事情的共同思考→引申一下，评论、注释。还有"实况报道，现场解说"的意思。

常用表达

give a commentary
发表评论或解说
a commentary on a football match
一场足球赛的解说

▶ **前缀扩展**

前缀 com 表示"共同"的含义，在词根前面有时也有加强词义的作用，比如：
compose vt. 构成；写作
component n. 成分；组件
compress vt. 压缩，压紧

▶ **后缀扩展**

后缀是 ary，是一个既可以表示名词，也能表示形容词的后缀，比如：
salary n. 薪水
glossary n. 术语表；词汇表
imaginary adj. 虚构的，假想的
stationary adj. 固定的；静止的

▶ **高频近义词**

analysis n. 分析；解析
explanation n. 解释；说明
annotation n. 注解；评注

▶ **精选例句**

We'd better not make any commentary on others.
我们最好不要评论他人。
His running commentary on the football match was excellent.
他对这次足球赛所做的实况报道十分精彩。

词根 prov 031

词根是 prov,它由词根 prob 演变过来,来源于拉丁语 probare,两个词根都表示"尝试,试验"的意思。单词 probe(v. 探测)和 prove(v. 证明)就来源于这个词根。

【同根词汇】

probably [ˈprɒbəblɪ] adv. 大概;或许;很可能
improve [ɪmˈpruːv] v. 改善,改进
approval [əˈpruːv(ə)l] n. 认可,赞成
reprove [rɪˈpruːv] vt. 责骂;谴责
disapprove [dɪsəˈpruːv] vi. 不赞成;不喜欢

代言词 approve

【代言词剖析】

[əˈpruːv] 考研/CET6/CET4/TOEFL/IELTS

v. 批准;认可

这个词主要表达上级对下级的计划、建议等赞同,或者在某个程序上"批准"或"通过",也含有"钦佩"的意味。大家最常见到的词组应该是 approve of("赞成"或"认为好"),但如果只表示"批准、通过"的意思,approve 直接加上所指的事物就可以了。

常用表达

approve the resolution 通过决议
check and approve 审批

▶ **从词根到单词**

= ap(去)+ prov(尝试,试验)+ e(补充字母)
= 去尝试、试验来证明某个东西→批准,赞同。

▶ **前缀扩展**

前缀是 ap,字母 a 加上词根的首字母重复形式,一般都有加强词根含义的作用。比如:
appear vi. 出现;显得;似乎
appraise vt. 评价,鉴定;估价
approach n. 方法;途径

▶ **高频近义词**

confirm v. 证实;批准
sanction vt. 批准

▶ **高频反义词**

object v. 反对
disprove vt. 反驳

▶ **精选例句**

The National People's Congress approved the bill.
全国人民代表大会通过了这一法案。
He made a good decision, and I thoroughly approve of it.
他做出了一个很好的决定,我完全赞成。

词根 hap 032

词根 hap 来源于古代挪威语，表示 chance，即"运气，机会"的意思。

【同根词汇】

happy ['hæpɪ] *adj.* 幸福的；高兴的
happen ['hæp(ə)n] *vi.* 发生；碰巧
perhaps [pə'hæps] *adv.* 或许
mishap ['mɪshæp] *n.* 灾祸

代言词 haphazard

【代言词剖析】

[hæp'hæzəd] GRE/TOEFL/IELTS
adj. 偶然的；随意的 *n.* 偶然；偶然事件

haphazard 用于表示说话或使用某物时不考虑效果，不考虑是否会造成不良的后果，比如：haphazard remarks（随口说出的话），a haphazard policy（胡乱制定的政策）。random 强调某事不是按计划发生的，是没有目的的，如 random selection（随机选择）。casual 一般表示"随便的"，比如 a casual remark，即表示说话人漫不经心。

▶ **从词根到单词**

= hap（机会，运气）+ hazard（冒险的事，游戏）
= 游戏加冒险→引申一下，产生的结果是"偶然的"。

常用表达
by/at haphazard 偶然

▶ **后缀扩展**

后缀是一个单词 hazard，来自阿拉伯语 al zahr，意思是 the dice（骰子）。在十字军东征期间，十字军在东方从阿拉伯人那里学会了一些用骰子来玩的游戏，也将这个词带回了欧洲，原本指的是用骰子来玩的赌博游戏。由于这种游戏都需要冒险、赌运气，所以 hazard 一词就衍生出了"冒险，赌运气"以及"危险，危害"等含义。虽然是一个简短的单词，但加上一些词缀也能构成比较复杂的单词，比如：
hazardous *adj.* 有危险的，冒险的，碰运气的

▶ **高频近义词**

random *adj.* 任意的
accidental *adj.* 意外的
casual *adj.* 漫不经心的；偶然的

▶ **高频反义词**

destined *adj.* 注定的
inevitable *adj.* 必然的，不可避免的

▶ **精选例句**

Meetings occurred in a somewhat haphazard fashion.
会见是以多少有点偶然的方式进行的。
I don't like the haphazard way he does things. 我不喜欢他随意的办事方式。

词根 misc 033

词根是 misc，来源于拉丁语 miscere，变形有 mis，mix，miscell，意思是 mix，表示"混杂、混淆"。

【同根词汇】

mix [mɪks] vt. 配制；混淆
miscible [ˈmɪsɪb(ə)l] adj. 易混合的
mixture [ˈmɪkstʃə] n. 混合物；混合剂
immiscible [ɪˈmɪsɪb(ə)l] adj. 不融和的；不能混合的

代言词 miscellaneous

【代言词剖析】

[ˌmɪsəˈleɪnɪəs] 考研/TOEFL/IELTS

adj. 各种各样的；五花八门的；混杂的

"五花八门的，杂七杂八的，各式各样的"，平常遇到这样的表达你会用什么英文单词呢？今天记下 miscellaneous，大家如果在合同或者机票上看到这个单词，一般表示"杂项"的意思。

常用表达

miscellaneous levies 杂税
miscellaneous expenditure 杂费

▶ 从词根到单词

= miscell（混杂）+ aneous（有……特征的）
= 混杂的，各式各样的。

▶ 后缀扩展

后缀是 aneous，一个看起来很特别的形容词后缀，意思是"多……的，有……特征的"，带这个后缀的一些形容词都很重要，例如：

spontaneous adj. 自发的，自然产生的
instantaneous adj. 瞬间的，即刻的
simultaneous adj. 同时的，同时存在的
subterraneous adj. 地下的；隐匿的

▶ 高频近义词

mixed adj. 混合的，混杂的；形形色色的
blended adj. 混杂的；数种混合的
varied adj. 各种各样的；多变的
various adj. 各种各样的；多方面的
multi-talented adj. 多才多艺的

▶ 高频反义词

uniform adj. 统一的；一致的
monotonous adj. 单调的，乏味的

▶ 精选例句

She has a miscellaneous talent. 她多才多艺。
In order to reduce costs, she cut miscellaneous expenses.
为了降低成本，她减少了用在杂项上的费用。

词根 cern 034

词根 cern，来自拉丁语的 cernere，意思是 to observe（去观察），to sift（去筛选），有 cert，creet 和 cre 这几个变形。

【同根词汇】

concern [kən'sɜːn] vt. 涉及；关心 n. 关心，担忧
ascertain [ˌæsə'teɪn] vt. 确定；查明
secretary ['sekrətrɪ] n. 秘书；书记

代言词 discern

【代言词剖析】

[dɪ'sɜːn] 考研/CET6/GRE/TOEFL/IELTS

vt. 看出；了解；识别

这个单词基本意思是"看见"，指用双眼看出某事物来，常用于引申，指对感觉到的东西具有深刻的理解和辨别力。所以一般是"分辨，辨别"的意思，discern sth 表示"看出，分辨出"。

常用表达
discern the road 认路
discern truth 辨别真话、真相

从词根到单词

= dis（分开）+ cern（观察）
= 分开来观察 → 引申一下，就是"识别，看出"。

▶ 前缀扩展

前缀是 dis，表示否定含义或者"分开，移开"，例如：
disadvantage n. 缺点；不利条件
disorder v. 使失调，扰乱
disagree vi. 不同意

▶ 高频近义词

discernible adj. 可辨别的；可识别的
distinguish vt. 区分；辨别；使杰出
observe v. 观察；研究
recognize vt. 认出；识别；承认
tell apart 辨别；区分

▶ 高频反义词

puzzle vt. 使困惑
perplex vt. 使困惑，使为难
confuse vt. 使混乱；使困惑

▶ 精选例句

It is possible to discern a number of techniques in her work.
从她的作品中可以辨别出许多不同的创作手法。
We could discern from his appearance that he was upset.
我们从他的样子可以察觉出他心情低落。

词根 cap 035

词根是cap，有两个意思：
① 来源于拉丁语caput，变形有capit，表示"头"。
② 来源于拉丁语capere，变形词根有capt，cept，ceiv等，表示"拿，抓"的意思。

【同根词汇】

capital [ˈkæpɪt(ə)l] n. 首都；大写字母；资金
captain [ˈkæptɪn] n. 队长；首领；船长
capitalism [ˈkæpɪt(ə)lɪz(ə)m] n. 资本主义
captivate [ˈkæptɪveɪt] vt. 迷住，迷惑
caption [ˈkæpʃ(ə)n] n. 标题；电影字幕；逮捕

代言词 capture

【代言词剖析】

[ˈkæptʃə(r)] 考研/CET6/CET4/GRE/IELTS

vt. 俘获；夺取；引起（注意、想象、兴趣）

n. 捕获；占领；战利品

单词虽然比较短，但意思却很丰富，本意是指凭武力或计划，经过较量或克服较大的困难之后而"捕获或者抓获""夺得或者占领"，比如capture the criminal（捕获罪犯），capture gold medals（夺得金牌）。还可以比喻"迷住""使感兴趣"的动作，甚至到了爱不释手、近于发狂的程度，比如经常说capture one's heart（博得某人的欢心）！

常用表达

screen capture 截屏
capture the enemy 俘虏敌人

▶ 从词根到单词

= cap（拿，抓）+ ture（名词后缀）
= 抓住的状态→引申一下，就是"捕获，夺取，占领"，也可以指代"战利品"。

▶ 后缀扩展

后缀ture，通常是一个名词后缀，表示行为、行为的结果以及与行为有关的东西，有时候也可以表示动词，比如：

mixture n. 混合；混合物　　　temperature n. 温度
adventure n. 冒险；奇遇　　　rupture vt. 使破裂；断绝

▶ 高频近义词

prey n./v. 捕食　　catch vt. 赶上，抓住
seize vt. 抓住　　　arrest vt. 逮捕

▶ 高频反义词

release vt. 释放；发射
liberate vt. 解放；放出

▶ 精选例句

The novel captured the imagination of thousands of readers. 这部小说激起了千万读者的想象。
With the capture of the escaped tiger, everyone felt relieved.
逃出来的老虎被捕获后，大家都松了一口气。

词根 magn 036

词根是 magn,来源于拉丁语 magn,意为 great,"大的;伟大的"意思,有时候也写成 magni。

【同根词汇】

magnet ['mægnɪt] n. 磁铁;有吸引力的人(或物)
magnetic [mæg'netɪk] adj. 有磁性的,有吸引力的
magnifier ['mægnɪfaɪə] n. 放大镜
magnitude ['mægnɪtjuːd] n. 大小;量级;震级
magnanimous [mæg'nænɪməs] adj. 宽宏大量的;有雅量的

代言词 magnificent

【代言词剖析】

[mæg'nɪfɪsnt] 考研/CET6/GRE/TOEFL/IELTS
adj. 壮丽的,宏伟的;高尚的;极好的

当看到让你热血沸腾的风景时,当你想去夸奖什么事情超级棒时,一定要记得 magnificent 这个词,可以用它形容人为的或大自然的奇景,像建筑物、宝石等。主要修饰事物的出现、形成或构造的过程,是很不可思议的一件事。而 splendid 一般侧重指给观察者留下壮丽辉煌或灿烂夺目的印象,即"视觉感官上的壮丽",形容风景时与 spectacular 相同。

▶ **从词根到单词**

= magni(伟大的)+ fic(做)+ ent(关于……的)
= 做出来的伟大事情,成果→那肯定很高尚,很宏伟,很棒棒哦!大家通过单词构成来体会,会发现这个单词隐含的意思是指事物的"形成很不可思议"。

常用表达

magnificent sight 雄伟的景象
magnificent display 盛大的表演

▶ **词根扩展**

还有一个词根是 fic,意思是"make, do",即"做,制作"的意思。它有很多变化形式,如 fac, fact, fict 等,相关的单词也跟"做"有关系。如:
proficient adj. 熟练的,精通的   facilitate v. 促进;帮助
manufacture v./n. 制造;加工   fiction n. 虚构;小说

▶ **高频近义词**

spectacular adj. 壮观的,惊人的
splendid adj. 极好的;壮观的;杰出的
gorgeous adj. 华丽的;灿烂的;极好的
captivating adj. 迷人的;有魅力的

▶ **后缀扩展**

后缀 ent,在这里是一个表示形容词性的后缀,表示"具有……性质的"或"关于……的",如:
evident adj. 明显的
innocent adj. 无罪的,天真的
confident adj. 自信的

▶ **高频反义词**

plain adj. 简单的;朴素的
ordinary adj. 普通的;平凡的

▶ **精选例句**

This magnificent church cannot fail to stop you in your tracks. 这座宏伟的教堂一定会让你止步赞叹。
Just look at this magnificent autumn landscape! 看看这壮丽的秋景吧!

词根 vict/vinc 037

词根是 vinc，vict 是它的变形，都来源于拉丁文 vincere，意为 to conquer，即"征服，克服"的意思。

【同根词汇】

victory ['vɪkt(ə)rɪ] n. 胜利
convince [kən'vɪns] vt. 说服；使确信
conviction [kən'vɪkʃ(ə)n] n. 定罪

代言词 invincible

【代言词剖析】

[ɪn'vɪnsəbl] 考研/TOEFL/IELTS
adj. 不可战胜的，不能征服的；无敌的；不可改变的

invincible 作为一个 conqueror（n. 征服者），超级霸气，表示攻无不克、战无不胜；除此之外，也可以表示人的信念或者态度不可动摇，坚定不移，如 invincible spirit（不屈的意志）。

▶ **从词根到单词**
= in（不）+ vinc（征服）+ ible（可……的）
= 不可征服的 → 当然就是打遍天下无敌手啦!

常用表达

invincible army 常胜军
remain invincible 立于不败之地

▶ **前缀扩展**

前缀是 in，在这里表示"not"，即"不，无，非"，它和 im 一样都可以作为前缀表示否定的意思，如：
incapable *adj.* 无能力的
incorrect *adj.* 错误的
impolite *adj.* 无礼的

▶ **高频近义词**

unbeatable *adj.* 难以战胜的；竞争不过的
triumph *n.* 胜利 *vi.* 获得胜利，成功
defeat *vt.* 击败，战胜

▶ **后缀扩展**

后缀是 ible，表示形容词词性，意思是"可……的"，如：
admissible *adj.* 可允许的；可采纳的
responsible *adj.* 可靠的，负责的
sensible *adj.* 明智的；能感觉到的；通情达理的

▶ **高频反义词**

conquerable *adj.* 可征服的；可战胜的
vulnerable *adj.* 易受攻击的；有弱点的

▶ **精选例句**

The oppressed nations are invincible as long as they hold together.
被压迫民族只要团结一致，他们就是不可战胜的。
He also had an invincible faith in the medicinal virtues of garlic.
他同时也对大蒜的医学功效深信不疑。

词根 pris
038

词根是 pris，有时也写成 prise，来源于拉丁文 prendere，表示 to take，是"拿住，抓住"的意思。

【同根词汇】
surprise [sə'praɪz] v. 惊奇；惊讶
comprise [kəm'praɪz] vt. 包含；由……组成
enterprising ['entəpraɪzɪŋ] adj. 有进取心的，有事业心的
entrepreneur [ˌɒntrəprə'nɜː(r)] n. 企业家

代言词 enterprise

【代言词剖析】
['entəpraɪz] 考研/CET6/GRE/TOEFL/IELTS
n. 企（事）业单位；事业，计划；事业心，进取心

　　enterprise 多用于描写抽象的"事业心"，或者某种类型的企业，比如 private enterprise（民营企业）；corporation 一般指法人团体或者大的跨国公司；company 指任何一个从事商业的企业，一般针对的是某一个特定的公司；firm 比 company 更广泛，可以指任何一个企业。

常用表达
enterprise culture 企业文化
government/ state enterprise 国有企业

▶ 从词根到单词
= enter（进入……之间）+ prise（抓住）
= 进入……去抓住（目标）→去掌控某件事→想象一下是不是像自己的事业、某个企业呢！

▶ 前缀扩展
　　前缀是 enter，表示"between（在……之间）"或"among（在……的中间）"，它和一个很常见的前缀 inter 意思一样，是 inter 的变形。比如：
entertain v. 娱乐；热情款待
interrupt v. 中断，打扰
interfere v. 干预；介入

▶ 高频近义词
ambition n. 野心，雄心
project n. 工程；计划；事业
venture n. 企业；风险

▶ 高频反义词
laziness n. 怠惰；无精打采
idleness n. 懒惰；闲散

▶ 精选例句
They are involved in an exciting scientific enterprise. 他们投身于一项激动人心的科学事业。
We need a spirit of enterprise if we are to overcome our difficulties.
如果我们要克服困难，我们就要有进取精神。

词根 art 039

词根 art 也来自拉丁语，变形是 arti，表示 skill, joint, trick，即"技巧；关节；诡计"，所以大家肯定很容易就联想到 art（艺术，艺术品）这个词的出处了。

【同根词汇】

artist [ˈɑːtɪst] n. 艺术家，画家
artisan [ˈɑːtɪzæn] n. 工匠
article [ˈɑːtɪk(ə)l] n. 文章；物品
artifact [ˈɑːtəˌfækt] n. 人工制品；手工艺品

代言词 artificial

【代言词剖析】

[ˌɑːtɪˈfɪʃl] 考研/CET6/GRE/TOEFL/IELTS

adj. 人造的；虚假的；人为的

artificial 指模仿天然材料由人工制造的东西，侧重真伪对比，也可引申指"不自然的"。synthetic 强调通过化学作用或化学处理，把几种物质复制成与原材料截然不同的新产品。man-made 指完全用人工制造，不含仿造和真伪对比的意味。

▶ 从词根到单词

= arti（技巧）+ fic（做）+ ial（……的）
= 用技巧做出来的，就表示"人工的，虚假的，假装的"。

常用表达

artificial respiration 人工呼吸
artificial satellite 人造卫星

▶ 词根扩展

还有一个词根是 fic，变形有 fac, fact, fect, fic 等，表示"do"，做的意思，比如：
office *n.* 办公室
facilitate *vt.* 促进；帮助
faction *n.* 派系，小集团
affection *n.* 感情；友情
proficient *adj.* 精通的，熟练的

▶ 高频近义词

synthetic *adj.* 合成的，人造的
fake *adj.* 假的 *vt.* 伪造；伪装
man-made *adj.* 人造的；人为的
hand-made *adj.* 手工制作的

▶ 后缀扩展

后缀 ial，是一个形容词后缀，表示"属于……的，有……性质的，具有……的"，例如：
partial *adj.* 部分的
commercial *adj.* 商业的
superficial *adj.* 表面的

▶ 高频反义词

genuine *adj.* 真诚的；真正的；真实的
authentic *adj.* 真正的；真实的

▶ 精选例句

She welcomed us with an *artificial* smile on her face. 她脸上挂着虚伪的笑容来迎接我们。
The city is dotted with small lakes, natural and *artificial*.
这座城市满是天然和人造的小湖泊。

词根 mir
040

词根 mir，来自拉丁语的 mir，意为 to wonder（惊讶）或 to behold（看见），大家可以理解为"惊讶地看"。

【同根词汇】

mirror ['mɪrə] n. 镜子
miracle ['mɪrək(ə)l] n. 奇迹；奇迹般的人或物
admire [əd'maɪə] v. 钦佩；称赞
miraculous [mɪ'rækjʊləs] adj. 奇迹般的；超自然的；不可思议的

代言词 mirage

【代言词剖析】

['mɪrɑːʒ] GRE/TOEFL/IELTS

n. 海市蜃楼；幻想

大家有没有见过海市蜃楼的壮观景象呢？虽然知道那只是一种 optical illusion（视错觉），但当你真的见到了，肯定还会惊呼 spectacular（壮观的）吧！

常用表达

do (work) miracles 做出奇迹
to a miracle 奇迹般地，不可思议地

▶ 从词根到单词

= mir（惊奇，看）+ age（表名词）
= 看着很惊奇的东西→可以表示难得一见的海市蜃楼；也可以引申一下，表示"妄想"或者"幻想"。

▶ 后缀扩展

后缀 age，是一个典型的名词后缀，例如：
package n. 包裹
shortage n. 不足，缺乏
cottage n. 小屋；村舍

▶ 高频近义词

fantasy n. 幻想
delusion n. 错觉；幻觉
illusion n. 幻觉，错觉；错误的观念或信仰
daydream n. 白日梦 v. 做白日梦，幻想

▶ 精选例句

Perhaps we are all just chasing a mirage.
也许我们都只是在追逐一个幻想。
The travellers found that the oasis was only a mirage.
旅行者们发现绿洲只是海市蜃楼而已。

词根 lu/lav 041

词根 lav，此外还有两个变形是 lu 和 lau，来自拉丁语 lavare，意为 to wash（洗，冲洗）。

【同根词汇】
lava [ˈlɑːvə] n. 熔岩；火山岩
lavatory [ˈlævət(ə)rɪ] n. 洗手间，卫生间
ablution [əˈbluːʃ(ə)n] n. 洗礼
laundry [ˈlɔːndrɪ] n. 洗衣房，洗衣店

代言词 lavish

【代言词剖析】
[ˈlævɪʃ] GRE/TOEFL/IELTS
adj. 过分慷慨的；非常浪费的 vt. 浪费，挥霍；慷慨地给予

这个单词既可以用作形容词，形容很浪费，或者很丰富的样子；也可以用作动词，表示浪费或者挥霍，当然也可以说慷慨地给某人。

▶ 从词根到单词
= lav（冲洗）+ ish（……的）
= 冲洗得哗啦啦的样子→引申一下，可以形容"过度大方的，慷慨的"样子。

常用表达
lavish on 大肆花费
lavish expenditure 大手大脚花钱

▶ 后缀扩展
后缀 ish 表示"……的"，也是很常见的形容词后缀，如：
childish adj. 小孩子气的、小孩子般的
selfish adj. 自私的
outlandish adj. 古怪的；奇异的；异国风格的

▶ 高频近义词
generous adj. 慷慨的，大方的；丰盛的
extravagant adj. 过度的，过分的；奢侈的
luxurious adj. 奢侈的；丰富的

▶ 高频反义词
stingy adj. 吝啬的；小气的
petty adj. 琐碎的；小气的

▶ 精选例句
My father always lavishes his attention on us.
父亲对我们关怀得无微不至。
The country girl was not used to their lavish mode of living.
这个乡下姑娘不习惯他们奢侈的生活方式。

词根 und 042

词根 und，有时候变形为 ound，都来自拉丁语 und，表示"wave（波浪）"。

【同根词汇】

abound [ə'baʊnd] vi. 丰富，盛产
inundate ['ɪnʌndeɪt] vt. 淹没
abundant [ə'bʌndənt] adj. 丰富的；充裕的
abundance [ə'bʌnd(ə)ns] n. 丰富，充裕，大量

代言词 redundant

【代言词剖析】

[rɪ'dʌndənt] 考研/GRE/IELTS

adj. 多余的，累赘的；（因人员过剩）被解雇的，失业的

口语中说"解雇"时我们经常用到的是 fire（vt. 解雇；开除），这个单词带有比较重的贬义色彩，一般是因为自己的错误而失去工作，遭到解雇；而 redundant 是因公司缩减职位导致失去工作，不一定是被解雇之人本人犯了错，常用的表达是 be made redundant。

常用表达

redundant workers 冗员
redundant labour 过剩的劳动力

▶ 从词根到单词

= red（重复、反复）+ und（波浪）+ ant（……的）
= 重复波动，反复波动→引申一下，就是"多余的"。

▶ **前缀扩展**

前缀是 red 和 re 一样，表示"重复，返回，重叠"的意思，比如：
reveal v. 揭露
research v. 调查，研究
redemption n. 赎回；拯救

▶ **后缀扩展**

后缀 ant 表示"属于……的"或"具有……性质的"，是很常见的形容词后缀，比如：
vigilant adj. 警惕的；警醒的
tolerant adj. 宽容的
luxuriant adj. 繁茂的

▶ **高频近义词**

unemployed adj. 失业的；未被利用的
superfluous adj. 多余的；过剩的；不必要的
excessive adj. 过分的；过多的

▶ **高频反义词**

deficient adj. 不足的；有缺陷的
insufficient adj. 不足的，不充足的

▶ **精选例句**

He was made redundant and now he's trying to pull himself up again.
他之前作为冗员被裁，现在他正试图再一次奋发图强。
There are too many redundant words in this book.
这本书里废话太多。

词根 ordin 043

词根 ordin 来自拉丁语 ord/ordin，等同于 order，表示"命令，顺序"。

【同根词汇】
ordinary ['ɔːdɪn(ə)rɪ] adj. 普通的，平凡的
subordinate [sə'bɔːdɪnət] adj. 附属的；服从的
inordinate [ɪ'nɔːdɪnət] adj. 过度的；无节制的

代言词 extraordinary

【代言词剖析】
[ɪk'strɔːdnrɪ] 考研/CET6/TOEFL
adj. 非凡的；特别的；非常奇特的

extraordinary 指大大超过了一般或者正常的，是一个中性词，在赞扬和批评的描述中都能用到。比如 extraordinary beauty（超凡脱俗的美），extraordinary occurrence（离奇的事）。副词形式是 extraordinarily（adv. 非同寻常地），比 very 高级很多哦！

▶ 从词根到单词
= extra（以外，超过）+ ordin（命令，顺序）+ ary（形容词后缀）
= 超过一般顺序的，不按部就班的 → 引申一下，就是"非凡的，特别的"。

常用表达
extraordinary ability 异常的能力
extraordinary session 特别会议

▶ 前缀扩展
前缀是 extra，表示"以外，超过"的意思，比如：
extraviolet adj. 紫外线的
extracurriculum adj. 课外的

▶ 高频近义词
special adj. 特别的；专门的
outstanding adj. 杰出的；显著的
remarkable adj. 卓越的；非凡的；值得注意的

▶ 后缀扩展
后缀 ary 表示人、物、场所，"属于……的、有……性质的"，既是名词后缀，也是形容词后缀，如：
salary n. 薪水
necessary adj. 必需的

▶ 高频反义词
general adj. 一般的，普通的
mediocre adj. 普通的；平凡的
commonplace adj. 平凡的；陈腐的

▶ 精选例句
He is possessed of an extraordinary fund of energy.
他的精力异常充沛。
His extraordinary skill was praised by all.
他超凡的技艺博得了广泛的赞誉。

词根 serv
044

词根 serv，来自拉丁语 servire/servus/servare，意为 to serve, to keep，即"服务"和"保存"的意思。

【同根词汇】
servile ['sɜːvaɪl] adj. 奴性的，百依百顺的
reservoir ['rezəvwɑː(r)] n. 水库，蓄水池
servant ['sɜːv(ə)nt] n. 仆人
preserve [prɪ'zɜːv] vt. 保存；保护
observe [əb'zɜːv] vt. 观察；遵守

代言词 conservative

【代言词剖析】
[kən'sɜːvətɪv] 考研/CET6/GRE/TOEFL/IELTS
n. 保守派（党）；保守的人　adj. 保守的；守旧的

很多单词补充不同的后缀都会产生不同的同根词，conserve（n. 蜜饯 vt. 保存）去掉 e 加上后缀 ative 就成了 conservative，类似的还有 conservation（n. 保存，保护），conservatory（n. 温室；音乐学校）和 conservatism（n. 保守主义）。

▶ 从词根到单词
= con（全部）+ serv（保存）+ ative（名词或形容词后缀）
= 形容全部保存下来→不喜欢向外面展示，就是"保守的"；做名词时指"保守的人"。

常用表达
conservative ideas 保守思想
conservative party 保守党

▶ 前缀扩展
前缀是 con，表示"全部，共同"的意思，例如：
conclude v. 结束，总结
conflict v./n. 冲突

▶ 高频近义词
conventional adj. 传统的
traditional adj. 传统的
old-fashioned adj. 老式的

▶ 后缀扩展
后缀 ative 也需要大家重点记一下，它表示"……性质的、与……有关的、有……倾向的"，除了做形容词后缀，也可以兼做名词后缀。如：
talkative adj. 爱说话的
fixative adj. 固定的 n. 固定剂，定影剂

▶ 高频反义词
liberal adj. 自由主义的；慷慨的
open-minded adj. 思想开放的

▶ 精选例句
The professor's a radical in politics but a *conservative* dresser.
教授在政治上是激进派，但衣着却很守旧。
He listed himself as a *conservative*. 他自称是一个保守主义者。

词根 laps 045

词根 laps，来源于拉丁语 labi/lapsare，意思是 slip, glide, 即"滑，溜"的意思。

【同根词汇】

lapse [læps] *n*. 滑落；失误
relapse [rɪˈlæps] *v*. 旧病复发，再恶化
elapse [ɪˈlæps] *n*. 消逝；（时间的）过去

代言词 collapse

【代言词剖析】

[kəˈlæps] 考研/CET6/GRE/TOEFL/IELTS

v. 折叠；倒塌；崩溃；（尤指工作劳累后）坐下
n. 垮台；（身体的）衰弱

这个词可以形容建筑物倒塌，也可以形容人因生病或者虚弱而晕倒，还可以形容某个体系或者机构土崩瓦解，词义相当丰富。

▶ **从词根到单词**

= col（共同）+ laps（滑）+ e（构词后缀）
= 全部滑倒 → 引申一下，就是"倒塌"的意思。

常用表达

economic collapse 经济崩溃
collapse under 被……压塌

▶ **前缀扩展**

前缀是 col，表示"全部"的意思，例如：
collect *vt*. 收集
collateral *adj*. 旁系的；附属的
collaboration *n*. 合作

▶ **高频近义词**

crash *n*. 撞碎；坠毁
breakdown *n*. 故障；崩溃
topple *vt*. 推翻；颠覆

▶ **高频反义词**

firm *adj*. 坚定的；牢固的
upright *adj*. 垂直的，直立的

▶ **精选例句**

The stock market was on the brink of collapse.
股市已到崩盘的边缘。
The earthquake caused many buildings to collapse.
地震使许多建筑物倒塌了。

词根 ger

046

词根 ger，源于拉丁语 ger，gest，和词根 gest 一样都意为"带来；表达"。

【同根词汇】

digest [daɪˈdʒest] vt. 消化；吸收
suggest [səˈdʒest] vt. 提议，建议
gesture [ˈdʒestʃə] n. 姿态；手势

代言词 exaggerate

【代言词剖析】

[ɪɡˈzædʒəreɪt] 考研/CET6/CET4/GRE/IELTS

v. （使）扩大；（使）增加；夸张

这就是"夸张"的动词形式，咱们常见到它的形容词和名词形式：exaggerated (adj. 夸张的，言过其实的)，exaggeration (n. 夸大之词，夸张的手法)。动词形式表示夸大其词，或者夸大某个东西、特征等。

常用表达

exaggerate one's achievements 夸大某人的成就
exaggerate purposely 故意夸大

从词根到单词

= ex（出）+ ag（加强词义）+ ger（带来，表达）+ ate（表动词）
= 表达得太过分了→夸张。

前缀扩展

前缀 ex 是"超出"的意思，例如：
exceed v. 超过，胜过
expose vt. 揭露，揭发

前缀 ag，它有"加强"的意思。除此之外，大家可以记住一个重要的规律，字母 a 加上词根首字母重叠，都有加强意义的作用，比如：
abbreviation n. 缩写；缩写词   addition n. 添加；加法
affiliate vi. 参加，加入   allure vt. 引诱，诱惑

高频近义词

overstress vt. 过分强调   boast v. 自夸
brag v. 吹嘘，吹牛   excessive adj. 过多的，过分的

后缀扩展

后缀是 ate，又是前面讲过的动词词缀，比如：
indicate vt. 表明；指出
operate vt. 操作；经营

高频反义词

degrade vt. 贬低
demean vt. 贬低……的身份

精选例句

He always exaggerates to make his stories more amusing.
他总是用夸张的手法使他的故事更有趣。
If you exaggerate, you will sound fantastically American.
如果你发音夸张，听起来会特别有美国味。

词根 soci 047

词根 soci，源于拉丁语 socius，意为 companion，即"同伴"，它的变形为 soc。

【同根词汇】

social ['səʊʃ(ə)l] n. 社会
sociable ['səʊʃəb(ə)l] adj. 社交的；好交际的
socialism ['səʊʃəlɪz(ə)m] n. 社会主义
association [ə,səʊsɪ'eɪʃn] n. 协会，联盟

代言词 associate

【代言词剖析】

v. [ə'səʊʃɪeɪt] n. [ə'səʊʃɪət] 考研/CET6/CET4/GRE/TOEFL/IELTS

v.（使）发生联系；联想；联盟　n. 伙伴；同事；同伴

associate 通常指在友好平等的基础上进行联合或交往，也可以作为名词，表示由于共同的职业、地位、利益而经常联系的人，即同事或者同伴。

▶ 从词根到单词

= as（加强词义）+ soci（同伴）+ ate（表动词）→ 和伙伴一起，成为伙伴关系 → 联合，联盟。

常用表达

associate with 与……交往；把……与……联系在一起
business associate 生意伙伴

▶ 前缀扩展

前缀 as，表示加强词义，比如：
assist v. 帮助
assign vt. 分配；指派
assessment n. 评定；估价

▶ 高频近义词

combine vt. 使联合；结合
connect vt. 连接；联合
companion n. 同伴；朋友
colleague n. 同事，同僚

▶ 后缀扩展

后缀 ate 是典型的表动词的后缀，例如：
debate vt. 辩论，争论
devastate vt. 毁灭；毁坏
motivate vt. 刺激；使有动机

▶ 高频反义词

opponent n. 对手；反对者
rival n. 对手；竞争者

▶ 精选例句

We should associate ourselves with this large firm.
我们应该和这家大公司联合。
He conformed his manners to those of his associates.
他使自己的举止和同伴一致。

词根 spon

048

词根 spon，源于拉丁语的 spondere，意为 to promise, to answer（承诺，发誓），它的变形为 spond，spons。

【同根词汇】

response [rɪˈspɒns] n. 回答，响应
spontaneous [spɒnˈteɪnɪəs] adj. 自发的；自然产生的
respondent [rɪˈspɒnd(ə)nt] n. 被告；回答者
correspond [ˌkɒrɪˈspɒnd] vi. 符合，一致

代言词 despondent

【代言词剖析】

[dɪˈspɒndənt] GRE/SAT/TOEFL

adj. 沮丧的，泄气的；抑郁的；意志消沉的

我们汉语中所说的"灰心丧气"就是这种状态，经历了困难，感觉没有了希望。这个时候，一定需要 encouragement（n. 鼓励）才行哦。

从词根到单词

= de（除去）+ spon（承诺）+ ent（……的）
= 没有了承诺→说好的承诺没有了，那就很让人"沮丧"了。

常用表达

in a despondent mood 意志消沉
despondent over 为……而沮丧

▶ **前缀扩展**

前缀 de，和 dis 一样表示"离开，除去"和否定意思，比如：
deport v. 驱逐
decode v. 解码
deliver vt. 交付；发表

▶ **高频近义词**

depressed adj. 沮丧的；萧条的
disappointed adj. 失望的，沮丧的
discouraged adj. 泄气的

▶ **后缀扩展**

后缀是 ent，表示"……的"，很常见的形容词后缀，如：
obedient adj. 服从的
insolent adj. 无礼的；傲慢的
proficient adj. 熟练的，精通的

▶ **高频反义词**

optimistic adj. 乐观的
upbeat adj. 乐观的；上升的

▶ **精选例句**

I feel despondent when my work is rejected.
作品被拒后我感到很沮丧。
Each time I get despondent, my father will cheer me up.
我每次感到泄气时，父亲总给我打气。

词根 dign/dain 049

词根 dain，源于拉丁语的 dignus，意为 worthy（有价值的），它的变形为 dign。

【同根词汇】

dainty ['deɪntɪ] adj. 美味的；讲究的
dignity ['dɪgnɪtɪ] n. 尊严，尊贵
indignity [ɪn'dɪgnɪtɪ] n. 侮辱，轻蔑
indignant [ɪn'dɪgnənt] adj. 愤愤不平的

代言词 disdain

【代言词剖析】

[dɪs'deɪn] GRE/IELTS
n. 鄙视，轻蔑 vt. 鄙视；不屑于做，不愿意做

这个单词做动词时可以直接接名词，比如 disdain labour（轻视劳动），也可以用 disdain to do/doing 的形式表示蔑视或者不屑于做某事。

常用表达

disdain to do 不屑于做
with disdain 不屑

从词根到单词

＝dis（不）＋dain（有价值）
＝没有价值，否定价值的存在→引申一下，就是"蔑视，鄙视"的意思。

前缀扩展

前缀 dis，是来自拉丁语，意思是 apart（分开），放在动词、名词或者形容词的前面，起到了否定的作用，比如：

dislike n. 嫌恶，反感
disbelief n. 怀疑，不信
distract vt. 转移；分心
disagree vi. 不同意；不一致

高频近义词

despise vt. 轻视，鄙视
contempt n. 轻视，蔑视
disparage vt. 蔑视；贬低

高频反义词

respect n. 尊敬，尊重
admire vt. 钦佩；赞美
praise vt. 赞美，歌颂

精选例句

A great man should disdain flatterers. 伟大的人物应鄙视献媚者。
Emma looked at him with disdain. 艾玛轻蔑地看着他。

词根 cand

050

词根是 cand，来源于拉丁语 candidus/candere，意思是 white，bright，即"白色，光亮"，比如大家非常熟悉的一个单词 candle（蜡烛），在拉丁语中指"可以发光的白色小东西"，就来源于此。

【同根词汇】
candle [ˈkænd(ə)l] n. 蜡烛
candid [ˈkændɪd] adj. 公正的；坦白的；率直的
candescent [kænˈdesənt] adj. 发光的

代言词 candidate

【代言词剖析】
[ˈkændɪdət] 考研 / CET6 / GRE / TOEFL / IELTS
n. 候选人；应试者；申请人；被认定适合者

考过雅思口语的同学肯定对这个单词有印象，那时候的你就是一个 candidate，因为好多考雅思的人已经不是学生了，所以考官（examiner）就不会称呼你为 student。当然，这个词最常用到的意思是"候选人"，这时候大家记住一个词组 candidate for，后面一般加职业或者职位等，表示"……的候选人"，比如 candidate for Presidency（总统候选人）。

常用表达
election candidate 大选候选人
examination candidate 应试者

从词根到单词
= cand（白色，光亮）+ id（……的）+ ate（人或地位）
= 穿着白衣服的人→候选人

这之间有什么联系呢？再来个小故事：两千年前，古代的罗马政治家在竞选活动中特别讲究衣着，他们喜欢穿一身洁白无瑕的宽外袍，目的是要给人们留下纯洁、清白的形象，所以就用 candidate 来指那些"穿着白衣的人"，后来专门指"候选人，应试者"。

后缀扩展
第一个后缀是 id，很多形容词都有这个后缀，比如：
valid adj. 有效的
vivid adj. 生动的
splendid adj. 辉煌的

后缀扩展
还有一个后缀是 ate，这是很常见的词缀，一个表示名词、形容词和动词的后缀，比如：
frustrate vt. 挫败；阻挠；使感到灰心
moderate adj. 稳健的；温和的；适度的
graduate n. 毕业生

高频近义词
applicant n. 申请人，申请者
competitor n. 竞争者，对手
nominee n. 被任命者；被提名的人

精选例句
Candidates are not allowed to use a calculator in this exam. 这次考试的应试者不可以使用计算器。
She had been nominated as candidate for the presidency. 她已被提名为总统候选人。

词根 her 051

词根是 her，她可不是简单的"人"，而是一个很黏人的词根！来自于拉丁语 haerere，表示 to stick，就是"粘，附着，坚持"的意思，有时候会发生变形，写成 hes。

【同根词汇】

adhere [əd'hɪə] v. 坚持；依附
coherent [kə(ʊ)'hɪər(ə)nt] adj. 连贯的，一致的
inherit [ɪn'herɪt] vt. 继承；遗传而得

代言词 inherent

【代言词剖析】

[ɪn'hɪərənt] 考研/CET6/TOEFL/IELTS
adj. 固有的，内在的；与生俱来的

inherent 指物体本身固有的、不能与该物体分割的某种特性，像人的外貌（appearance），性格（character）和气质（temperament），很多情况下都是遗传或者继承下来的，很难去改变。innate 和 inborn 的含义差不多，指天生的、先天的，比如 innate ability（天生才干），innate beauty（天生丽质）等。intrinsic 表示固有的、内在的、本身的，指源于事物内部，强调事物本身的特性，比如 intrinsic value（固有的价值）等。

▶ 从词根到单词

= in（里面）+ her（黏附）+ ent（……的）
= 内在和（人身体）连着的 → 天生的；固有的，内在的。

常用表达

inherent contradictions 内在矛盾
inherent law 内在规律

▶ 前缀扩展

前缀是 in，在这里表示的意思是"里面，进入"，例如：
invade v. 侵略；侵入
inject vt. 注入；注射
inland adj. 内陆的；内地的

▶ 高频近义词

instinct n. 本能，直觉
essential adj. 本质的；必要的
inborn adj. 天生的；先天的
innate adj. 先天的；固有的
intrinsic adj. 本质的，固有的

▶ 后缀扩展

后缀是 ent，形容词后缀，表示"具有……性质的"或"关于……的"，比如：
dependent adj. 依靠的；从属的
innocent adj. 无辜的；无罪的
frequent adj. 频繁的；时常发生的

▶ 高频反义词

acquired adj. 后天的；已获得的
exterior adj. 外部的；外在的

▶ 精选例句

There is an inherent persuasion in some voices. 有些人的声音天生具有一种说服力。
Industry and frugality are the inherent qualities of the Chinese nation. 勤劳俭朴是中华民族的本色。

词根

numer 052

词根是 numer，来自拉丁语的 numer 意为 number，to count，表示"数目，计算"的意思。可以看到 number 就是由这个词根演变而来。

【同根词汇】
numeral [ˈnjuːm(ə)r(ə)l] n. 数字 adj. 数字的
enumerate [ɪˈnjuːməreɪt] vt. 列举；枚举
numeric [njuːˈmerɪk] n. 数字 adj. 数值的
numerical [njuːˈmerɪk(ə)l] adj. 数值的；数字的

代言词
numerous

【代言词剖析】
[ˈnjuːmərəs] 考研/CET6/GRE/TOEFL/IELTS
adj. 很多的，许多的；数量庞大的；数不清的

形容数量很多，口语中大家用得最多的是 a lot of，那么今天就学一个和它意思差不多的单词，numerous。要记住的是这个词一般用来形容可数名词，就像 many，a large number of（许多的）一样，大家写作的时候可以用到。还可以修饰集合名词（就是那些由人或者物的个体集合而成的整体），比如 a numerous library（书比较多的图书馆），a numerous class（人比较多的班级），这些都是很实用的表达。

常用表达
numerous varieties 品种繁多
numerous ways 多方面

▶ 从词根到单词
= numer（数目，计算）+ ous（……的）
= 有数目的，多的→众多的，许多的。

▶ 后缀扩展
后缀是 ous，形容词后缀，表示"……的"，比如：
precious adj. 宝贵的；珍贵的
humorous adj. 诙谐的，幽默的
tremendous adj. 极大的，巨大的

▶ 高频近义词
plentiful adj. 丰富的；多的；充裕的
abundant adj. 大量的，充足的
various adj. 各种各样的；多方面的
considerable adj. 相当大（或多）的

▶ 高频反义词
scarce adj. 缺乏的，不足的
scanty adj. 仅有的；稀疏的

▶ 精选例句
Numerous factories have sprung up in this once desolate area.
过去这一带满目苍凉，现在却有了无数的工厂。
The Earth is only one of the numerous planets in the universe.
地球只是宇宙中众多星球中的一个。

词根 brev 053

词根是 brevi，来自拉丁语的 brevis，表示 short（短的）的意思，当然最基本的形式是 brev，而像 brevi，brief 都是演变出来的形式。

【同根词汇】
brevity ['brevɪtɪ] n. 简洁；短暂
brief [bri:f] adj. 简短的 n. 摘要
abbreviation [əbri:vɪ'eɪʃ(ə)n] n. 缩写；缩写词

代言词 abbreviate

【代言词剖析】
[ə'bri:vɪeɪt] GRE/TOEFL/IELTS
vt. 缩写；缩短；使简略

英语中，我们也会见到很多缩写的形式，比如"Doctor"有时写成"Dr"，TOEFL（托福）是"Test of English as a Foreign Language"的缩写，而"International English Language Testing System"的缩写形式就是 IELTS（雅思）。

▶ **从词根到单词**
= ab（到）+ brevi（短的）+ ate（做，造成）
= 使到短的程度，使变短→简化，缩短。

常用表达
abbreviated to 缩写为
abbreviated form 简写形式

▶ **前缀扩展**
前缀是 ab，是前缀 ad 的变形，类似的如"as，ac，ag，af"，有加强语气的作用。比如：
aboard adv. 在飞机上；在船上；在火车上
abroad adv. 在国外；到海外
abbey n. 大修道院，大寺院

▶ **高频近义词**
shorten v. & vi. （使）缩短，（使）变短
compress vt. 压缩；精简

▶ **后缀扩展**
后缀是 ate，它既可以表示动词，意为"做，造成"，也是一个名词或形容词的后缀，例如：
stimulate vt. 刺激；鼓舞
considerate adj. 体贴的；考虑周到的
delegate n. 代表 vt. 委派……为代表

▶ **高频反义词**
amplify vt. 扩大；详述
lengthen （使）延长；伸长

▶ **精选例句**
The United States of America is commonly abbreviated to U. S. A.
美利坚合众国常被缩略为 USA。
The creators of the original X-Men abbreviated the title of its sequel to simply X2.
第 1 部《X 战警》的创作者们把其续集的片名缩写成简单的《X2》。

词根 pend
054

词根是 pend，来源于拉丁动词 pendere，意思包括 to hang, to weigh, to pay，即"悬挂；称量；付钱"，其中"悬挂"是最基本含义。据说古罗马时期用天平来"称量"黄金，又拿黄金来"支付"，所以这个表示"悬挂"的词根就有了这三种不同含义。它的变形还有 pens。

【同根词汇】
suspension [səˈspenʃ(ə)n] n. 暂停；悬挂
impending [ɪmˈpendɪŋ] adj. 即将发生的；悬挂的
independent [ˌɪndɪˈpendənt] adj. 独立的；无党派的
dispensable [dɪsˈpensəbl] adj. 可有可无的；非必要的

代言词 suspend

【代言词剖析】
[səˈspend] 考研/CET6/GRE/TOEFL/IELTS

v. 暂停；延缓；挂，悬

在表示"悬挂"的含义时，suspend 指悬浮在空中可以灵活运动；hang 指一端固定，另一端悬在空中的状态；dangle 指晃来晃去地吊着某物；sling 指用吊索轻松地吊起笨重的物体或指吊在肩上。

常用表达
suspend business 暂停营业
suspend sb from school 暂令某人停学

▶ 从词根到单词
= sus（在……下面）+ pend（悬挂）
= 挂在什么下面，悬挂或者悬浮在空气、水中。引申一下就是暂时"挂"在那里了，"暂停"或者"延缓"了。还可以表示勒令某人暂时停职，停止履行职责。

▶ 前缀扩展
前缀是 sus，表示"under, from under"等，即"在……下"的位置或"自下而上"的运动。例如：
susceptible adj. 易受影响的；易感动的
subordinate n. 下属 adj. 从属的
subservient adj. 屈从的；奉承的

▶ 高频近义词
delay vt. 延期，推迟
hang v. 悬挂；（被）绞死
postpone v. 延缓

▶ 高频反义词
resume v. 重新开始，继续
proceed vi. 继续进行；开始

▶ 精选例句
As the workers went on strike, the company was obliged to suspend its operations.
由于工人罢工，该公司被迫暂停营运。
He was caught on a branch as he fell and was suspended above the ground.
他跌落时挂在树枝上，悬空吊着。

词根 tain 055

词根是 tain，这是借用自法语的形式，而最原始的词根形式是 ten，表示 to hold，即"握，持，守"的意思，稳稳地拿到手里！

【同根词汇】
tenacity [tɪˈnæsɪtɪ] n. 韧性；固执
contain [kənˈteɪn] vt. 包含；控制
maintain [meɪnˈteɪn] vt. 维持；继续
sustainable [səˈsteɪnəb(ə)l] adj. 可持续的

代言词 sustain

【代言词剖析】
[səˈsteɪn] 考研/CET6/TOEFL/IELTS/GRE
vt. 维持；支撑，支持；遭受，忍受；供养

学英语需要我们保持（keep）每天背单词的习惯，这会经受（suffer）一定的辛苦，但信念会支撑（support）我们走下去，sustain，就是一个集"保持、经受和支撑"这几层意思于一体的单词，赶紧来围观吧！

常用表达
sustain losses 蒙受损失
sustain a defeat 吃败仗

▶ **从词根到单词**
＝sus（下面）+ tain（握住，守住）
＝在下面握住，守住→引申一下，就是在下面支持，支撑住。想象一下，那得经受多少考验，保持多好的心态，才能支撑起上面的一切呢！所以，这个词也有了"供养，养家"这一层含义。

▶ **前缀扩展**
前缀是 sus，表示"under, from under"等，即"在下"的位置或"自下而上"的运动，是前缀 sub 的变形。例如：
subscribe *vt.* 签署；赞成；捐助
subsequent *adj.* 后来的，随后的
suspect *vt.* 怀疑 *n.* 嫌疑犯 *adj.* 可疑的

▶ **高频近义词**
undergo *vt.* 经历，经受；忍受
uphold *v.* 支持；维护
endure *vt.* 忍耐；容忍
experience *vt.* 体验；经历

▶ **精选例句**
Daisy's comforting words helped to sustain me in my faith during those dark days.
在那黑暗的日子里，黛西的安慰支撑了我的信念。
Only the hope that the rescuers were getting nearer sustained the trapped miners.
被困矿工告诉自己救援人员正在接近他们，这是他们赖以坚持下去的唯一希望。

词根 pet
056

词根是 pet，来自拉丁语，意为 to rush（冲），to seek（追寻），to strive（奋斗），一个听上去感觉很急切、很紧迫的词根。

【同根词汇】

compete [kəmˈpiːt] vi. 竞争；比赛
appetite [ˈæpɪtaɪt] n. 食欲；嗜好
competent [ˈkɒmpɪt(ə)nt] adj. 胜任的；有能力的
petition [pɪˈtɪʃ(ə)n] v. 请愿；请求

代言词
perpetual

【代言词剖析】

[pəˈpetʃuəl] 考研/CET6/GRE/IELTS

adj. 永久的；不断的；无期限的；四季开花的

perpetual 语气比较强，指保持永久不变，没有中断的行为，永无止境地持续下去。有时用于贬义，指令人厌烦的事。permanent 指总是处于相同的情况和地位，可长期持续下去，永久不变。perpetual 还可以做名词，表示多年生的植物。

▶ 从词根到单词

= per（始终，从头至尾）+ pet（寻求）+ ual（……的）
= 一直追求的样子，或者寻求从头至尾，始终如一的 → 引申一下，就是永久的，不断的。不过，这个词也可以用作贬义，描述令人厌烦的事，记得还能描述"四季"开花！

常用表达
perpetual calendar 万年历
perpetual snow 积雪

▶ 前缀扩展

前缀是 per，主要意思是"through（通过）"，比如：
perceive vt. 察觉，感觉
perspective n. 观点；远景
persist vi. 坚持；持续

▶ 高频近义词

eternal adj. 永恒的；不朽的
constant adj. 不变的；恒定的
permanent adj. 永久的，永恒的；不变的
everlasting adj. 永恒的；接连不断的

▶ 后缀扩展

后缀是 ual，是一个形容词后缀，例如：
mutual adj. 共同的；相互的
continual adj. 持续不断的；频繁的
individual adj. 个人的；个别的

▶ 高频反义词

temporary adj. 暂时的；临时的
transient adj. 转瞬即逝的；路过的

▶ 精选例句

Nothing seems to dampen his perpetual enthusiasm. 似乎没有什么能让他那持久的热情消退。
Do you believe in perpetual love in this secular world?
在这个世俗的世界你还相信有天长地久的爱情吗？

词根 sper 057

词根是 sper，它就是那个来自于拉丁文 sperare，表示 hope。spair 也是由 sper 变化而来，也代表着"希望"。

【同根词汇】
prosper ['prɒspə] vi. 繁荣，昌盛
desperate ['desp(ə)rət] adj. 不顾一切地；令人绝望的
despair [dɪ'speə] n. 绝望；令人绝望的人或事
prosperity [prɒ'sperɪtɪ] n. 繁荣，成功

代言词 prosperous

【代言词剖析】
['prɒspərəs] 考研/CET6/CET4/GRE/TOEFL/IELTS
adj. 繁荣的；幸福的，运气好的

想说一个国家经济繁荣，就可以用 prosperous，它主要强调发展的成效显著，此外也可以用 flourishing，强调经济正处于良好的发展势头。

常用表达
prosperous period 繁荣时期
prosperous vitality 生机

从词根到单词
＝pro（向前）＋ sper（希望）＋ ous（……的）
＝希望就在前面了 → 祖国形势一片大好！繁荣昌盛！当然还有"富裕的，运气好的，幸福的"的含义。

▶ **前缀扩展**
前缀是 pro，意为"forward, forth（向前）或 out（出）"，例如：
propel vt. 推进；驱使；激励
progress n. 进步，发展；前进
profess vt. 自称；公开表示

▶ **后缀扩展**
后缀是 ous，很常见的形容词后缀，比如：
anxious adj. 焦虑的；渴望的
ridiculous adj. 可笑的；荒谬的
rigorous adj. 严格的，严厉的

▶ **高频近义词**
wealthy adj. 富有的；充分的
fortunate adj. 侥幸的，幸运的
abundant adj. 大量的，充足的

▶ **高频反义词**
insufficient adj. 不足的
impoverished adj. 穷困的；用尽了的

▶ **精选例句**
The country is prosperous and the people live in peace. 国泰民安。
After their misfortunes the family slowly became prosperous.
灾难过后，他们家又慢慢地兴盛起来。

词根 cruc 058

词根是 cruc，来自拉丁语 crux，cruis 是它的另一个变形，表示 cross，"十字，交叉"的意思。

【同根词汇】
crucifix ['kruːsɪfɪks] n. 十字架，耶稣受难像
cruise [kruːz] vt. 巡航，巡游
cruiser ['kruːzə] n. 巡洋舰；巡航飞机

代言词 crucial

【代言词剖析】
['kruːʃl] 考研/GRE/IELTS
adj. 关键的，至关重要的；决定性的

crucial 可以理解为 extremely important（极其重要的），所以它的重要性比 important 更高一点。此外 vital 表示"至关重要的；生死攸关的"。

从词根到单词
= cruc（十字，交叉）+ ial（……的）
= 十字路口的 → 引申一下，如果在十字路口怎么办？那就要做出选择了，而且是很重要、很关键的选择！

常用表达
crucial moment 紧要关头
crucial factor 决定因素

后缀扩展
后缀是 ial，一个很常见的形容词后缀，表示"属于……的，有……性质的，具有……的"。例如：
financial *adj.* 金融的；财政的
potential *adj.* 潜在的；可能的
superficial *adj.* 表面的；肤浅的

高频近义词
critical *adj.* 挑剔的；决定性的
urgent *adj.* 紧急的；急迫的
significant *adj.* 有重大意义的；意味深长的
essential *adj.* （尤指对成功、健康或安全）极重要的
vital *adj.* 至关重要的；生死攸关的

高频反义词
trivial *adj.* 不重要的；琐碎的
insignificant *adj.* 无关紧要的；可忽略的

精选例句
Talent, hard work and sheer tenacity are all crucial to career success.
事业要成功，才能、勤奋和顽强的意志都至关重要。
The success of this experiment is crucial to the project as a whole.
这次试验的成功是整个工程的关键所在。

词根 thus 059

词根是 thus，常见的形式是 the，都由希腊语 theos 演变而来，意思是 god（神），不简单吧！大家肯定听过大神 Zeus（宙斯），可是众神之王哦！

【同根词汇】

myth [mɪθ] n. 神话；虚构的事
mythology [mɪˈθɒlədʒɪ] n. 神话学；神话集
atheist [ˈeɪθɪɪst] n. 无神论者　　theist [ˈθiːɪst] n. 有神论者

代言词 enthusiastic

【代言词剖析】

[ɪnˌθjuːziˈæstɪk] 考研/CET6/GRE/IELTS
adj. 热心的；热情的；热烈的；狂热的

enthusiastic 指根据爱好、兴趣而产生的热情洋溢的情感，含有对某事酷爱、仰慕或赞许的含义。eager 指对成功的期望或进取的热情，含有难以等待或难以抑制的意味。

▶ 从词根到单词

= en（使……成某种状态）+ thus（神）+ i（在这里是连接前后的音节，使读起来顺一点）+ astic（……的）
= 形容使人进入了神一样的状态 → 原意是指宗教的狂热状态，不过后来也指人因兴趣或爱好而"热心的，热情的"。

常用表达

enthusiastic reception 热心的接待
enthusiastic about/for/over 对……热心

▶ 前缀扩展

前缀是 en，有很多动词由这个前缀引导，有"使……成某种状态，使……"的意思，例如：
encourage vt. 鼓励，激励
encounter vt. 遭遇，邂逅；遇到
endanger vt. 危及；使遭到危险

▶ 后缀扩展

后缀有两个，因为是从名词变成的形容词。第一个名词后缀是 ast，表示"与……有关的人，从事……的人"，比如：
dynast n. 元首；统治者　　enthusiast n. 狂热者，热心家
剩下的是形容词后缀 ic，表示"属于……的，有……性质的，具有……的，似……的"，比如：
heroic adj. 英雄的；英勇的　　alcoholic adj. 酒精的，含酒精的
当然，两个词缀加在一起可以作为一个组合的形容词后缀，表示"……的"，比如：
fantastic adj. 奇异的；异想天开的
sarcastic adj. 挖苦的；尖刻的

▶ 高频近义词

eager adj. 渴望的；热切的
earnest adj. 认真的，热心的
passionate adj. 热情的，激昂的
keen adj. 敏锐的；渴望的

▶ 高频反义词

indifferent adj. 漠不关心的；无关紧要的
unconcerned adj. 不关心的；无忧虑的

▶ 精选例句

The audience were enthusiastic on the opening night of the play. 那出戏首次公演之夜观众非常热情。
When we put the suggestion to him he was enthusiastic for its immediate application.
当我们把这项建议提交给他时，他很有热情，马上把它付诸实践。

词根 ven/vent

060

词根是 ven，它和 vent 都来源于拉丁语，意思也一样，表示 to come（来）或 to happen（发生）。

【同根词汇】
revenue [ˈrevənjuː] n. 税收，国家的收入
invention [ɪnˈvenʃ(ə)n] n. 发明；发明物
adventurous [ədˈventʃ(ə)rəs] adj. 爱冒险的；大胆的
convenient [kənˈviːnɪənt] adj. 方便的

代言词 intervene

【代言词剖析】
[ˌɪntəˈviːn] 考研/CET6/GRE/IELTS
vi. 干涉；干预；介入；调停；介于……之间

intervene 是书面用词，指介入争端，进行调停，也指干涉他人之事。interfere 是个常用单词，指无权或未获允许而妨碍、干涉他人的事。meddle 指干预与自己毫不相关的事或不属于自己职责范围的事，隐含未经许可或授权，和 interfere 意思更接近一点。

▶ **从词根到单词**
= inter（在……之间）+ ven（来）+ e
= 到……之间来，介于……之间 → 是不是有点第三者插足的意思？引申一下就是在两个人之间，或者人与利益、目标之间，表示"从中阻挠"，或者"从中调停"，是比较正式的用法。

常用表达
intervene in 调停（干涉）某事
intervene between （在两者之间）调解

▶ **前缀扩展**
前缀是 inter，也是一个来自拉丁语的前缀，有两种意思，一种表示 between（在……之间），另一种表示 mutually（adv. 互相地），比如：
international adj. 国际的；两个（或以上）国家的
interview vt. 采访；接见
interface n. 界面

▶ **后缀扩展**
后缀是字母 e，经常用来补充构成单词，比如：
chore n. 家庭杂务
dense adj. 稠密的；浓厚的
invade vt. 侵略；侵袭
reverse vt. 颠倒；倒转

▶ **高频近义词**
interfere vi. 干涉；妨碍
meddle vi. 管闲事，干预他人之事
reconcile vt. 使和好；调停，排解（争端等）
interrupt v. 打断（别人的话等）
mediate v. 调停；斡旋

▶ **精选例句**
Don't intervene in the affairs of another country. 不要干涉别国事务。
The woman tried to intervene between her husband and son, but she was roughly pushed aside.
那位妇女尽力在丈夫和儿子中间调解，但她被粗鲁地推到了一边。

词根 vi
061

词根是 vi，它是词根 via 的简化形式，来源于拉丁语，意为 way，road，"道路"的意思。比如 via（*prep.* 通过；经由）就是从这个词根来的介词。

【同根词汇】
ob**vi**ous [ˈɒbvɪəs] *adj.* 明显的；显著的
pre**vi**ous [ˈpriːvɪəs] *adj.* 以前的；早先的
de**vi**ate [ˈdiːvɪeɪt] *vi.* 脱离；越轨
ob**vi**ate [ˈɒbvɪeɪt] *vt.* 排除；避免

代言词 trivial

【代言词剖析】
[ˈtrɪvɪəl] 考研/CET6/GRE/TOEFL/IELTS
adj. 琐碎的，无价值的；平凡的
　　trivial 可以用来形容无特别价值或重要意义的普通小事。trifle 是名词，表示"琐事，无足轻重的事"，做动词时还表示"不尊敬，不重视"。chore 也表示"琐事"，主要指家庭杂务、日常琐事，或者令人厌烦的工作。

▶ **从词根到单词**
= tri（三）+ vi（路）+ al（……的）
= 三叉路上随处可见的→引申为"没什么价值的，很常见的"。

常用表达
trivial matter 无关紧要的事情
trivial name 俗名，惯用名

▶ **前缀扩展**
前缀是 tri，意为"three"，没错，就是"3 个"的意思，实际上前缀就是由 three 变化而来。例如：
triangle *n.* 三角形；三角关系
tricycle *n.* 三轮车
trilogy *n.* 三部曲

▶ **后缀扩展**
后缀是 al，一般加在名词或名词性词根后面，构成形容词，意思相当于"……的"，或者"有……性质的"。比如：
musical *adj.* 音乐的；悦耳的
illegal *adj.* 非法的；违法的
rural *adj.* 农村的，乡下的

▶ **高频近义词**
trifle *n.* 琐事；少量 *v.* 怠慢；小看
commonplace *n.* 常事；老生常谈
petty *adj.* 小的；琐碎的
frivolous *adj.* 无聊的；轻佻的

▶ **高频反义词**
important *adj.* 重要的
capital *adj.* 首都的；重要的
grand *adj.* 宏伟的；豪华的
serious *adj.* 严肃的；严重的

▶ **精选例句**
It's a trivial matter and not worth fighting about. 区区小事，不值得争吵。
It's strange that he should have lost his temper for such trivial things as that.
真奇怪，他竟然为这么小的事情发脾气。

词根 petr
062

词根是 petr，来源于希腊语 pteros（岩石）或来源于拉丁语 petra（岩石），它还有两个变形是 petro 和 peter，都含有"石头，岩石"的意思。

【同根词汇】
petrol ['petr(ə)l] n. 汽油
petroleum [pə'trəʊlɪəm] n. 石油
petrify ['petrɪfaɪ] vt. 使……石化；使……惊呆
petrification [ˌpetrɪfɪ'keɪʃ(ə)n] n. 化石；僵化

代言词 petrified

【代言词剖析】
['petrɪfaɪd] CET6/GRE/TOEFL/IELTS
adj. 惊呆的；目瞪口呆的

Petrified Forest National Park（石化林国家公园）是美国亚利桑那州（Arizona）三个国家公园之一，除此之外还有 Saguaro National Park（萨格鲁国家公园）和最著名的 Grand Canyon National Park（大峡谷国家公园）。

▶ 从词根到单词
＝ petr（岩石）＋ify（使……化）
＝使石化→变成过去分词形式→petrified。

常用表达
petrified forest 石化森林
petrified with fear 惊呆了

▶ 后缀扩展
后缀是 ify，意思为 to make...（使成为；使……化），多构成及物动词。比如：
classify vt. 分类；分等
identify vt. 使等同于；鉴定
simplify vt. 简化；使单纯
beautify vt. 使美化，使变美

▶ 高频近义词
fossil n. 化石；食古不化的人；守旧的事物
frightened adj. 受惊的，害怕的
astonished adj. 吃惊的，惊讶的
stunned adj. 受惊的，震惊的

▶ 精选例句
He was petrified with fear when he saw the gun.
他看到枪就吓呆了。
She was petrified that the police would burst in at any moment.
她感到惧怕的是警察随时都可能破门而入。

词根 ton 063

词根是 ton，来源于拉丁语 tonus（声音）和希腊语 tonos（音调），它还有一个变形是 tun。

【同根词汇】

tonal [ˈtəʊn(ə)l] *adj.* 色调的；音调的
tune [tjuːn] *n.* 曲调；心情
monotone [ˈmɒnətəʊn] *n.* 单调的声音；单调
intonation [ɪntəˈneɪʃ(ə)n] *n.* 声调，语调

代言词 monotonous

【代言词剖析】

[məˈnɒtənəs] 考研/GRE/TOEFL/IELTS

adj. （声音、话语）单调的，无抑扬顿挫的；枯燥无味的

monotonous 一般强调缺少变化，缺乏趣味，令人精神疲倦的，类似的单词还有 boring, tedious, tiresome，其中 boring 指无精打采和不满意的感觉，tedious 强调令人乏味的、缓慢、漫长而曲折的，tiresome 指令人厌倦是因为它看起来无穷无尽或毫无变化；还有一个同根单词 monotonic，主要表示单调的、无变化的，一般用在数学上，比如 monotonic function（单调函数）。

▶ **从词根到单词**

= mono（一个）+ ton（音调）+ ous（……的）
= 一个音调唱歌的样子 → 简直没法听了，太"单调"了！

▶ **常用表达**

monotonous diet 单调的饮食
monotonous work 单调的工作

▶ **前缀扩展**

前缀是 mono，表示"单个，一个"，比如：
monopoly *n.* 垄断；垄断者
monologue *n.* 独白
monogamy *n.* 一夫一妻制

▶ **高频近义词**

boring *adj.* 无聊的；令人厌烦的
tiresome *adj.* 烦人的，无聊的
tedious *adj.* 沉闷的；冗长乏味的
dreary *adj.* 沉闷的，枯燥的

▶ **后缀扩展**

后缀是 ous，形容词后缀，比如：
ambiguous *adj.* 模糊不清的；引起歧义的
gorgeous *adj.* 华丽的，灿烂的
anonymous *adj.* 匿名的，无名的

▶ **高频反义词**

various *adj.* 各种各样的
colorful *adj.* 丰富多彩的

▶ **精选例句**

She thought life in the small town was monotonous. 她觉得小镇上的生活单调乏味。
New officers came and went with monotonous regularity.
官员来来去去，单调而不停地更替着。

词根 punct

064

词根是 punct，来自拉丁语的 pungere，意为 point，表示"点，变尖，指，针"的含义，也有引申意义，表示 to prick or stab，即"刺"的意思。punc, pounc, point 都是它的变形，含义是一样的。

【同根词汇】

appoint [ə'pɔɪnt] vt. 任命；指定
punch [pʌn(t)ʃ] n. 冲压机；打洞器
pounce [paʊns] v. 猛扑；突袭
puncture ['pʌŋ(k)tʃə] vt. 刺穿；揭穿；削弱
punctuation [pʌŋ(k)tʃʊ'eɪʃ(ə)n] n. 标点；标点符号

代言词 punctual

【代言词剖析】

['pʌŋ(k)tʃʊəl] 考研/CET6/CET4/IELTS

adj. 严守时刻的，准时的，正点的

punctual 的同根词都带有"点"的含义，比如 punctuation 就表示"标点符号"。给大家列举一些常见的标点符号的英文单词：comma（逗号），period（句号），parenthesis（圆括号），question mark（问号），quotation mark（引号）。

▶ 从词根到单词

= punct（点）+ ual（……的）
= 到点上 → 准时的，准点的。

常用表达

punctual for 对……准时的
punctual in 在……方面不误期的
punctual to the minute 准时，一分不差

▶ 前缀扩展

后缀是 ual，又是一个很常见的形容词后缀，表示"……的"，比如：
manual *adj.* 手工的；体力的
spiritual *adj.* 精神的，心灵的
gradual *adj.* 逐渐的；平缓的
intellectual *adj.* 智力的；聪明的

▶ 高频近义词

prompt *adj.* 敏捷的；准时的
exact *adj.* 准确的
strict *adj.* 严格的；精确的
on time 按时，准时

▶ 高频反义词

overdue *adj.* 过期的；迟到的
premature *adj.* 早产的；不成熟的

▶ 精选例句

She is punctual in paying her bills. 她按期付款。
The cat makes a punctual appearance at mealtimes.
猫总是在喂食时间准时出现。

词根 centr 65

词根 centr，来自拉丁语，意为 center，即"中心"的意思。

【同根词汇】
central ['sentr(ə)l] adj. 中心的，中央的
concentric [kən'sentrɪk] adj. 同轴的；同心的
eccentric [ɪk'sentrɪk] adj. 古怪的，反常的

代言词 concentrate

【代言词剖析】
['kɒnsntreɪt] 考研/CET6/CET4/GRE/IELTS
v. 专心；集中；浓缩

我们经常说的听课做事要专心，要聚精会神，就可以用今天的单词来表达。它的名词形式 concentration 含义也比较丰富，除了可以表示"全神贯注、专心的状态"，还可以表示"浓度"，也可以指我们在大学里重点学习或研究的领域。

常用表达
concentrate one's energies
集中精力
concentrate on
集中精力于；全神贯注于

从词根到单词
= con（共同）+ centr（中心）+ ate（表动词）
= 使有共同的中心，集中在一起 → 聚精会神，集中精神。

▶ 前缀扩展
前缀是 con，算是我们前面讲过的前缀 com 的一个变形，所以它们的含义相同，都表示"共同"，比如：
congest v. 拥挤
construct v. 建造
contract n. 合同；婚约

▶ 高频近义词
focus v. 集中；聚焦
centralize vt. 使集中；使成为……的中心
condense vt. 使浓缩

▶ 后缀扩展
后缀是 ate，表示动词，例如：
donate vt. 捐赠；捐献
stimulate vt. 刺激；鼓舞
compensate vt. 补偿，赔偿

▶ 高频反义词
distract vt. 转移；分心
divert vt. 转移；娱乐

▶ 精选例句
You should concentrate on the road when you're driving.
开车时注意力应集中在路上。
It was up to him to concentrate on his studies and make something of himself.
是否能专心学习并取得一定成就要靠他自己。

词根 dur

066

词根 dur，在这里表示 to last，即"持续"的含义。

【同根词汇】
durable ['djʊərəb(ə)l] adj. 耐用的，持久的
endure [ɪn'djʊə] v. 忍耐；容忍
enduring [ɪn'djʊrɪŋ] adj. 持久的；能忍受的
perdure [pə'djʊə] vi. 继续；持久

代言词
endurance

[ɪn'djʊərəns] 考研/CET6/TOEFL/IELTS
n. 忍耐；忍耐力；耐性

今天要学的单词也可以形容一个人的良好耐性或者忍耐的品质，类似含义的单词都很常用，比如 persistence（n. 坚持，毅力），fortitude（n. 刚毅，勇气）等等。

常用表达
test endurance 考验耐力
beyond (past) endurance 无法忍受

▶ 从词根到单词
= en（置于……之中，使）+ dur（持续）+ ance（表名词）
= 进入持续的状态，或者使持续 → 引申一下，就是说人的"耐力，耐性"了。

▶ 前缀扩展
前缀 en 表示"置于……之中"或者"使……"的含义，比如：
encage vt. 关在笼中；禁闭
encounter v. 遭遇，邂逅
encourage vt. 鼓励，怂恿

▶ 高频近义词
perseverance n. 坚持不懈
stability n. 稳定性；坚定
constancy n. 坚定不移

▶ 后缀扩展
后缀是 ance，是一个很常见的名词后缀，比如：
guidance n. 指导，引导
significance n. 意义；重要性
appearance n. 外貌，外观

▶ 高频反义词
weakness n. 弱点；软弱
frailty n. 虚弱；意志薄弱

▶ 精选例句
He showed remarkable endurance throughout his illness.
他在整个生病期间表现出非凡的忍耐力。
That long meeting this morning really tested my powers of endurance as it was so boring.
今早的会议又长又无聊，简直就是在考验我的耐性。

词根 sat 067

词根是 sat，变形为 satis，来源于拉丁语 satur，表示 enough，即"满"的意思。

【同根词汇】
satisfy [ˈsætɪsfaɪ] v. 使满足
insatiable [ɪnˈseɪʃəb(ə)l] adj. 不知足的
saturate [ˈsætʃəreɪt] v. 使充满；使饱和

代言词 satisfactory

【代言词剖析】
[ˌsætɪsˈfæktəri] 考研/CET6/CET4/TOEFL
adj. 令人满意的；符合要求的

satisfactory 和 satisfying 词义相近，用法有细微的差别。这两个词都可以用作定语，如 satisfactory/satisfying result，但若是作为表语时，我们常用的是 satisfying，如：The answer she gives is quite satisfying.

▶ 从词根到单词
= satis（足够）+ fact（做）+ ory（形容词词缀）
= 做得足够多、足够好的 → 令人满意的。

常用表达
satisfactory to 使……感到满意的
satisfactory excuse 令人满意的借口

▶ 词根扩展
还有一个词根是 fact，之前讲 facilitate 这个单词的时候已经说过，它是词根 fac 的一个变形，都表示"做"的含义，例如：
facility n. 设施；设备
faction n. 派别；小集团
manufacture vt. 制造

▶ 高频近义词
acceptable adj. 可接受的
satiable adj. 可满足的

▶ 后缀扩展
后缀是 ory，是一个形容词后缀，例如：
compulsory adj. 义务的；强制的
contradictory adj. 矛盾的
perfunctory adj. 敷衍的；马虎的

▶ 高频反义词
inadequate adj. 不充分的；不恰当的
unsatisfactory adj. 不能令人满意的

▶ 精选例句
Did he provide a satisfactory explanation?
他是否给出了令人满意的解释？
I hope this arrangement will be satisfactory to you.
我希望这种安排会使你满意。

词根 oper

068

词根 oper，来自拉丁语，表示 to work，即"工作"的含义。

【同根词汇】
opera [ˈɒp(ə)rə] n. 歌剧；歌剧院
operate [ˈɒpəreɪt] v. 操作；经营
cooperate [kəʊˈɒpəreɪt] vi. 合作，配合

代言词 cooperative

【代言词剖析】
[kəʊˈɒpərətɪv] 考研/CET6/GRE/TOEFL
adj. 合作的；协作的

今天要学的单词开头的 co 是个很实用的构词前缀，有时候它就直接放在一些单词的前面，构成新的词义，典型的标志就是通常带有一个连接字符，比如 co-worker（n. 同事；合作者），co-existence（n. 共存）。

常用表达
cooperative society 合作社
Cooperative Medical Service 合作医疗

▶ 从词根到单词
= co（共同，一起）+ oper（工作）+ ative（表形容词）
= 一起工作的状态→引申一下，就是"合作的，协作的"样子了。

▶ 前缀扩展
前缀 co，是我们前面介绍过的前缀 com 的一个变形，都表示"共同，一起"的含义，比如：
coincide v. 一致，符合
coherent adj. 连贯的，一致的
coexist vi. 共存；和平共处

▶ 后缀扩展
后缀是 ative，很常见的形容词后缀，比如：
affirmative adj. 肯定的
preparative adj. 准备的；预备性的
talkative adj. 多话的；多嘴的

▶ 高频近义词
united adj. 一致的，团结的
collective adj. 集体的；共同的
collaborative adj. 合作的，协作的

▶ 高频反义词
independent adj. 独立的；单独的
divided adj. 分裂的；有分歧的

▶ 精选例句
The teacher said her pupils were very cooperative.
那位老师说她的学生非常配合。
They are trying to adopt a more cooperative posture.
他们正试图采取更为合作的态度。

词根 par
069

词根 par，来自拉丁语，表示 get ready, arrange 和 equal，即"准备，安排，平等"的含义。

【同根词汇】

preparation [ˌprepəˈreɪʃ(ə)n] n. 预备；准备
separate [ˈsepəreɪt; ˈseprət] v. 分离 adj. 分开的
compare [kəmˈpeə] v. 比较

代言词 apparatus

【代言词剖析】

[ˌæpəˈreɪtəs] 考研/CET6/CET4/GRE/IELTS

n. 装置；仪器；机构

有的词根来源于不同的拉丁语，所以它们表示的含义也比较多，就像今天的词根 par，还有一层含义，表示"生育"和"出现"，比如单词 parents (n. 父母) 和 transparent (adj. 透明的)。

从词根到单词

= ap（强调）+ par（准备）+ atus（表名词）
= 准备好的用的东西→引申一下，像是一堆装置、仪器，也可以引申为"组织、机构"等。

常用表达

sports apparatus 运动器材
the government apparatus 政府机构

▶ **前缀扩展**

前缀 ap，加强词根含义的作用，例如：
apparent adj. 显然的
appendix n. 附录；阑尾
appropriate adj. 适当的；恰当的

▶ **高频近义词**

device n. 装置；设备
equipment n. 设备；装备
instrument n. 仪器；乐器

▶ **后缀扩展**

后缀是 atus，这个后缀好像不常见，实际上它是个古老的拉丁语后缀，现在大多已经简化成我们之前介绍过的 ate 这个后缀了！类似的还有 etus, itus 和 utus，他们早就变成了 ete, ite 和 ute 这样的后缀了。比如：
delegate n. 代表
complete adj. 完整的
composite adj. 合成的
resolute adj. 坚决的

▶ **精选例句**

The astronauts have special breathing apparatus.
宇航员有特殊的呼吸装置。
He turned over the films to the spy apparatus.
他将胶卷交给了间谍组织。

词根 curs 070

词根是 curs,来自拉丁语,cur 是它的变形,表示 to run,即"跑"的含义。

【同根词汇】
cursory [ˈkɜːs(ə)rɪ] adj. 粗略的;草率的
occur [əˈkɜː] v. 出现,发生
current [ˈkʌr(ə)nt] adj. 现在的;流通的
excursive [ɪkˈskɜːsɪv] adj. 离题的;散漫的

代言词 excursion

【代言词剖析】
[ɪkˈskɜːʃn] 考研/CET6/CET4/GRE/TOEFL/IELTS

n. 远足;短途旅行

excursion 一般指不超过一天的比较短的旅行,有时也可指远足旅行或集体游览,比如旅行社组织的短途旅游。而 journey(n. 旅行;行程)一般指较长距离的陆地旅行,指从一个地方直接到达目的地。

常用表达
business excursions 商务旅行
set out on one's excursion 出发去旅行

从词根到单词
= ex(向外)+ curs(跑)+ ion(表名词)
= 到外面去跑,跑外面去 → 引申一下,就是出门"远足",一次说走就走的"短途旅行"。

▶ 前缀扩展
前缀是 ex,表示向外,例如:
exceed v. 超过;胜过
external adj. 外部的;表面的
expenditure n. 支出,花费

▶ 后缀扩展
后缀是 ion,典型的名词后缀,比如:
emission n. 发射,散发
obsession n. 痴迷;困扰
admission n. 承认;进入许可

▶ 高频近义词
hike n. 远足;徒步旅行
outdoor adj. 户外的;露天的
camp v./n. 露营

▶ 高频反义词
indoor adj. 室内的
indoorsy adj. 宅的
indoorsman n. 宅男

▶ 精选例句
The excursion was the high spot of our holiday.
我们那个假日的最大乐趣是远足。
The travel company arranges excursions round the island.
旅游公司安排环岛游。

词根 soph 071

词根是 soph，它来自希腊语，表示 wise，wisdom，即"智慧"的意思。

【同根词汇】

sophist ['sɒfɪst] n. 诡辩家；博学者
philosophy [fɪ'lɒsəfɪ] n. 哲学；哲理
philosopher [fɪ'lɒsəfə] n. 哲学家
sophomore ['sɒfəmɔː] n. 大二学生

代言词 sophisticated

【代言词剖析】

[sə'fɪstɪkeɪtɪd] 考研/CET6/CET4/GRE/TOEFL/IELTS

adj. 老练的；精密的；复杂的；久经世故的

看到今天这个词大家是不是会想到网络热词"老司机"呢？没错，同样表示经验丰富、见过世面、处事老练，这个词形容人的时候还是比较 positive（*adj.* 积极的）；形容物体，就是我们所说的"高精尖"，也不简单，绝对 complicated（*adj.* 难懂的，复杂的）。

常用表达

sophisticated man 世故的人
sophisticated technique/equipment 尖端技术/设备

从词根到单词

＝ soph（智慧）＋ ist（……家）＋ ic（……的）＋ ate（做，造成）＋ ed（……的）＝ 使变成有智慧的人 → 引申一下，就是指那些"经验丰富的"人或者"复杂精密的"仪器。

▶ **后缀扩展**

sophist（诡辩家；博学者）：首先是名词后缀 ist，表示"……主义者"或者"……家"，比如：
dentist *n.* 牙医　　racist *n.* 种族主义者

sophistic（强词夺理的）：然后加上形容词后缀 ic，表示"……的"，比如：
volcanic *adj.* 火山的；猛烈的

sophisticate（使变得世故）：再加上可以表示动词的后缀 ate，表示"做，造成"，比如：
translate *vt.* 翻译；转化　　denominate *vt.* 为……命名

sophisticated（老练的；复杂巧妙的）：最后再补充完整形容词后缀 ed，这就构成了我们今天的这个形容词。ed 实际上就是我们所说的动词的过去分词形式，再看几个单词：
delighted *adj.* 高兴的　　ashamed *adj.* 惭愧的

▶ **高频近义词**

veteran *n.* 老手；富有经验的人　　insider *n.* 内部的人，熟悉内情者
expert *n.* 专家；行家

▶ **高频反义词**

novice *n.* 初学者，新手
newbie *n.* 菜鸟；新兵

▶ **精选例句**

I'd rather deal with a simple man than a sophisticated man.
我宁愿与纯朴的人打交道，不愿与世故的人交往。

As far as defense is concerned, we need to buy more sophisticated weapons.
就防御来说，我们需要购买更多精密的武器。

词根

072

词根是 prehend，变形为 prehens，都表示 to catch，即"抓住"的意思。

【同根词汇】
apprehend [ˌæprɪˈhend] vt. 理解；逮捕
comprehend [ˌkɒmprɪˈhend] vt. 了解；包含
reprehend [ˌreprɪˈhend] vt. 指责；责难

代言词
comprehensive

【代言词剖析】
[ˌkɒmprɪˈhensɪv] 考研/CET6/CET4/GRE/TOEFL/IELTS
adj. 全面的；广泛的；综合的；悟性好的

参加过无数次英语考试的你们肯定对 reading comprehension（阅读理解）这个词组印象深刻，还有很多的 comprehension test（理解测验）。comprehension 和今天的单词都有相同的词根，分解开记忆就很容易理解了！

▶ 从词根到单词
= com（共同）+ prehens（抓）+ ive（……的）
= 一起给抓住，全都抓住了 → 引申一下，就是"全面的，广泛的，综合的"。

常用表达
comprehensive knowledge 渊博的知识
comprehensive account/description/report 全面的叙述/描述/报道

▶ 前缀扩展

前缀是 com，见过很多遍了，表示"共同，一起"的意思，比如：
communication n. 交流
commitment n. 承诺，保证
component n. 成分；组件

▶ 高频近义词
extensive adj. 广泛的；大量的
widespread adj. 普遍的，分布广的
general adj. 普遍的；全面的

▶ 后缀扩展

后缀是 ive，常见的形容词后缀，比如：
explosive adj. 爆炸的；爆炸性的
progressive adj. 进步的；先进的
distinctive adj. 有特色的，与众不同的

▶ 高频反义词
incomplete adj. 不完全的
confined adj. 狭窄的

▶ 精选例句

The students were doing a comprehensive review of the term's work.
学生正在进行全学期功课的综合复习。

His account of the accident was most comprehensive.
他对事故的叙述极为全面。

词根 trus 073

词根是 trus，来自拉丁语，还有一个变形是 trud，表示 to thrust, to push，即"推，插入"的意思。

【同根词汇】

intrude [ɪnˈtruːd] v. 闯入；侵入
obtrude [əbˈtruːd] v. 打扰；闯入
protrudent [prəʊˈtruːdənt] adj. 突出的；伸出的

代言词 abstruse

【代言词剖析】

[əbˈstruːs] 考研/GRE/TOEFL/IELTS
adj. 深奥的，难以理解的

今天学到的前缀 abs 表示否定含义，它的变形有 ab，有时候还会简化成 a，这些前缀在单词开头大都含有"不，非，相反"的意思。比如 abnormal（adj. 反常的），abandon（v. 遗弃），anonymous（adj. 匿名的）

▶ **从词根到单词**

＝abs（不）＋ trus（推，插入）＋ e（构词后缀）
＝不能推进，不能插入→引申一下，认知推进不下去了，没办法展开理解，那确实挺"深奥"的！

常用表达

abstruse theory 深奥的理论
abstruse philosophy 深邃的哲理

▶ **前缀扩展**

前缀是 abs，它的另一个形式是 ab，实际上都是常见的前缀 ad 的变形，除了有强调的作用外还可以表示"不"的否定概念，比如：
abstract adj. 抽象的
abstain v. 自制；放弃
abuse vt. 滥用

▶ **后缀扩展**

后缀 e，经常跟在词根的后面构成单词，比如：
scramble v. 爬行，攀登
conclude v. 推断；断定
define v. 定义；使明确

▶ **高频近义词**

sophisticated adj. 复杂的；世故的
complicated adj. 难懂的，复杂的
puzzling adj. 令人迷惑的

▶ **高频反义词**

plain adj. 清楚的；简单的
obvious adj. 明显的；显著的
comprehensible adj. 可理解的；易懂的

▶ **精选例句**

Einstein's theory of relativity is very abstruse.
爱因斯坦的相对论非常难懂。
The most abstruse class was Advanced Calculus Mathematics.
最深奥难懂的课非微积分莫属。

词根 ped

074

词根是 ped，来自拉丁语，表示 foot，即"脚"的意思。

【同根词汇】
ex**ped**ite ['ekspɪdaɪt] vt. 加快；促进
pedal ['ped(ə)l] n. 踏板；脚蹬子
pedestrian [pɪ'destrɪən] n. 行人；步行者

代言词
ex**ped**ition

常用表达
relief expedition 救援队
Antarctic/ Arctic expedition
南/ 北极探险队

【代言词剖析】
[ekspɪ'dɪʃən] 考研/CET6/TOEFL/IELTS
n. 远征，探险；探险队；（短途的）旅行

今天要重点学习的词根是 ped，它还表示"儿童"和"教育"，都算是引申出来的含义。儿童有时候趴地上，手"脚"并用，生病了就要去看 pediatrician（n. 儿科医师），慢慢长大，就需要接受 pedagogy（n. 教育；教育学）。

▶ 从词根到单词
= ex（出）+ ped（脚）+ ition（名词后缀）
= 脚跨出去 → 引申一下，越跨越远，就是"远征，探险，旅行"的意思了！

▶ 前缀扩展

前缀是 ex，表示"出，分离"的含义，比如：
exclude vt. 排除；排斥
expose vt. 揭露，揭发
exterior n. 外部；外表

▶ 后缀扩展

后缀 ition，实际上是由动词后缀 ite 省略 e，再加上名词后缀 ion 变化而来，类似的单词也有很多，比如：
supposition n. 假定；推测
composition n. 作文；作曲
competition n. 竞争

▶ 高频近义词
journey n. 旅行；行程
voyage n. 航行
trek n. 艰苦跋涉

▶ 精选例句

They planned to organize a scientific expedition.
他们计划组织一次科学考察。
He took part in an expedition to the North Pole.
他加入了一支北极探险队。

词根 nov 075

词根是 nov，来自拉丁语，表示 new，即"新"的意思。

【同根词汇】

novice ['nɒvɪs] n. 初学者，新手
novelty ['nɒv(ə)ltɪ] n. 新奇；新奇的事物
innovate ['ɪnəveɪt] v. 创新；改革
renovate ['renəveɪt] vt. 更新；修复

代言词 innovation

【代言词剖析】

[ˌɪnəˈveɪʃn] 考研/CET6/GRE/TOEFL/IELTS

n. 改革，创新；新观念；新发明

很多同学喜欢看 novel（n. 小说 adj. 新奇的），这个单词就来源于今天的词根 nov，不仅指长篇小说，还用来形容事物新奇而独特。我们常说的 fiction（n. 小说）是小说的总称，fable（n. 寓言）是那些耐人寻味的传说故事。

▶ 从词根到单词

= in（内） + nov（新） + ation（名词后缀）
= 内部开始变新，从里面开始变新 → 引申一下，就是"改革创新"的意思，这是由内到外的过程！

常用表达

conservative innovation 保守的改革
technical innovations 技术革新

▶ 前缀扩展

前缀是 in，由于来源不同，这个前缀有两个基本意思，表示"内，进入"，也可以表示否定含义"无，不，非"。我们分别举两个例子：
input vt. 输入，投入
inrush v. 涌入；侵入
informal adj. 非正式的
inglorious adj. 可耻的；不体面的

▶ 高频近义词

creation n. 创造；创作
revolution n. 革命；变革
invention n. 发明

▶ 后缀扩展

后缀 ation，实际上是由动词后缀 ate 省略 e，再加上名词后缀 ion 变化而来，类似的单词再来几个，比如：
imagination n. 想象力
explanation n. 说明，解释
allocation n. 分配，安置

▶ 高频反义词

conservative n. 保守派，守旧者
commonplace n. 老生常谈；司空见惯的事
cliche n. 陈词滥调

▶ 精选例句

In the age of global competition, design innovation is vital. 在全球激烈竞争的时代，设计创新至关重要。
Farmers are introducing innovations which increase productivity.
农民们正引进提高生产力的新方法。

词根

tempor 076

词根是 tempor，来自拉丁语，变形为 temper（脾气也跟着时间变），表示 time，即"时间"的意思。

【同根词汇】

temporary [ˈtemp(ə)rərɪ] adj. 暂时的
extemporize [ɪkˈstempəraɪz] v. 即兴演奏或演说
temperate [ˈtemp(ə)rət] adj. 温和的；适度的
temperament [ˈtemp(ə)rəm(ə)nt] n. 气质，性情

代言词
contemporary

【代言词剖析】

[kənˈtemprərɪ] 考研/CET6/CET4/TOEFL/IELTS

adj. 同时代的；当代的　　n. 同时代的人；同龄人

今天的词根很像 temple（n. 寺院），大家要注意区分。而 tempo（n. 拍子）和 temper（n. 脾气）都直接是从词根变化而来，他们都和时间或多或少有点关系。

常用表达

contemporary art 现代艺术
contemporary authors 当代作家

▶ 从词根到单词

= con（共同）+ tempor（时间）+ ary（名词/形容词后缀）
= 时间都一样，处在相同的时间 → 引申一下，就是"同时代的""同龄人"了！

▶ 前缀扩展

前缀是 con，是 com 的一个变形，表示"共同"，也有加强词义的作用，比如：
concern n. 关系；关心
concept n. 观念，概念
concentration n. 集中；专心

▶ 后缀扩展

后缀 ary，既是一个名词后缀，也可以表示形容词，比如：
luminary n. 发光体；杰出人物
voluntary n. 志愿者
solitary adj. 孤独的；独居的
sedentary adj. 久坐的；坐惯的

▶ 高频近义词

modern adj. 现代的，时髦的
current adj. 现在的；流通的
present adj. 现在的
up-to-date adj. 最新的，最近的

▶ 高频反义词

antique adj. 古老的，年代久远的
outdated adj. 过时的；旧式的
old-fashioned adj. 老式的；过时的

▶ 精选例句

Shakespeare was not contemporary with Dickens.
莎士比亚与狄更斯不是同时代的人。
He is a contemporary of mine, but our experiences are completely different.
他和我是同龄人，但我们的经历截然不同。

词根 puls 077

词根是 puls，来自拉丁语，有时候也写成 pel，表示 to drive，即"推，驱动"的意思。

【同根词汇】

compulsive [kəm'pʌlsɪv] adj. 强制的；强迫的
impulse ['ɪmpʌls] n. 冲动
dispel [dɪ'spel] vt. 驱散，驱逐
propellant [prə'pel(ə)nt] adj. 推进的

代言词 compulsory

【代言词剖析】

[kəm'pʌlsəri] 考研/CET6/GRE/TOEFL/IELTS

adj. 强制的；势在必行的；义务的

今天的词根 puls 加上 e 就成了 pulse（n. 脉搏），正好体现这个词根的含义，带有被动的意味。这个单词经常被提及的地方还有 compulsory subject（必修课）和我们都经历过的 nine-year compulsory education（九年义务教育）。

常用表达
compulsory execution 强制执行
compulsory contribution 强迫捐款

▶ 从词根到单词

= com（共同）+ puls（推，驱使）+ ory（名词/形容词后缀）
= 共同往前推 → 引申一下，肯定不由自己控制了，就是"强制性的，义务的"！

▶ **前缀扩展**

前缀是 com，又出现了这个表示"共同，一起"的前缀，例如：
compassion n. 同情；怜悯
commend v. 称赞；表扬
commemorate vt. 庆祝，纪念

▶ **高频近义词**

forced adj. 被迫的
obliged adj. 必需的；有责任的
mandatory adj. 强制的

▶ **后缀扩展**

后缀 ory，既是一个名词后缀，也可以表示形容词，比如：
territory n. 领土，领域
laboratory n. 实验室
satisfactory adj. 满意的
contradictory adj. 矛盾的

▶ **高频反义词**

optional adj. 可选择的，随意的
voluntary adj. 自愿的

▶ **精选例句**

The car insurance is compulsory.
这项汽车保险是强制性的。
Is military service compulsory in your country?
你们国家实行义务兵役制吗？

词根 luc

078

词根是 luc，来自拉丁语，lust 和 lustr 都是它的变形，表示 light，bright，即"光；明亮的"。

【同根词汇】
lucid [luːsɪd] *adj*. 明白易懂的；清晰的
lusty [ˈlʌstɪ] *adj*. 精力充沛的；健壮的
illustrious [ɪˈlʌstrɪəs] *adj*. 著名的，杰出的
illustration [ˌɪləsˈtreɪʃn] *n*. 说明；插图

代言词 translucent

【代言词剖析】
[trænsˈluːsnt] CET6/GRE/TOEFL/IELTS
adj. 半透明的；透亮的

transparent（*adj*. 透明的；明显的）这个单词大家应该有印象，它的词根是 par，之前我们学习 apparatus（*n*. 装置，设备）的时候说过，par 这个词根的意思比较多，其中之一就表示"看见，出现"。今天的单词也比较"透亮"，不过，要有"光"才行哦！

▶ 从词根到单词
= trans（横穿）+ luc（光）+ ent（形容词后缀）
= 穿过去有光的→引申一下，就是"半透明的（需要横穿一段才能看到），透亮的"！

常用表达
translucent film 半透明薄膜
translucent surface 半透明表面

▶ 前缀扩展
前缀是 trans，表示"横穿"或者"转换"的意思，扩展一下：
translate *v*. 翻译
transact *v*. 办理；交易
transport *v*. 运输
transplant *v*. 移植

▶ 高频近义词
glassy *adj*. 如镜的；呆滞的
crystal *adj*. 水晶的；透明的
transparent *adj*. 透明的

▶ 后缀扩展
后缀 ent，很常见的形容词后缀，当然有时候也可以表示名词，比如：
prominent *adj*. 突出的，显著的
inherent *adj*. 固有的；内在的
correspondent *n*. 记者

▶ 高频反义词
opaque *adj*. 不透明的
reflective *adj*. 反光的；沉思的

▶ 精选例句
Frosted glass is translucent.
毛玻璃是半透明的。
She had fair hair, blue eyes and translucent skin.
她金发碧眼，皮肤透亮。

词根 spers

079

词根是 spers，来自拉丁语，它的变形有 spars，都表示 to scatter，即"散开"的意思。

【同根词汇】

asperse [əˈspɜːs] vt. 洒圣水；诽谤；中伤
dispersion [dɪˈspɜːʃ(ə)n] n. 散布，分散
intersperse [ˌɪntəˈspɜːs] v. 点缀；散布
sparse [spɑːs] adj. 稀疏的；稀少的

代言词 disperse

【代言词剖析】

[dɪˈspɜːs] 考研/CET6/GRE/TOEFL/IELTS
v. 分散；散开；散布

学了今天的单词，大家想要表达类似"一哄而散"这样的意思就有很多动词啦，比如 scatter, disperse, break up 等。还有一个也很常用，dispel（vt. 驱散，消除），一般用来表示"吹散云彩""消除烦恼"这些摸不着的东西。

常用表达

disperse machine 分散机
disperse the crowd 驱散群众

▶ **从词根到单词**

= di（分开）+ spers（散开）+ e（构词后缀）
= 都散开→不用引申也就是"散开，分散"的意思，可以用来表示"驱散（人群）"，或者"散布（消息）"。

▶ **前缀扩展**

前缀是 di，实际上它是我们比较熟悉的 dis 这个前缀的一个变体，还有 dif，意思都一样，表示"分开，分离"，再记几个单词：
divide vt. 划分；隔开
diversity n. 多样性
dispense vt. 分配，分发
diffidence n. 无自信；羞怯

▶ **后缀扩展**

后缀 e，在单词 abstruse 里面扩展过，多用来补充形成单词的后缀，比如：
envelope n. 信封
invade v. 侵略；侵入
transpire vi. 蒸发；排出

▶ **高频近义词**

scatter vt. 分散，散开
pervade vt. 遍及；弥漫
distribute vt. 分配

▶ **高频反义词**

collect v. 收集；聚集
withdraw vt. 撤退；收回
assemble vt. 集合，聚集

▶ **精选例句**

The lips of the wise disperse knowledge. 智者之口传播知识。
Police fired shots and used teargas to disperse the demonstrators.
警方鸣枪并使用催泪弹来驱散示威者。

词根 muni 080

词根 mun，来自拉丁语，它的而变形是 muni，都表示 public，即"公共的"。

【同根词汇】

municipal [mjuːnɪsɪpl] adj. 市政的
communicate [kəˈmjuːnɪkeɪt] v. 通讯，交流
immune [ɪˈmjuːn] adj. 免疫的
communism [ˈkɒmjʊnɪz(ə)m] n. 共产主义

代言词 community

[kəˈmjuːnəti] 考研/CET6/CET4/ TOEFL/IELTS

n. 社区；社团；社会；共同体

【代言词剖析】

经常听说 harmonious community（和谐社区）这样的宣传语，community 指某地区居住、具有相同文化和历史背景的民众或社区。the community 表示"大众"，也指"社会"，比 society（n. 社会）代表的范围窄一点。

▶ 从词根到单词

= com（共同）+ muni（公共的）+ ty（名词）
= 共同的，公共的东西 → 引申一下，就是共同拥有的团体，"社团"，或者"社区，社会"。

常用表达

serve the community 为社会服务
establish / rule a community 建立/ 管理一个社团

▶ 前缀扩展

前缀 com，表示共同，例如：
command v. 命令，指挥
commence v. 开始，着手
compile v. 编辑

▶ 后缀扩展

后缀 ity，还有变形是 ty 和 ety，都是常见的名词后缀，例如：
cruelty n. 残酷；残忍
novelty n. 新奇；新奇的事物
sincerity n. 真实，诚挚

▶ 高频近义词

district n. 地区，行政区
committee n. 委员会
organization n. 组织，机构
social group 社会团体

▶ 高频反义词

conflict n. 冲突，矛盾
difference n. 差异；不同

▶ 精选例句

The job of a politician is to serve the whole community.
政治家的职责是为全体人民服务。

Community colleges have become popular and their enrollments have increased rapidly.
社区大学受欢迎了，报名人数迅速增加。

词根 rud 081

词根 rud，来自拉丁语，表示 rude，即"原始的，粗野的"，还有一个长得很像的词根 crud，也是同样的含义。

【同根词汇】
rude [ruːd] *adj.* 粗鲁的，无礼的
crude [kruːd] *v.* 粗糙的，天然的
rudiment ['ruːdɪmənt] *n.* 雏形，基本原理
rudimentary [ˌruːdɪ'mənt(ə)rɪ] *adj.* 基本的，初步的

代言词 erudite

常用表达
erudite lecture 博大精深的讲座

【代言词剖析】
['erudaɪt] GRE/TOEFL/IELTS
adj. 博学的，有学问的

之前给大家介绍过一个单词，miscellaneous (*adj.* 各种各样的，多才多艺的)，词根是 miscell，表示"混杂"，可以用来夸人家孩子多才多艺！今天的单词就更厉害了，夸别人有学问、知识渊博都可以用到。不过需要注意词根的含义哦！

▶ **从词根到单词**
= e（分离）+ rud（原始、粗野）+ ite（……的）
= 远离，离开原始的、粗野的状态 → 引申一下，就是受到了良好的教育，有学问，甚至达到了博学的程度。

▶ **前缀扩展**
前缀 e，它是我们之前遇到的前缀 ex 的一个变形，表示"向外，分离"，类似的变形还有 ef，ec，都来扩展一下：
eligible *adj.* 合格的
exalt *v.* 提拔，提升
efficiency *n.* 效率，功效
eccentric *adj.* 古怪的，反常的

▶ **后缀扩展**
后缀 ite，也是一个能表示名词、动词和形容词的全能后缀。在单词 finite 那里我们学了它的形容词用法，这里着重扩展一下它的其他词性，例如：
elite *n.* 精英
socialite *n.* 社会名流
expedite *v.* 加快，促进
ignite *v.* 点火，燃烧

▶ **高频近义词**
cultivated *adj.* 有教养的
civilized *adj.* 文明的，有礼貌的
educated *adj.* 受过教育的

▶ **高频反义词**
ignorant *adj.* 无知的
illiterate *adj.* 文盲的，不识字的

▶ **精选例句**
He was never dull, always **erudite** and well informed. 他从来就不愚笨，而一直博学多才、见多识广。
an original and highly **erudite** style 有独创性且非常博学的风格

词根 tect
082

词根是 tect，来源于拉丁语，表示 to hide, to cover，即"遮盖，保护"的意思。

【同根词汇】

detect [dɪˈtekt] vt. 察觉；探测
detector [dɪˈtektə] n. 探测器；检测器
detective [dɪˈtektɪv] n. 侦探
protection [prəˈtekʃ(ə)n] n. 保护；防卫

代言词 detection

【代言词剖析】

[dɪˈtekʃn] CET6/CET4/GRE

n. 探测；侦查；察觉；发觉

detection 强调经过周密观察或研究从而有所获得和发现，特别指发现那些有意隐藏的事物。而 discovery (n. 发现，发觉) 重点表示发现原来就有而一直没被发现的事物，经常被用在新的、重大的或者科学上的发现。

常用表达

detection system 检测系统；探测系统
fault detection 故障检测

▶ **从词根到单词**

= de（打开，远离）+ tect（盖上）+ ion（名词）
= 把盖上的……打开 → 引申一下，就是"探测，发觉"的意思。

▶ **前缀扩展**

前缀是 de，表示"离开，脱离，分开，解去，向下"的意思，例如：
derail vt. 使出轨；阻碍；扰乱
decline vt. 下降；减少；拒绝
defrost v. 除霜；解冻

▶ **高频近义词**

revelation n. 揭发，暴露
discovery n. 发现，发觉
perception n. 知觉

▶ **后缀扩展**

后缀是 ion，常见的名词后缀，例如：
attention n. 注意
intervention n. 干涉，干预
description n. 描写，描述

▶ **高频反义词**

disguise vt. 掩饰；假装
conceal vt. 隐藏；隐瞒
shield vt. 遮蔽；包庇
camouflage n. 伪装；掩饰
masquerade n. 化装舞会；伪装

▶ **精选例句**

His crime escaped detection for many years.
他的罪行多年来未被查出来。
Early detection is still a major aim, since early tumors can generally be cured.
因为早期肿瘤一般能治愈，所以及早发现仍是主要目标。

词根 archi 083

第一个词根是 archi，是词根 archy 的变形，都表示 rule，chief，即"统治，主要的"。

【同根词汇】
monarchy [ˈmɒnəkɪ] n. 君主政体
anarchy [ˈænəkɪ] n. 无政府状态
archive [ˈɑːkaiv] n. 档案；档案馆

代言词 architecture

【代言词剖析】
[ˈɑːkɪtektʃə(r)] 考研/CET6/CET4/TOEFL/IELTS
n. 建筑学；结构；建筑物

表示各种"学家"的单词一般都带有像 -er，-or，-ian 和 -ist 这些后缀，比如 philosopher（n. 哲学家），psychologist（n. 心理学家），author（n. 作家），musician（n. 音乐家）。但建筑学家、建筑师有点不一样，学完今天的单词一定要记牢哦。

▶ 从词根到单词
= archi（统治）+ tect（覆盖）+ ure（表示名词）
= 统治覆盖（房子）的人造出来的东西 → 引申一下，就是"建筑物""建筑学"，也可以表示"建筑风格"。

常用表达
classical architecture 古典建筑
traditional architecture 传统建筑

▶ 词根扩展
第二个词根是 tect，也是来自拉丁语，在学单词 detection 的时候说过，表示 cover，即"掩盖"的意思。比如：
detector n. 探测器；检测器
protection n. 保护；防卫
architect n. 建筑师

▶ 后缀扩展
后缀 ure，是一个很重要的名词后缀，一般表示行为或者行为的结果，比如：
torture n. 折磨；拷问
measure n. 尺寸
legislature n. 立法机关；立法机构

▶ 高频近义词
building n. 建筑物
structure n. 结构；构造
design n. 设计；图案
construction n. 建设；建筑物

▶ 精选例句
He obtained a diploma in architecture. 他获得了建筑学的学位证书。
The Forbidden City is one of the world's greatest works of architecture.
紫禁城是世界上最伟大的建筑之一。

词根 loqu
084

词根是 loqu，也是来自拉丁语，表示 to say, to speak，即"说话"的意思。

【同根词汇】
loquacious [ləˈkweɪʃəs] adj. 多话的
colloquial [kəˈləʊkwɪəl] adj. 口语的；会话体的
obloquy [ˈɒbləkwɪ] n. 谩骂；强烈指责

代言词 eloquent

【代言词剖析】
[ˈeləkwənt] 考研/CET6/CET4/TOEFL/IELTS
adj. 雄辩的；有口才的

我们平时说一个人爱说话，有很多词可以用，talkative（adj. 爱说话的，健谈的），talky（adj. 能言善辩的；话多的），chatty（adj. 爱闲聊的），话说多了就有了 gossip（n. 流言蜚语）。

从词根到单词
＝e（向外）＋loqu（说话）＋ent（表示形容词）
＝能向外说话的→引申一下，就是"有口才的，雄辩的，有说服力的"。

常用表达
eloquent speaker 雄辩的演讲者
eloquent speech 动人的演说

▶ 前缀扩展
前缀是 e，和 erudite 的前缀一样，表示"向外，分离"，类似的前缀有 ex, ef, ec 和 es 等，比如：
editor n. 编辑
emend vt. 修订；改进
ecstasy n. 狂喜；入迷
escort vt. 护送；陪同

▶ 后缀扩展
后缀 ent，既可以表示形容词也可以表示名词的后缀，比如：
frequent adj. 频繁的
nutrient n. 营养
solvent n. 溶剂

▶ 高频近义词
fluent adj. 流畅的，流利的
expressive adj. 有表现力的
persuasive adj. 有说服力的

▶ 高频反义词
stammer v. 口吃；结巴
faltering adj. 支吾的
speechless adj. 说不出话的

▶ 精选例句
An eloquent speaker is one skilled in the use of words.
有口才的人善于用词。
He addressed the audience in an eloquent speech.
他向听众发表了雄辩的演说。

词根 gree 085

词根 gree，来源于拉丁语 gratum，表示 pleasing, welcome, thankful，即"令人愉快的，热情的，感恩的"，进入中世纪英语中，该词根引申为 to be in harmony in opinions，表示"观念一致"。变形词根有 grat 和 grac。

【同根词汇】
gratitude ['grætɪtjuːd] n. 感谢（的心情）；感激
grateful ['greɪtfl] adj. 感谢的；令人愉快的
disagree [dɪsə'griː] vi. 不同意；不一致

代言词 agreeable

【代言词剖析】
[ə'griːəbl] 考研/CET6/GRE/TOEFL/IELTS
adj. 令人愉快的；有礼貌的；同意的

agreeable 基本意思是"pleasing; giving pleasure"，可以来形容一切令人愉快或喜悦的人或事物，比如 the agreeable weather（舒适的天气），an agreeable meal（令人开心的晚餐）。除此之外，它还可以表示"willing to agree"，即欣然同意的，一听就很有礼貌的感觉！

从词根到单词
= a（加强词义）+ gree（令人愉快；观念一致）+ able（形容词后缀）→"令人愉快的"或者"同意的"。

常用表达
mutually agreeable 彼此合适的
be agreeable to sth 愿意做；欣然同意

▶ **前缀扩展**
前缀 a，加在单词前面，可以表示否定含义，或者"在……的"的含义，或者有加强词根含义的作用，比如：
asocial adj. 不善社交的
asleep adj. 睡着的
aloud adv. 高声地

▶ **高频近义词**
pleasant adj. 令人愉快的，舒适的
enjoyable adj. 快乐的；令人愉快的
appealing adj. 吸引人的；动人的

▶ **后缀扩展**
后缀 able，常见形容词后缀，表示"可……的；能……的"，例如：
usable adj. 可用的，能用的
movable adj. 活动的，可移动的
changeable adj. 易变的，可变的

▶ **高频反义词**
unpleasant adj. 讨厌的；使人不愉快的
irritating adj. 刺激的；气人的
horrible adj. 可怕的；极讨厌的

▶ **精选例句**
We spent a very agreeable day together.
我们在一起度过了非常愉快的一天。
My parents are quite agreeable to my studying abroad.
我父母非常愿意让我出国学习。

词根 integr
086

词根是 integr，来源于拉丁语 inter，它还有一个变形 inter，表达的意思都是一样的，意为"整，全"。

【同根词汇】

integral ['ɪntɪgrəl] *adj.* 基本的；完整的
integrate ['ɪntɪgreɪt] *v.* 使（与……）成为一体；使融入
disintegrate [dɪs'ɪntɪgreɪt] *v.* 瓦解；分裂

代言词 integrity

【代言词剖析】

[ɪn'tegrɪti] 考研/CET6/TOEFL/IELTS

n. 完整；整体

integrity 有两个意思，一个是赞美人"正直，诚实"，此外 integrity 还有"完整"的意思。或许是说一个人如果不诚实，就不会完整了。

常用表达
with integrity 诚实地
territorial integrity 领土完整

▶ **从词根到单词**
= integr（整，全）+ ity（表名词，指具备某种性质）→ 完完整整 → 引申一下可以表示"正直诚实"的状态。

▶ **后缀扩展**
后缀是 ity，表示具有某种特征的状态、性质或事实。例如：
density *n.* 稠密；密集
sincerity *n.* 真诚；诚意；真挚
minority *n.* 少数民族；少数派

▶ **高频近义词**
honesty *n.* 诚实，正直
unity *n.* 联合（状态）；统一状态
coherence *n.* 统一；一致性；连贯性
completeness *n.* 完整；圆满

▶ **高频反义词**
diversity *n.* 多样性；多样化
fragment *n.* 碎片
debris *n.* 碎片，残骸
unfairness *n.* 不正当；不诚实

▶ **精选例句**
The code calls on members to behave with integrity at all times.
行为规范要求成员在任何时候言行都要诚实正直。
Our aim is to respect the sovereignty and territorial integrity of states.
我们的目的是要尊重各国的主权和领土完整。

词根 labor 087

词根 labor，来源于拉丁语，表示 labor，toil，hardship，即"劳作，辛苦"的意思。labor 这个单词直接来源于这个词根，表示"劳动；苦干"。

【同根词汇】

labor [ˈleɪbə(r)] n. 劳动；工作
collaborate [kəˈlæbəreɪt] v. 合作
laborious [ləˈbɔːriəs] adj. 勤劳的；困难的
laboratory [ləˈbɒrətri] n. 实验室

代言词 elaborate

【代言词剖析】

[ɪˈlæbərət] [ɪˈlæbəreɪt] 考研/CET6/CET4/GRE/TOEFL/IELTS
adj. 详尽而复杂的；精心制作的；精致的
v. 详细制定；详细说明；阐述

elaborate 做形容词的时候，表示"精心制作出来的或复杂精美的"；做动词分为及物动词和不及物动词，意思不一样。做及物动词表示"详细制定（计划等）"；做不及物动词，表示"阐述；详细说明"，后面常接 on 或 upon。

常用表达

elaborate costume 做工精美的服装
elaborate further on/upon 进一步详细阐述

▶ 从词根到单词

= e（向外；出）+ labor（辛苦）+ ate（形容词或动词后缀）→ 辛苦做出来的 → 精工细作。

▶ 前缀扩展

前缀 e，表示"出；出来"或者"除去"，例如：
eject v. 驱逐；喷出
eradicate v. 摧毁，完全根除
emerge v. 出现；浮现

▶ 后缀扩展

后缀 ate，常见动词或者形容词后缀，例如：
evacuate vt. 疏散
originate v. 起源于；来自
fortunate adj. 带来好运的；幸运的

▶ 高频近义词

complex adj. 复杂的；合成的
intricate adj. 错综复杂的；精细的
detailed adj. 详细的，精细的

▶ 高频反义词

simple adj. 简单的；不复杂的
plain adj. 朴素的；简单的
concise adj. 简明的，简洁的

▶ 精选例句

Please elaborate on your proposals a little.
请稍微详细说明你的建议。
She had prepared herself for a very elaborate show.
她准备了一场非常精妙的表演。

词根

lect
088

词根是 lect/lig，来自拉丁语 eligere，表示"选择，收集"。

【同根词汇】
collect [kə'lekt] vi. 收集；聚集
elect [ɪ'lekt] vt. 选举；选择
neglect [nɪ'glekt] n. 疏忽
select [sɪ'lekt] vt. 挑选；选拔

代言词
collective

【代言词剖析】
[kə'lektɪv] 考研/CET6/CET4/TOEFL
adj. 集体的；共同的 n. 集体

之前学过 community（n. 社区；团体）这个单词，跟我们今天的单词有点类似，都可以表示"集体"这个概念，但 collective 的形容词含义更常用，表示"共有的，共同的，集体的，全体成员的"。

常用表达
collective activity 集体活动
collective property 集体财产

从词根到单词
= col（共同）+ lect（收集）+ ive……的→ 全都收集起来的，共同收集起来的 → 集体的，共同的。

▶ 前缀扩展

前缀是 col，表示"共同"，例如：
collapse n. 倒塌
collusion n. 勾结；共谋

▶ 后缀扩展

后缀是 ive，是英语中最重要的形容词后缀，例如：
abusive adj. 骂人的；滥用的
cohesive adj. 有黏着力的；紧密结合的
explosive adj. 易爆的

▶ 高频近义词

corporate adj. 共同的，团体的
joint adj. 共同的，联合的；
mutual adj. 共同的；相互的

▶ 高频反义词

individual adj. 个人的
separate adj. 单独的；分开的

▶ 精选例句

Any individual is a member of the collective.
个人是集体的一分子。
This is a collective decision made by all board members.
这是一个董事会所有成员做出的集体决定。

词根 cid 089

词根 cid，来源于拉丁语 caedere，变形是 cis，表示 to cut，即"切，劈"的意思。

【同根词汇】

concise [kən'saɪs] adj. 简明的；简要的
precise [prɪ'saɪs] adj. 精确的；恰好的
excision [ek'sɪʒən] n. 删除，切除
suicide ['s(j)uːɪsaɪd] n. 自杀
homicide ['hɒmɪsaɪd] n. 过失杀人；杀人犯

代言词 decisive

【代言词剖析】

[dɪ'saɪsɪv] 考研/CET6/TEM4

adj. 决定性的；坚定的；果断的，决断的

这个单词是动词 decide 的形容词形式。当某人做决定非常快、很果断的时候，我们就可以用 decisive 来形容这个人；当你处在很关键的时刻、做的不同决定会造成不同结果时，可以用 the decisive moment 来表示。

常用表达

decisive force 决定性力量
decisive influence 举足轻重的影响

▶ **从词根到单词**

= de（离开）+ cis（切）+ ive（形容词后缀）→"切去"不需要的部分 → 果断的，坚定的。

▶ **前缀扩展**

前缀 de，构成的词有一定规律性，常表"离开"这一深层概念，例如：
devalue v. 使贬值；降低……的价值
defrost v. 除霜；解冻
decode v. 译码，解码

▶ **后缀扩展**

后缀 ive，常用来构成名词或形容词，表示"能做某事的人或物"，例如：
explosive adj. 爆炸的 n. 炸药
detective n. 侦探
adoptive adj. 采用的；有收养关系的

▶ **高频近义词**

determined adj. 坚定的，决意的
crucial adj. 决定性的；重要的
conclusive adj. 决定性的；最后的

▶ **高频反义词**

indecisive adj. 犹豫不决的，优柔寡断的
hesitant adj. 踌躇的；迟疑的
uncertain adj. 不确定的；不确信的

▶ **精选例句**

She should give way to a younger, more decisive leader.
她应该让位于更年轻、更有决断力的领导者。
Public opinion is decisive on the question.
舆论对这个问题起决定性的作用。

词根

tail
090

词根 tail 来源于 tailor，最早来源于古老法语 tailleur，表示 to cut，即"剪，切"。现在 tailor 依然可以表示"剪裁"的意思。

【同根词汇】

tailor ['teɪlə] *n.* 裁缝
detail ['diːteɪl] *n.* 细节；小事
entail [inˈteɪl] *v.* 使……成为必要，需要
curtail [kɜːˈteɪl] *v.* 截断，缩短
retailer [ˈriːteɪlə] *n.* 零售商

代言词
retail

【代言词剖析】

['riːteɪl] 考研/CET6/GRE/TOEFL/IELTS

n. 零售 *adj.* 零售的 *v.* 零售；详述；传播

前缀 re，表示"再，重复"，tail 表示"切割"的意思，重复的切割，最后化整为零，卖个体商品，表示"零售，销售"。retail 的动词形式也用来表示"零碎地说某件事"，引申为"详说；叙述"，尤其指说别人的事情。

常用表达
chain retailer 连锁零售商
retail gossip 传播流言

▶ **从词根到单词**

＝re（再，重复）＋tail（剪切）→重复剪开，零碎一点处理→引申一下就是"零售"

▶ **前缀扩展**

前缀 re，表示"再，重复，返回"，例如：
reflect *v.* 反射；反省
reverse *v.* （使）翻转；推翻；逆转
resent *v.* 愤恨；感到气愤

▶ **高频近义词**

peddle *v.* 叫卖；兜售
vend *v.* 出售（尤指土地等财产）
merchandise *v.* 推销；销售
resale *n.* 转售；零售

▶ **精选例句**

The retail dealer buys at wholesale and sells at retail.
零售商批发购进货物，以零售价卖出。

He retails everything he hears about his acquaintances.
他转述他所听到的有关熟人的事。

词根 sens
091

词根 sens，来自拉丁语 sensus，变形是 sent，表示 to feel，to perceive，即"感觉，观察"。所构成的英语单词具有规律性，都包含知觉，理解，五种感官的功能。

【同根词汇】

consent [kənˈsent] v. 同意；赞成
resent [rɪˈzent] vt. 怨恨；愤恨
sensible [ˈsensɪb(ə)l] adj. 明智的；通情达理的
sentiment [ˈsentɪm(ə)nt] n. 看法；情绪
sensitive [ˈsensɪtɪv] adj. 易受伤害的；易受影响的；敏感的
consensus [kənˈsensəs] n. 一致看法

代言词 sensational

【代言词剖析】

[senˈseɪʃənl] TOEFL/考研/CET6
adj. 轰动的；耸人听闻的

sensational 可以看作由词根 sense 加名词和形容词后缀（ation 和 al）而构成，这里引申为 sense 的贬义词义，指刺激人的感官，使人感到震惊，造成轰动。sensational 常用来指某个新闻标题只为吸引人的注意力，实际上内容毫无价值。

从词根到单词

= sens（sense 感觉）+ ation（一种结果）+ al（……的）
= 刺激感觉的 → 轰动的。

常用表达

sensational headlines 耸人听闻的标题
a sensational discovery/success 引起轰动的发现/成功

▶ **后缀扩展**

名词后缀 ation，是同义词根 ion 的变体，表示行为、情况、状态，例如：
excitation n. 兴奋，激动，刺激
relaxation n. 松弛，缓和
imagination n. 想象

▶ **后缀扩展**

后缀 al，最常见的形容词后缀之一，表示与……有关的，例如：
parental adj. 父母的   magical adj. 魔术的
后缀 al，还可以与动词连接构成名词，例如：
survival n. 幸存；生存
arrival n. 到来；到达

▶ **高频近义词**

dramatic adj. 戏剧性的，激动人心的
startling adj. 令人震惊的，惊人的
astounding adj. 使人震惊的

▶ **高频反义词**

restrained adj. 克制的，节制的
proper adj. 适用的；恰当的
understated adj. 不夸张的，不过分的

▶ **精选例句**

The show was a sensational success. 这次演出取得了轰动性的成功。
Papers of this kind are full of sensational news report. 这类报纸满是耸人听闻的新闻报道。

词根 sid

092

词根 sid，来源于拉丁语 sedēre，变形词根是 sed，表示 to settle, to sit down, to rest, to linger，即"坐，停留，休息"的意思，英语单词 sedate（*adj.* 文静的），reside（*v.* 居住）等就是由这些词根构成的。

【同根词汇】

pre**sid**e [prɪˈzaɪd] *v.* 主持，担任会议主席
con**sid**er [kənˈsɪdə(r)] *v.* 考虑；认为；关心
as**sid**uous [əˈsɪdjuəs] *adj.* 专心致志的，勤勉的
sub**sid**e [səbˈsaɪd] *vi.* 平息；减弱
dis**sid**ent [ˈdɪsɪd(ə)nt] *n.* 持不同政见者，意见不同的人

代言词
resid**ence**

【代言词剖析】

[ˈrezɪdəns] 考研/CET6/CET4/TOEFL/IELTS

n. 住宅；住处；居住

这个单词是动词 reside 的名词形式，有两层含义：一是表示某人所居住的房子，常用来指重要领导或者富人居住的宅第、豪宅，比如 the residence of the prime minister（首相的住宅）；二是指人长期居住某地的一种状态，resident 就是指长期住户。

▶ 从词根到单词

= re（再，反复）+ sid（坐）+ ence（名词词尾）
= 再坐之地 → 引申一下，就是"居住的地方，住处"。

常用表达

official residence 官舍，官邸
permanent residence 永久居住权

▶ 前缀扩展

前缀 re，来源于拉丁语，表示"再，重复，向后，相反，离开"，例如：
reunite *v.* 使再联合；使重聚
redecorate *v.* 再装修
refine *v.* 精炼；改善

▶ 高频近义词

dwelling *n.* 住处；寓所
habitation *n.* 居住；家
accommodation *n.* 住处，膳宿

▶ 后缀扩展

后缀 ence，另一种形式是 ance，都是重要的名词后缀，表示性质、状态、行为，例如：
existence *n.* 存在；生存
confidence *n.* 信任；信心
emergence *n.* 出来；出现；暴露

▶ 高频反义词

vagrant *adj.* 流离失所的
nomadic *adj.* 游牧的；流浪的

▶ 精选例句

We are only allowed one month's residence.
我们只准逗留一个月。
He travels constantly, moving among his several residences around the world.
他经常旅行，穿梭于他在世界各地的多处住所。

词根 mot 093

词根 mov,来源于拉丁语 movere,表示 to move, to remove,即"动,移动"的意思。这个词根最早来源于梵语 muta,表示 moved by love,所以引申含义常用来表示人的情绪和情感,如 move 可以表示"使某人感动"。其变形词根有 mot,mob,moto,表达的意思是一样的。

【同根词汇】
- remove [rɪˈmuːv] v. 移动,迁移;开除
- motivate [ˈməʊtɪveɪt] v. 刺激,激发
- emotion [ɪˈməʊʃ(ə)n] n. 情感;情绪
- promotion [prəˈməʊʃn] n. 提升;推销,促销

代言词 commotion

【代言词剖析】
[kəˈməʊʃn] GRE/IELTS

n. 骚动;混乱;喧闹

这个单词的词根是 mot,表示"移动",前缀 com 表示"共同",当所有人共同"动"起来的时候,就会容易造成"混乱,吵闹"。注意把 commotion 和 riot(暴乱)区分开,commotion 是指人多混乱的场面,riot 常指众多人在公共场所制造暴乱,有反对政府或相关机构的含义。commotion 是可数名词,"听到一阵骚乱"可用 hear a commotion 表达。

从词根到单词
= com(共同)+ mot(移动)+ ion(名词后缀)
= 人群朝同一方向移动 → 引申一下,就是"骚动,混乱"的意思。

常用表达
- cause a commotion 引起骚乱
- civil commotion 民众骚乱

前缀扩展
前缀是 com,表示"共同,一起",加强语气,典型的词是 common,表示"普通的,共有的",例如:
- comrade n. 同志;伙伴
- accompany v. 陪伴,陪同
- community n. 社区,社会,团体

后缀扩展
后缀是 tion,是典型的名词后缀,例如:
- absorption n. 吸收,吸收过程
- action n. 行动;活动
- information n. 消息;资料;情报

高频近义词
- turbulence n. 骚乱
- turmoil n. 混乱
- clamour n. 喧哗声,喧闹

高频反义词
- peace n. 和平;社会安定;平静
- serenity n. 平静,宁静
- stillness n. 静止,不动

精选例句
She heard a commotion outside. 她听见外面一阵骚动。
You are making a great commotion about nothing. 你简直是在无理取闹。

词根 junct

词根 junct，来源于拉丁语动词 jungere，表示 to tie together, to join，即"连接，联系在一起"的意思，变形词根有 join，jug。

【同根词汇】

junction [ˈdʒʌŋ(k)ʃ(ə)n] n. 接合；交汇点
juncture [ˈdʒʌŋ(k)tʃə] n. 特定时刻；关头
joint [dʒɔɪnt] n. 关节；连接
adjoin [əˈdʒɔɪn] v. 毗连，邻接

代言词 conjunction

【代言词剖析】

[kənˈdʒʌŋkʃn] 考研/CET6/CET4/GRE/IELTS

n. 结合；关联；连词；（事件等的）同时发生

conjunction 常用来表示两个或多个事物的连接，也可以引申表示事件同时发生，同义词是 concurrence。除此之外，在英语语法中，conjunction 是术语，表示"连词"，如 but，and，because 等。

从词根到单词

= con（together 一起）+ junct（to join 连接）+ ion（名词后缀）
= 连接在一起→结合。

常用表达

in conjunction with
和……联合；连同
conjunction words 关联词语

▶ 前缀扩展

前缀是 con，跟 com 一样，都表示共同，一起，有加强语气的作用，例如：
conjoin v. 联合，结合
commend v. 推荐；称赞，表扬
confront v. 使面对

▶ 高频近义词

combination n. 合作，结合，组合
association n. 联合；合伙；关联；交往
coincidence n. 巧合；一致
incorporation n. 公司；合并

▶ 后缀扩展

后缀 ion，构成名词，变化形式有 tion，ation，都表示行为、情况、状态，例如：
accordion n. 手风琴
production n. 生产，制作；产量
intervention n. 介入，干涉，干预

▶ 高频反义词

disunion n. 分裂；不联合的状态
division n. 分开，分隔
separation n. 分离，分开，隔开

▶ 精选例句

The conjunction of heavy rains and strong winds caused flooding.
狂风和暴雨加在一起造成了洪水泛滥。
He is working in conjunction with the police.
他与警方配合进行工作。

词根 van

词根 van，常见变形是 vain，vac 和 void，来源于拉丁语 vanus，表示 empty, void，即"空虚的，空的"意思。比如 vain（adj. 徒劳的；自负的）就是由词根变化而来的。

【同根词汇】
vanish ['vænɪʃ] v. 消失；突然不见
vacancy ['veɪk(ə)nsɪ] n. 空房间；空虚
devoid [dɪ'vɔɪd] adj. 缺乏的；全无的
vacation [və'keɪʃn] n. 休闲
evacuate [ɪ'vækjʊeɪt] v. 疏散，撤退

代言词 vanity

【代言词剖析】
['vænəti] 考研/CET6/CET4/GRE/IELTS
n. 虚荣；空虚；无聊的事物；无价值的东西

vanity 指"无价值或空虚的东西"，就像"Emperor's New Clothes（皇帝的新衣）"，实际上是不存在的，可是他的虚荣心（vanity）蒙蔽了这一切；vanity 还可以用于女性化妆领域，如 vanity case（化妆包），vanity table（化妆台）。

▶ 从词根到单词
= van（空的）+ ity（名词后缀）→ 空的东西 = 无价值的东西。

常用表达
out of vanity 出于虚荣心
vanity fair 名利场

▶ 后缀扩展
后缀 ity，常构成抽象名词，同 ty 类似，都表示性质、情况、状态，例如：
equality n. 同等，平等
reality n. 现实；真实
popularity n. 普遍，流行；受欢迎

▶ 高频近义词
futility n. 无用；无价值
arrogance n. 傲慢；自大；自负
conceit n. 自负；狂妄

▶ 高频反义词
modesty n. 谦虚，谦逊
diffidence n. 缺乏自信
humility n. 谦逊
pragmatism n. 实用主义

▶ 精选例句
Her sarcasm wounded his vanity.
她挖苦的语言刺伤了他的虚荣心。
A man's vanity is actually in proportion to his ignorance.
一个人的虚荣心实际上和他的无知程度成正比。

词根 pound
096

词根 pound，来自拉丁语 ponere，其变形有 pon，都表示"放置"的意思。

【同根词汇】
proponent [prə'pəʊnənt] n. 支持者，拥护者
postpone [pəʊs(t)'pəʊn] vt. 使……延期
component [kəm'pəʊnənt] n. 成分；零件

代言词 expound

【代言词剖析】
[ɪk'spaʊnd] CET6/TEM8/GRE
vt. 解释，详细讲解

expound 一般指解释或者详细说明一个观点，而 elaborate（vt. 精心制作；详细阐述）侧重于把一个计划进行详细阐述，二者有时候能相互替换。

▶ 从词根到单词
＝ ex（出）+ pound（放置）→ 把你的解释说出来即"详细说明"，当我们向别人详细说明时就会 talk in detail，把细节都讲出来。

常用表达
expound on 阐释，解释
further expound 进一步阐述

▶ 前缀扩展
前缀是 ex，表示"出"，例如：
extend vt. 延伸；扩大
except vt. 不计；把……除外
external adj. 外部的；表面的

▶ 高频近义词
explain v. 说明；解释
decipher vt. 解释，破译
interpret vi. 解释；翻译
dissect vi. 进行解剖；进行详细分析

▶ 精选例句
Trump continued to expound his views on economics and politics.
特朗普继续阐释他关于经济与政治的观点。
The speaker has an hour to expound his views to the public.
讲演者有一小时的时间向公众阐明他的观点。

词根 pos

094

词根 pos，来自拉丁语 ponere，表示"放，置"的含义。

【同根词汇】
expose [ɪkˈspəʊz] vt. 揭露，揭发
impose [ɪmˈpəʊz] vt. 强加；征税
deposit [dɪˈpɒzɪt] n. 存款；保证金
propose [prəˈpəʊz] vi. 建议；求婚

代言词 proposal

【代言词剖析】
[prəˈpəʊzl] 考研/CET6/CET4/GRE/TOEFL/IELTS
n. 提议；建议；求婚

这个单词除了表示供他人考虑或采纳提出的建议之外，还可以表示"求婚"，make a proposal 就表示"求婚"或者"提议"的意思。

从词根到单词
= pro（前面）+ pos（放）+ al（表名词）→ 在前面提出来，放出来 → 提议，建议，求婚。

常用表达
accept a proposal 采纳建议
Business Proposal 商业计划书；投资建议书

▶ **前缀扩展**
前缀是 pro，表示"进步"，例如：
project vt. 设计；计划
prologue n. 开场白；序言
promote vt. 促进；提升

▶ **高频近义词**
advice n. 劝告，忠告
suggestion n. 建议；示意
recommendation n. 推荐

▶ **后缀扩展**
后缀是 al，al 后缀的词一般是名词或者形容词，例如：
rival n. 竞争者
criminal n. 犯罪分子

▶ **高频反义词**
objection n. 异议，反对
rejection n. 抛弃；拒绝
disapproval n. 不赞成；不喜欢

▶ **精选例句**
The president is to put forward new proposals for resolving the country's constitutional crisis.
总统将提出解决国家宪法危机的新议案。
She had had many proposals but preferred to remain single.
许多人向她求过婚，但她更愿过独身生活。

词 根

pict

098

词根 pict，来自拉丁语的 pict，意为 to paint，即表示"描画"。

【同根词汇】

picture ['pɪktʃə] vt. 描绘，描画
pictorial [pɪk'tɔːriəl] adj. 绘画的
pictograph ['pɪktəˌɡrɑːf] n. 象形文字；统计图表

代言词

depict

【代言词剖析】

[dɪ'pɪkt] 考研/GRE/TOEFL/ IELTS
vt. 描绘，描画
　　depict 指用写作和图片来形容、陈述一些事物，而 describe（vt. 描述，形容）重在用语言来形容，陈述一些事物。

常用表达

accurate depiction 准确的描述
depict as 把……描述成

▶ **从词根到单词**
= de（向下）+ pict（绘画）→ 向下绘画，画下来 → 就是"描绘，描画"。

▶ **前缀扩展**

　　前缀是 de，通常加在名词或者形容词之前表示否定含义，例如：
decline vt. 谢绝；婉拒
descend vi. 下降；下去
degrade vt. 贬低；使……丢脸

▶ **高频近义词**

portray vt. 描绘；扮演
demonstrate vt. 证明；展示
illustrate vt. 阐明，举例说明
describe vt. 描述，形容

▶ **精选例句**

The media depict him as a left-wing bogeyman.
媒体把他描述成一个左翼大反派。
The picture vividly depicts the destiny of a flower in different circumstances.
这幅图画生动描述了一朵鲜花在不同环境中的命运。

词根 gram 099

词根 gram，来自希腊语 gramm，表示"写，画"。

【同根词汇】
program ['prəʊɡræm] n. 程序
grammar ['ɡræmə(r)] n. 语法；语法书
telegram ['telɪɡræm] n. 电报
epigram ['epɪɡræm] n. 隽语；警句

代言词 diagram

【代言词剖析】
['daɪəɡræm] 考研/CET6/CET4/GRE/TOEFL/IELTS
vt. 用图表示；图解　n. 图表；示意图

　　diagram 表示具有"说明或解释（性质、计划等）"作用的图，如产品解剖图、组织架构图、作业流程图等；经常用到的 illustration 指为了让文字性的内容更加易懂而配置的图形或图片，即插图，配图；figure 侧重指人的体形；在文章或书里有多个图进行图注时会用 fig. 1，fig. 2 等表示；而我们经常说的表格，用 table 表示。

▶ 从词根到单词
＝dia（穿过）+ gram（写、画）
＝穿过，交叉着画→也就是图表，引申为"示意图"。

常用表达
draw a diagram 绘图表，做图解
structure diagram 结构图

▶ 前缀扩展
　　前缀是 dia，表示"穿过，二者之间，对着"，例如：
diameter n. 直径
diagnosis n. 诊断
dialogue n. 对话

▶ 高频近义词
graph n. 图表；曲线图
chart vt. 绘制地图、图表 n. 地图，排行榜
figure n. 图形；人物
table n. 桌子；表格
illustrator n. 插画家

▶ 精选例句
I made a diagram to show how the eye works.
我画了一张简图，说明眼睛是如何工作的。
This diagram will illustrate what I mean.
这个图表可说明我的意思。

词 根

lev
100

词根 lev，来自拉丁语 levare，表示"举起，变轻"。

【同根词汇】

elevator ['elɪveɪtə] n. 电梯
lever ['liːvə(r)] n. 杠杆；操作杆
relevant ['relәvənt] adj. 相关的；切题的

代言词

alleviate

【代言词剖析】

[ə'liːvɪeɪt] 考研/ GRE/IELTS

vt. 减轻，缓和

alleviate 一般表示"使某事变得能够忍受或不太严重"，所以指的都是不好的东西或者危害，强调暂时或部分地缓解。relieve 指使造成不快或压抑的某事变得可以忍受，可以"松一口气"了。

常用表达

alleviate pain 减轻疼痛
alleviate traffic 缓解交通

▶ **从词根到单词**

= al（加强词义）+ lev（举起，变轻）+ iate（表示动词）→ 变轻了 → 减轻。

▶ **前缀扩展**

前缀 a，加上词根首字母重复，都表示加强词义。比如：

allusion n. 暗示；提及
alliance n. 联盟，联合
allergy n. 过敏症；反感

▶ **高频近义词**

relieve vt. 解除；使放心
lighten vt. 缓和，减轻
console vt. 安慰；慰藉

▶ **后缀扩展**

后缀是 iate，是常见的后缀 ate 的一个变形，这里表示动词后缀，比如：

affiliate v. 使紧密联系
appropriate vt. 占用；拨出
initiate v. 开始；开创

▶ **高频反义词**

aggravate vt. 加重，使恶化
exacerbate vt. 使加剧；使恶化
deteriorate vi. 恶化，变坏

▶ **精选例句**

This medicine will alleviate your sore throat.
这种药会缓解你的咽喉痛。
How will China alleviate the pressure for RMB appreciation?
中国应如何应对人民币升值的压力？

词根 migr 101

词根 migr，来自拉丁语 migrate，表示"移动"。

【同根词汇】

migrate [ˈmaɪgreɪt] vi. 迁移，移往
immigration [ˌɪmɪˈgreɪʃn] n. 移居；移民人数
migratory [ˈmaɪgrətrɪ] adj. 迁移的

代言词 immigrant

【代言词剖析】

[ˈɪmɪgrənt] 考研/CET6/CET4/TOEFL/IELTS

n. 移民，侨民 adj. 移民的，移来的

immigrant 和 emigrant 这两个词都指"移民"。emigrant 强调"从某国离去"，其后常接介词 from；immigrant 强调"到某国定居"，其后常接介词 in。

常用表达
illegal immigrants 非法移民
immigrant visas 移民签证

▶ 从词根到单词

= im（进入）+ migr（迁移）+ ant（人或者物；……的）→ 形容"移来的"，引申为"移民的"，也指"移民"。

▶ 前缀扩展

前缀是 im，表示"进入"，例如：
import vt. 输入，进口
imperil vt. 危及；使陷于危险
imprison vt. 监禁；关押

▶ 后缀扩展

后缀是 ant，是一个常见的名词后缀，例如：
inhabitant n. 居民；居住者
accountant n. 会计师；会计人员
servant n. 仆人

▶ 高频近义词

stranger n. 陌生人，不认识的人
foreigner n. 外国人；外人
alien n. 外国国籍的侨民

▶ 高频反义词

aboriginal n. 土著
local adj. 当地的；局部的

▶ 精选例句

America has many immigrants from Europe.
美国有许多欧洲移民。
Many of the immigrants have intermarried with the island's original inhabitants.
许多移民与岛上的原住民结婚了。

词根 audi 102

词根 audi，来源于拉丁文 audire，表示"听"。奥迪，大家都"听"过，这个汽车品牌名称就来源于这个拉丁词。它还有个变形 audit 也表示"听"的意思，单词 audit（n./v. 审计，查账；旁听）就直接来源于此。

【同根词汇】
audio [ˈɔːdɪəʊ] adj. 声音的
audience [ˈɔːdɪəns] n. 听众；观众
auditorium [ˌɔːdɪˈtɔːrɪəm] n. 礼堂；讲堂
audible [ˈɔːdəbl] adj. 听得见的；可听的

代言词 audition

【代言词剖析】
[ɔːˈdɪʃn] 考研/CET6/TOEFL/IELTS

n. 试听，试音

audition 做名词时还可以表示"听力，听觉"；表示"试音，试听，试镜"时有名词和动词两种词性。申请者工作之前要参加面试，演员表演之前要参加试演，当然我们也可以说"对……进行面试，让……试演"，这时 audition 后面就可以直接带宾语。

▶ 从词根到单词
= audit（听）+ ion（表示动作或状态的后缀）
= 听［演员］唱→看别人表演，即"试听，试镜"。

常用表达
audition room 试音室
audition for 为……的试演

▶ 后缀扩展
后缀 ion，是常见的一个名词后缀，一般是单词后面的 t 或 te，变形成了后缀 tion。同类后缀有：sion，xion，ction，ation，ition，都表示行为的过程、结果、状况。例如：
condition n. 条件；情况；环境
assumption n. 假设
friction n. 摩擦

▶ 高频近义词
tryout n. （争取入队资格的）角逐赛；选拔赛；（争取角色的）试演
trial n. 试验
hearing n. 听力；审讯，听讯
interrogation n. 审问，讯问

▶ 精选例句
I'm going to the audition but I don't expect I'll get a part.
我去试演，但并没有指望会得到角色演出。
They're auditioning for new members of the cast for Hamlet today.
他们今天参加《哈姆雷特》剧组招募新演员的试镜。

词根 phon 103

词根 phon，来源于希腊语 phone，表示声音，也可以写作 phone。单词 phone（n. 电话）就来源于这个词根。

【同根词汇】

telephone ['telɪfəʊn] n. 电话
audiphone ['ɔːdɪfəʊn] n. 助听器
headphone ['hedfəʊn] n. 耳机
saxophone ['sæksəfəʊn] n. 萨克斯管
euphonic [juːˈfɒnɪk] adj. 悦耳的

代言词 symphony

【代言词剖析】

[ˈsɪmfəni] 考研/CET6/TOEFL/IELTS

n. 交响曲；交响乐

交响乐的最基本单位是乐句（phrase），几个 phrase 组成一个旋律（melody），几个 melody 组成一个乐章（movement），几个 movement 组成一个交响乐（symphony）。类似的大家也可以记住，戏剧的最基本单位是 scene（场），几个 scene 组成幕（act），几个 act 可组成戏剧（drama）。

常用表达

symphony orchestra 交响乐团
pastoral symphony 田园交响曲

▶ 从词根到单词

= sym（共同，相同）+ phony（声音）= 所有乐器一起响 → 交响乐。

▶ **前缀扩展**

前缀 sym，变形有 syn，都表示"共同，相同"，例如：
sympathy n. 同情
symmetry n. 对称（两边相同之意）
synonym n. 同义词
synchronism n. 同时发生

▶ **后缀扩展**

后缀 y，是名词后缀，例如：
delivery n. 交付；分发
honesty n. 诚实，正直
difficulty n. 困难

▶ **高频近义词**

orchestra n. 管弦乐队
band n. 乐队
choir n. 唱诗班；合唱队

▶ **精选例句**

The first movement of the symphony is beautiful.
这部交响乐的第一乐章是很优美的。
I always reflect on life when listening to Beethoven's symphony.
每当听贝多芬交响乐的时候，我总会仔细思考人生。

词根 mini 104

词根 min 和 mini 来源于拉丁语 minor 和 minus，表示"缩小，减少"的意思。大家特别喜爱的小黄人就是 minion。

【同根词汇】

minute [maɪˈnjuːt] *adj.* 微小的；详细的
minor [ˈmaɪnə(r)] *adj.* 较小的；较少的
minimum [ˈmɪnɪməm] *n.* 最小值

代言词 diminish

【代言词剖析】

[dɪˈmɪnɪʃ] 考研/CET6/TOEFL/IELTS

v. 变小；变少；减低

这个单词表示因为不断消耗而在数量方面缓慢减少，也指在数量或价值上下降。它既可以用来描述具体的事物，也可以用来描述抽象的事物，比如石油产量、收入、危险、成就感等。

常用表达
diminish the power 削弱权力
diminish the cost 减少成本

▶ **从词根到单词**
= di（表示加强）+ min（小）+ ish（使……）→ 使小下去 = 缩小，减少。

▶ **前缀扩展**

前缀 di，来源于拉丁语前缀 di，表示使……变成，分开，离开。例如：
divert *vt.* 转移；使……欢娱
digest *v.* 消化
divide *v.* 分开

▶ **高频近义词**

reduce *v.* 减少；缩小
decrease *v.* 使减少；使减小；使降低
lessen *vi.* 减少；减轻
wane *v.* 衰落；变小

▶ **后缀扩展**

后缀 ish 为动词后缀，表示"做……，致使……，造成……，成为……"，例如：
vanish *v.* 消逝
publish *v.* 公布
distinguish *v.* 区别，区分

▶ **高频反义词**

increase *v.* 增加
boost *v.* 增强；促进
expand *v.* 扩大；膨胀
enhance *v.* 提高；加强

▶ **精选例句**

His strength has diminished over the years.
经过这许多年月，他的体力不如从前了。
The threat of nuclear war has diminished.
核战争的威胁已经减小了。

词根 bat 105

词根 bat 来源于拉丁语 batuare，表示 to strike, to beat，即"打，击"的意思。bat 作为单词就有"球拍"和"蝙蝠"的意思，球拍用来击打球，而蝙蝠飞起来也要拍打翅膀。

【同根词汇】
bat [bæt] v. 用板（或棒、拍）击（某物）
abate [əˈbeɪt] v. 减弱；减轻；减退
debate [dɪˈbeɪt] n. 辩论；争论，讨论
battle [ˈbæt(ə)l] n. 战役；斗争
batter [ˈbætə] v. 殴打；连续猛击

代言词 combat

【代言词剖析】
[ˈkɒmbæt] 考研/CET4/CET6/TOEFL
v. 战斗；与……斗争 n. 战斗

combat 做名词时泛指军事行动，尤指小规模的战斗，甚至是格斗。做动词时表示武装人员进行战斗或格斗，含有与强手较量之义。

常用表达
free combat 散打
combat aircraft 战斗机

▶ 从词根到单词
= com（共同）+ bat（打，击）→共同打 = 战斗。

▶ 前缀扩展
前缀 com，意为"共同，一起；加强意义"。例如：
comply vi. 遵守；顺从
compact n. 合同，契约
commit vt. 犯罪；做错事

▶ 高频近义词
fight v. 奋斗；斗争
battle n. 战役；斗争
conflict v. 冲突
collide v. 碰撞；冲突
clash v. 冲突，抵触

▶ 高频反义词
pacify v. 平定；平息；镇压
appease v. 使平息；使满足
cooperate v. 合作；协作
teamwork n. 团队合作；协力
cooperation n. 合作，协作

▶ 精选例句
The troops were exhausted after months of fierce combat.
部队经过几个月的激战已筋疲力尽。
Under no circumstances will the government waver in its determination to combat corruption.
无论在任何情况下，政府打击贪污腐败的决心都不会动摇。
The president has criticized new government measures to combat crime.
总统批评了新政府打击犯罪的措施。

词根 frag 106

词根 frag 来源于拉丁语动词 frango，表示"打破，打碎"。它还可以变形为 fra，frac 和 fring。

【同根词汇】
fraction ['frækʃn] n. 少量；小份；一点儿
fracture ['fræktʃə] n. 破裂；（尤指）骨折
fragment ['frægmənt] n. （某物的）碎片
infraction [ɪn'frækʃ(ə)n] n. 违反

代言词 fragile

【代言词剖析】
['frædʒaɪl] 考研/CET6/GRE/TOEFL/IELTS
adj. 易碎的，脆的；虚弱的

fragile 表示东西"易碎的"。说起"易碎的"，我们还会想到两个单词：crisp（adj. 脆的；易碎的；新鲜的）常用来形容食物，口感；brittle（adj. 易碎的，脆弱的），指一些硬性材料缺乏弹性，易折断，易碎。fragile 常常修饰使用时必须小心才不会破碎的东西，也引申为"体弱的，虚弱的"。

▶ 从词根到单词
= frag（破，碎）+ ile（形容词后缀，易……的）= 易破的，易碎的。

常用表达
fragile health 虚弱的体质
fragile goods 易碎货品

▶ 后缀扩展

后缀是 ile，形容词后缀，表示"属于……的，有……性质的，易于……的，可……的"。例如：
futile adj. 无用的；无效的
sterile adj. 贫瘠的；不肥沃的
juvenile adj. 青少年的；不成熟的

▶ 高频近义词
vulnerable adj. 脆弱的；易受伤害的
frail adj. 脆弱的；虚弱的
tender adj. 脆弱的；温柔的
frangible adj. 脆弱的；易碎的

▶ 高频反义词
robust adj. 强健的；健康的
durable adj. 持久的；耐久的
solid adj. 可靠的；结实的；立体的

▶ 精选例句
His overall condition remained fragile.
他的整体情况还是很不稳定。
They carefully packed the fragile china into a box.
他们小心地将易碎瓷器装入了纸箱。

词根 anim 107

词根 anim，来源于拉丁语名词 anim，意为 breath, life, mind, 即"呼吸，生命，思想"的意思。

【同根词汇】

animal [ˈænɪml] n. 动物（能有感觉并能自行移动的生物）
animosity [ˌænɪˈmɒsɪti] n. 憎恶，仇恨
inanimate [ɪnˈænɪmət] adj. 无生命的；无生气的
animation [ˌænɪˈmeɪʃ(ə)n] n. 活泼，生气

代言词 unanimous

【代言词剖析】

[juːˈnænɪməs] 考研/CET6/TOEFL/IELTS
adj. 一致同意的；一致通过的

unanimous 这个单词可以表示投票是全体一致通过的，比如 unanimous approval（一致通过）。还有一个描写投票的单词，跟它长得很像，就是 anonymous（*adj.* 匿名的，无名的），经常用到的短语是 anonymous vote（不记名投票）。

▶ **从词根到单词**

= un（单一，一致）+ anim（生命，呼吸）+ ous（形容词后缀）→（大家）同一个生命，一起呼吸 = 一致的。

常用表达

unanimous about 关于……看法一致
unanimous in 在……方面一致

▶ **前缀扩展**

前缀 un，有时候也写作 uni，来源于拉丁语，都表示单一，例如：
unity n. 单一；一致
uniform adj. 一贯的，一致的
unique adj. 独特的

▶ **后缀扩展**

后缀 ous，是形容词后缀，表示"有……性质的，属于……的，如……的，有……的，多……的"。例如：
courageous adj. 勇敢的
glorious adj. 光荣的
contagious adj. 感染性的

▶ **高频近义词**

combined adj. 联合的；共同的
united adj. 团结的；联合的
harmonious adj. 和谐的；和睦的
consistent adj. 一致的；坚持的

▶ **高频反义词**

divided adj. 有分歧的
split adj. 分裂的
disagreeing adj. 产生分歧的
inconsistent adj. 不一致的

▶ **精选例句**

He was elected by a unanimous vote. 他以全票当选。
The decision to appoint John was almost unanimous.
任命约翰的决定几乎是一致通过的。

词根 fut 108

词根 fut，来源于拉丁语 fundere，意思是 to pour，to flow，to melt，即"倾倒；流动；融化"的意思。变形的 fus，fund，found，fuse（n. 保险丝）即来源于这个词根。

【同根词汇】

confute [kənˈfjuːt] v. 驳斥，驳倒
infuse [ɪnˈfjuːz] v. 灌输，加入
futile [ˈfjuːtaɪl] adj. 无效的，无用的
confused [kənˈfjuːzd] adj. 困惑的；混乱的
defuse [diːˈfjuːz] vt. 平息

代言词 refute

[rɪˈfjuːt] 考研/CET6/CET4/GRE/TOEFL/IELTS

v. 驳斥，驳倒；否认真实性

【代言词剖析】

refute 有两层意思：第一层意思是指有实实在在的证据或论据证明一个论点错误，彻底驳倒对方；第二层意思是指否认某个指控或说法的真实性。形容词是 refutable，表示"可反驳的"，名词 refutation 表示"反驳"，做辩驳用的论据。

常用表达

refute sb publicly 公开驳斥
refute a proposal 驳斥某项提议

▶ 从词根到单词

= re（往回，向后）+ fut（倾倒）+ e（构词字母）→ 向后击倒 → 反驳。

▶ 前缀扩展

前缀 re，基本意思是 back，表示向后；相反；重复；再；相反；不，例如：
resist v. 反抗；抵抗
restructure v. 重建
remind v. 想起
resent v. 愤恨，不满

▶ 高频近义词

disprove v. 反驳，证明……是虚假的
rebut v. 反驳，驳回
deny v. 驳斥；拒绝相信
retort vt. 反驳，反击
contradict vt. 反驳；否定

▶ 高频反义词

consent vi. 同意；赞成
approve vt. 批准；赞成
confirm v. 确认；证实；确定
prove v. 证明；证实
validate v. 确认；使生效；证实

▶ 精选例句

Historical facts refuted such a fallacy. 历史事实驳斥了这种谎言。
You can easily refute his argument. 你可以很容易驳倒他的论据。

词根 clin

109

词根 clin，来源于拉丁语 clinare，意思是 to bend，to lean，即"弯曲，倾斜"。变形词根是 cli。

【同根词汇】

decline [dɪˈklaɪn] n. 下降，减少
recline [rɪˈklaɪn] vi./n. 靠；依赖
climax [ˈklaɪmæks] n. 高潮；顶点

代言词

inclined

【代言词剖析】

[ɪnˈklaɪnd] TOEFL/CET6
adj. 倾斜的；倾向的；有天分的

inclined 基本意思是"倾斜的，斜向的"。这个单词更常用于引申含义，表示某人愿意做某事，有意向做某事，倾向于，对……更感兴趣；还可以形容某人有天分、有天赋，例如：artistically inclined（有艺术天分）。

▶ **从词根到单词**

= in（进入；使）+ clin（倾斜；倾向）+ ed（形容词后缀）→ 倾斜的 → 倾向于的。

常用表达

inclined angle 倾斜角
be inclined to do 愿意做某事；倾向于……

▶ **前缀扩展**

前缀 in，表示"向内，进入"或者"不，无，非"，还有加强的意思，例如：
incorrect adj. 不正确的
inborn adj. 天生的
invigorate vt. 鼓舞；使精力充沛

▶ **高频近义词**

disposed adj. 有……倾向的；打算做……的
prone adj. 易于……的；很可能……的
liable adj. 有做某事的倾向的

▶ **后缀扩展**

后缀 ed，常用在名词或动词的后面构成形容词，表示："有……的；被……的"，例如：
gifted adj. 天才的
failed adj. 已经失败的
skilled adj. 熟练的

▶ **高频反义词**

unlikely adj. 不太可能的
reluctant adj. 勉强做某事的
unwilling adj. 不愿意的；不情愿的
disinclined adj. 不情愿的

▶ **精选例句**

I am inclined to agree with her.
我倾向于赞同她的观点。
Nobody felt inclined to argue with him.
没人愿意与他争辩。

词根 sequ

110

词根 sequ，来源于拉丁语 sequi，表示 to follow，to come after，to follow naturally，即"追随；延续"。单词 sequel 就是来源于这个词根，表示"随之而来的事物；续篇"。它的变形词根有 secut，su。

【同根词汇】
consequent [ˈkɒnsɪkw(ə)nt] adj. 随之发生的
consequence [ˈkɒnsɪkw(ə)ns] n. 结果；后果
persecute [ˈpɜːsɪkjuːt] v. 迫害

代言词 subsequent

【代言词剖析】
[ˈsʌbsɪkwənt] 考研/ CET6 / CET4 / GRE / TOEFL / IELTS
adj. 随后的；后来的；在……之后

subsequent 表示"紧紧跟随的"，指按时间或次序在某事后面发生，常用在名词前面做定语，如 subsequent events（后来发生的事情）。副词 subsequently 表示"后来；随后"的意思。

从词根到单词
= sub（靠近；接近；下）+ sequ（追随；延续）+ ent（形容词后缀）→ 后面追随的 → 随后的；后来的。

常用表达
subsequent events/research/generation 后续事件/后续研究/后代
subsequent to 继……之后发生的

▶ **前缀扩展**

前缀 sub，表示："靠近，接近；在下面，次一等"，例如：
subtitle n. 副标题
subcentral adj. 近中心的
subequal adj. 几乎相等的

▶ **高频近义词**
following adj. 其次的，接着的
succedent adj. 随后的
ensuing adj. 接着发生的

▶ **后缀扩展**

后缀 ent，常用于构成形容词或名词，构成形容词表示"具有……性质的"，构成名词表示某类人或物，例如：
antecedent n. 先行者
insistent adj. 坚持的
prevalent adj. 流行的，盛行的

▶ **高频反义词**
previous adj. 以前的；早先的
former adj. 从前的；前者的
preceding adj. 在先的，在前的
antecedent adj. 先行的；前驱的；先前的

▶ **精选例句**
Subsequent events proved him wrong.
后来发生的事证明他错了。
They confessed to other crimes subsequent to the bank robbery.
他们供认抢劫银行案后，还犯了其他罪行。

词根 host / hospit

111

词根 host，来源于拉丁语 hospes，意为 guest, stranger, visitor，即"客人，陌生人，访客"。现代英语中，单词 host 指"主持；当主人招待客人"的意思。变形后的词根是 hospit。

【同根词汇】

hospital [ˈhɒspɪt(ə)l] n. 医院
hostage [ˈhɒstɪdʒ] n. 人质
hostel [ˈhɒst(ə)l] n. 旅社，招待所（尤指青年旅社）
hospitable [hɒˈspɪtəb(ə)l] adj. 热情友好的；（环境）舒适的

代言词 hospitality

[ˌhɒspɪˈtæləti] 考研/CET6/IELTS
n. 殷勤好客；招待，款待

hospitality 表示很热情和友好地招待客人或陌生人，尤其指在主人自己的家里。hospitality 还可以表示提供给客人的食宿招待，例如 a hospitality room（迎宾室）。

常用表达

kind/cordial hospitality 盛情接待
hospitality area 待客区，迎宾区

从词根到单词

= hospit（招待客人）+ ality（名词后缀）→ 喜欢招待客人的样子 → 好客。

▶ 后缀扩展

后缀 ality，常用于构成名词，表示"状态，情况，性质"，例如：
nationality n. 国籍
formality n. 拘泥形式，拘谨
logicality n. 逻辑性

▶ 高频近义词

friendliness n. 友情；亲切
genial adj. 亲切的，友好的
amity n. 友好；亲善关系
neighborly adj. 睦邻的；友好的
sociability n. 好交际，社交性，善于交际

▶ 高频反义词

hostility n. 敌意；敌对
animosity n. 憎恨，仇恨，敌意
resentment n. 愤恨，不满，怨恨
hatred n. 憎恨；怨恨；敌意

▶ 精选例句

Thank you for your kind hospitality.
谢谢你的盛情款待。
We were delighted by the hospitality of the local people.
受到了当地人的盛情款待，我们很开心。

词根 grav

112

词根 grav，来源于拉丁语动词 gravo，意为 to dig, to scrape，即"挖，刻"；也来自于拉丁语形容词形式 gravis，表示"heavy, loaded"，即"重的，重压的"。变形词根有 griev。1665 年，著名科学家艾萨克·牛顿在自家果园中，一个苹果掉落在他头上，引发了他对地球引力的思考，之后发表了万有引力定律（law of universal gravitation），对以后物理学和天文学的发展具有深远的影响。

【同根词汇】

grave [greɪv] n. 坟墓 adj. 重大的
gravity ['grævətɪ] n. 重力，地心引力
gravitate ['grævɪteɪt] vi. 受引力作用；被吸引
gravitation [ˌgrævɪ'teɪʃ(ə)n] n. 重力；万有引力

代言词 aggravate

【代言词剖析】

['ægrəveɪt] 考研/ GRE/ TOEFL/ IELTS

vt. 加重，使恶化；使恼火；激怒

aggravate 意思是 make worse，使情况或病情等更加糟糕。在口语中，aggravate 还可以表示"激怒，惹恼"的意思，但在正式文体中，一般用 irritate, annoy 来替换 aggravate。它的名词形式是 aggravation，表示"恶化；激怒"。

从词根到单词

= ag（相当于 ad，去做；加强）+ grav（重压）+ ate（动词后缀）
→ 加重 → 使恶化、加剧、激怒。

常用表达

aggravate the condition/situation 使情况/局势恶化
aggravate penalty 加重刑罚

前缀扩展

前缀 ad，表示"做……；加强……"，在不同字母前面，有不同的变体，相当于词根的首字母重复，可以变为：ag, ac, af, al, an, ap, aq, as 等，例如：
adhere v. 黏附，附着
assault v. 袭击 n. 攻击；袭击
arrest v. 拘留；扣留
agency n. 代理，中介机构

后缀扩展

后缀 ate，常见的动词、形容词和名词后缀，构成动词表示"做，造成，使之成……"，构成形容词表示"有……性质的，如……形状的"，构成名词表示人或物，例如：
maturate v. 成熟；发展
roseate adj. 玫瑰色的，红润的
advocate n. 提倡者；支持者

高频近义词

worsen v. 使恶化；变得更坏
inflame v. 激怒；使燃烧
provoke v. 激起；惹怒
deteriorate vi. 恶化，变坏

高频反义词

alleviate v. 减轻，缓解 lessen v. 变少；减少
relieve vt. 解除，减轻 mitigate vt. 使缓和，使减轻

精选例句

She would only **aggravate** the injury by rubbing it. 她揉擦伤口只会使伤势加重。
Her headache was **aggravated** by all the noise. 她的头疼因为这些噪音变得更加严重了。

词根 cur 113

词根 cur，来源于拉丁语名词 cura，表示 care, concern，即"关心，关系"；拉丁动词形式是 curare，表示 to take care of，即"照顾"的意思。单词 cure 直接来源于这个词根，有动词和名词两个含义，动词表示治愈某人，名词表示治疗。

【同根词汇】
secure [sɪˈkjʊə] v. 使安全；保护 adj. 无忧虑的；无疑虑的
procure [prəˈkjʊə] v. 获得，取得；导致
curator [kjʊ(ə)ˈreɪtə] n. 馆长；监护人
curious [ˈkjʊərɪəs] adj. 好奇的，有求知欲的
curiosity [ˌkjʊərɪˈɒsɪtɪ] n. 好奇，好奇心

代言词 accurate

【代言词剖析】
[ˈækjərət] 考研/CET6/CET4/GRE/TOEFL
adj. 精确的，准确的；正确无误的

当你想要某事物 accurate 的时候，你必须用心去对待这件事情。这个单词有三个含义，表示全部细节正确无误，如：an accurate account（准确的叙述）；表示机器精准或精密，如：an accurate cutter（精准度很高的切割器）；还可以表示掷、射、击等动作准确，如：an accurate shot（精准的射门）。

▶ 从词根到单词
= ac（同 ad，加强；去做）+ cure（关心）+ ate（形容词后缀）→ 用心，谨慎做事的→ 精准的；准确的。

常用表达
accurate reading 准确读数
accurate prediction 准确预测
accurate calculation 精确计算

▶ 前缀扩展

前缀 ac，同 ad，表示"做……；加强……"，在不同字母前面，有不同的变体，可以变为：ag, ac, af, al, an, ap, aq, as 等，例如：
accede v. 答应，同意
accentuate v. 使突出；强调
accustom v. 使习惯于

▶ 后缀扩展

后缀 ate，常见动词、形容词和名词后缀，构成动词表示"做，造成，使之成……"，构成形容词表示"有……性质的，如……形状的"，构成名词表示人或物，例如：
inanimate adj. 无生命的
legislate vi. 立法；制定法律
electorate n. 全体选民

▶ 高频近义词

precise adj. 精确的；明确的；严格的
unerring adj. 准确无误的；无偏差的
authentic adj. 真实的；可靠的
exact adj. 准确的，精密的
sophisticated adj. 复杂的；精致的

▶ 高频反义词

inaccurate adj. 有错误的，不正确的
unreliable adj. 不可靠的；不可信任的
invalid adj. 无适当根据的；无效的
fallacious adj. 谬误的
erroneous adj. 错误的；不正确的

▶ 精选例句

Her description was accurate. 她的叙述很准确。
She's very accurate in her calculations. 她的计算非常准确。

词根

orn
114

词根 orn，来源于拉丁语 ornare，表示 furnish, decorate, embellish，即"装饰，布置，美化"的意思。

【同根词汇】

adorn [əˈdɔːn] v. 装饰；修饰
ornate [ɔːˈneɪt] adj. 华丽的；装饰的
ornamental [ˌɔːnəˈment(ə)l] adj. 装饰的，装饰性的

代言词
ornament

【代言词剖析】

[ˈɔːnəmənt] 考研/CET6/CET4/TOEFL/IELTS
n. 装饰物，点缀品；首饰；装饰图案 *vt.* 装饰；点缀

ornament 来源于词根 ornare，加上名词后缀 ment，表示使某物变得更加美好。西方最隆重的节日就是圣诞节，圣诞节前家里的节日装饰（Christmas ornaments）是非常重要的，其中最重要的就是在平安夜，用灯烛和装饰品装点圣诞树（ornament the Chrismas Tree）。

常用表达
as an ornament 作为装饰品
be ornamented with 用……装饰

▶ **从词根到单词**
＝orna（装饰；布置）＋ment（名词后缀）→装饰；点缀。

▶ **后缀扩展**

后缀 ment，常见的名词后缀，例如：
argument *n.* 论证；争吵
fragment *n.* 碎片；片段
government *n.* 政府；统治

▶ **高频近义词**
decoration *n.* 装饰，装潢
adornment *n.* 装饰；装饰品
embellishment *n.* 装饰；修饰；润色

▶ **高频反义词**
tarnish *v.* 玷污
spoil *v.* 毁掉，损坏，破坏
stain *v.* 沾污；败坏

▶ **精选例句**

The clock is simply for ornament; it doesn't actually work.
那时钟纯粹是为了装饰，其实它不能走。
They are ornamenting a Christmas tree.
他们正在装饰圣诞树。

词 根 ori 115

词根 ori，来源于拉丁语 oriri，其变形有 orig，ort，都表示"出现，升起"。

【同根词汇】
orient ['ɔːrɪənt; 'ɒr-] vt. 使适应；确定方向
aboriginal [æbə'rɪdʒɪn(ə)l] adj. 土著的；原始的
origin ['ɒrɪdʒɪn] n. 起源；原点
disorient [dɪs'ɔːrɪent] vt. 使……迷惑；使……失去方向感
orientation [ɔːrɪən'teɪʃ(ə)n] n. 方向；定向

代言词 original

【代言词剖析】
[ə'rɪdʒɪn(ə)l] 考研/CET6/CET4/GRE/TOEFL/IELTS
adj. 原始的；最初的；独创的；新颖的

这个单词的几个词义相通，可以相互联系起来记忆，如果你的作品是"最早做出的"，那么它很可能是你"独创的"，而且是很"新颖的"。

常用表达
original edition 原版
original song 原创歌曲

从词根到单词
= orig（来源，开头）+ in（里面）+ al（……的）
= 从头开始的 → 引申一下，就是"最初的，原始的"。

▶ 后缀扩展
后缀是 al，是很常见的形容词后缀，例如：
normal adj. 正常的
seasonal adj. 季节的
rural adj. 乡村的

▶ 高频近义词
primitive adj. 原始的；简单的，粗糙的
ingenious adj. 有独创性的；机灵的
innovative adj. 革新的，创新的

▶ 高频反义词
obsolete adj. 废弃的；老式的
hackneyed adj. 陈腐的；平庸的
stereotype n. 成见
cliche n. 陈词滥调

▶ 精选例句
The computer was returned to its original owner.
电脑归还给了原主。
That's a very original suggestion.
那是个很有新意的建议。

词根 cycl 116

词根 cycl，来源于拉丁语 cyclus，表示 ring，即圆，环的意思。

【同根词汇】

bicycle ['baɪsɪkl] n. 自行车，脚踏车
cycle ['saɪk(ə)l] n. 循环；周期
recyclable [riːˈsaɪkləbl] adj. 能再循环的，可回收的
encyclopedia [ɪnˌsaɪkləˈpiːdɪə] n. 百科全书

代言词 recycle

【代言词剖析】

[riːˈsaɪk(ə)l] 考研/CET6/TOEFL/IELTS
vt. 回收利用；使再循环 vi. 重复利用

recycle 表示"再利用，反复利用，回收利用"，它跟 disposable（adj. 一次性的，用完即丢弃的）的含义正好相反，为了环保我们还是要多使用 recyclable（adj. 可回收利用的；可再循环的）材料哦。

从词根到单词

= re（重复）+ cycle（圆）→ 循环；回收。

常用表达

recycle bin 回收站；资源回收筒
recycled paper 再生纸，再生环保纸

▶ 前缀扩展

前缀 re 表示再，重复，例如：
reflect v. 回想；反射
retreat v. 后退；撤退
retract v. 缩回；收回

▶ 高频近义词

reprocess v. 对……进行再加工；对（用过的核燃料）作后处理
reclaim v. 恢复或收回某事物
reuse v. 再用，重新使用（某物）

▶ 高频反义词

waste v. 浪费；滥用
pollute v. 污染
contaminate vt. 污染，弄脏

▶ 精选例句

We should try to recycle all our waste paper.
我们应该把所有废纸回收再利用。
The ecological system can recycle by itself.
生态系统本身就可以循环。

词根 rot

117

词根 rot，来源于拉丁语 rota，意为"轮子，转"。

【同根词汇】

roll [rəʊl] vt. 滚动，转动
rotatory ['rəʊtətərɪ] adj. 旋转的，轮流的
rotund [rə(ʊ)'tʌnd] adj. 圆形的；圆胖的
rotation [rə(ʊ)'teɪʃ(ə)n] n. 旋转；循环

代言词 rotate

【代言词剖析】

[rə(ʊ)'teɪt] 考研/CET6/TOEFL/IELTS

v.（使某物）旋转或转动

    rotate 和 revolve 都表示围绕某个中心旋转。rotate 还可以表示"轮流""交替"，alternate 指两者间"轮流"，rotate 则指三者或三者以上。

常用表达

rotate around 绕……旋转
rotate direction 旋转方向

从词根到单词

= rot（轮子）+ ate（动词后缀）→ 像轮子一样转动 → 旋转或转动。

后缀扩展

    动词后缀 ate，表示"做，造成，使之成……，做……事"等意义。例如：
liquidate v. 清洗，清除
perpetuate vt. 使不朽；保持
assassinate v. 行刺，暗杀

高频近义词

revolve v. 旋转；循环出现
spin v. 旋转
pivot v. 绕支点运动
whirl v. 旋转，回旋

▶ 精选例句

The Earth rotates round the Sun.
地球围绕太阳转。
Interns have to rotate for a few months.
实习生不得不轮流工作几个月。

词根 flor/flour 118

词根 flor/flour，来源于拉丁语 flor/flos，表示"花"。古罗马神话人物有 Flora（花神），她丈夫 Zephyr（西风之神），曾送给她一个长满奇花异草的花园。

【同根词汇】

flower ['flaʊə] n. 花
florid ['flɒrɪd] adj.（文章）华丽的
floral ['flɔːr(ə)l] adj. 花的；如花的
florist ['flɒrɪst] n. 花商，种花人

代言词 flourish

【代言词剖析】

['flʌrɪʃ] 考研/CET6/TOEFL/IELTS

v. 昌盛；旺盛；兴旺；繁荣　n. 挥舞；花样；炫耀；华丽辞藻

flourish 的基本意思是植物生长茂盛（也可指动物繁殖兴盛），引申出来的意思有"兴旺发达，繁荣昌盛"。

常用表达

rhetorical flourish 辞藻华丽
in full flourish 在全盛时，盛极一时

从词根到单词

= flour（花）+ ish（形容词后缀）→ 像花一样开放 → 表示茂盛，引申为"兴旺兴盛"。

▶ **后缀扩展**

后缀 ish，形容词后缀，例如：
childish adj. 如小孩的
girlish adj. 少女似的
womanish adj. 女子气的

▶ **高频近义词**

thrive v. 兴旺
prosper vi. 繁荣，昌盛
boom n. 繁荣

▶ **高频反义词**

wither vi. 枯萎；凋谢
wane vi. 衰落；变小
decline n. 下降；衰退

▶ **精选例句**

Grass-eating animals flourish in this region.
这个地区有大量草食动物。
No new business can flourish in the present economic climate.
在目前的经济环境中，任何新生意都兴旺不起来。

词根 veget

119

词根 veget，来源于拉丁语动词 vigere/vegere（活跃，使有活力）及其派生的 vegetare（使活跃）。

【同根词汇】

vegan ['viːɡ(ə)n] n.（英）严格的素食主义者
vegetable ['vedʒtəbl] adj. 植物的；植物性的 n. 植物；蔬菜
vegetal ['vedʒɪt(ə)l] adj. 植物的；植物性的
vegetate ['vedʒɪteɪt] vi. 过单调呆板的生活

代言词 vegetarian

【代言词剖析】

[ˌvedʒɪ'teərɪən] 考研/CET6/TOEFL/IELTS

n. 吃素的人　adj. 素食的

素食主义者一般指只吃由植物做的食品、不吃动物肉的人。随着越来越多的人加入到素食主义的行列中，这一概念也意味着被越来越多的人所熟知。vegan 这个词就是 vegetarian 的缩写形式。大家要注意形近词 veterinarian 是"兽医"的意思。

常用表达

a vegetarian restaurant 素食餐馆
vegetarian formula 素食配方

▶ **从词根到单词**

= veget（植物）+ arian（表示人）= 只吃植物的人 → 素食主义者。

▶ **后缀扩展**

后缀 arian，是有时候也写作 ian，都名词后缀，表示"……的人"。例如：

academician n. 院士；学会会员
acoustician n. 声学家
doctrinarian n. 教条主义者
humanitarian n. 人道主义者

▶ **高频近义词**

fruitarian n. 常食水果的人
herbivore n. 食草动物；食草的
herbivorous adj. 食草的

▶ **高频反义词**

carnivorous adj. 食肉的
carnivore n. 食肉动物
predator n. 捕食者；食肉动物

▶ **精选例句**

Jessica sticks to a strict vegetarian diet.
杰西卡坚持不沾一点儿荤腥。
Over 1.5 million people in Britain are vegetarian.
在英国，150 多万人都是素食主义者。

词根 cad/cas 120

词根 cad，来源于拉丁语动词 cado，其变形是 cas，都表示"降落，发生"的含义。

【同根词汇】
cascade [kæsˈkeɪd] n. 小瀑布
occasion [əˈkeɪʒ(ə)n] n. （特别的事情发生的）时候，场合；机会
casual [ˈkæʒʊəl] adj. 偶然的，意外的；不经心的

代言词
occasional

【代言词剖析】
[əˈkeɪʒ(ə)n(ə)l] 考研/CET4/TOEFL/IELTS
adj. 偶然的；偶尔的；非定时的

occasional 表示"偶尔的，指偶然、不时或间或发生的"事，侧重无规律可循的，也可以引申为"应时的，应景的"。再记一个形近词，occupation 泛指任何职业，跟 occasional 长得有点像。

常用表达
occasional table 临时餐桌
occasional error 随机误差

从词根到单词
= oc（使）+ cas（落下）+ ion→使……落下→事情发生。

▶ 前缀扩展
前缀 oc，表示相反，离开，对面，临近的意义。例如：
occupant n. （建筑物、房间等的）居住者，使用者
occupy v. 占据，充满
occupied adj. 已占用的
occur vi. 发生；出现

▶ 后缀扩展
后缀 al，为形容词后缀，表示表示属于……的，具有……性质的，如……的。例如：
personal n. 个人的
autumnal adj. 秋天的
detrimental adj. 有害的

▶ 高频近义词
infrequent adj. 不频发的；不经常的；罕见的
incidental adj. 附带的；偶然的
fortuitous adj. 偶然的，意外的；幸运的
random adj. 随便的；任意的；胡乱的
casual adj. 偶然的；碰巧的

▶ 高频反义词
common adj. 普通的；通常的；常见的
ordinary adj. 平常的；正常的；通常的
continual adj. 持续不断的；频繁的
frequent adj. 频繁的；时常发生的

▶ 精选例句
Jack pays me occasional visits.
杰克偶尔来看看我。
I've had occasional mild headaches all my life.
间歇发作的轻微头疼困扰了我一辈子。

词根 cid/cis 121

词根 cid，都源于拉丁动词 cadere，其变形是 cis，意思相当于 to fall（降落）或 to befall（降临）。对比我们学过的词根 cad 和 cas，它们属于同源异形的词根。

【同根词汇】

coincide [ˌkəʊɪnˈsaɪd] vi. 一致，符合
accident [ˈæksɪdənt] n. 事故；意外
incident [ˈɪnsɪd(ə)nt] n. 事情；（政治中的）事件，变故，事变
incidence [ˈɪnsɪd(ə)ns] n. 发生率

代言词 coincidence

【代言词剖析】

[kəʊˈɪnsɪd(ə)ns] 考研/CET6/TOEFL/IELTS

n. 巧合（的事） vi. 同时发生；（想法等）一致；重合

coincidence 表示"巧合，巧事"，引申含义为"（意见、爱好等）一致"。我们经常说到的"此事纯属巧合"可以表示为 by pure coincidence。

常用表达

pure coincidence 纯粹巧合
startling coincidence 惊人的巧合

从词根到单词

＝co（共同）＋in（在……上）＋cid（落下）＋e（构词后缀）→ 共同落进 → 巧合。

▶ **前缀扩展**

前缀 co，表示共同，一起，加强意义的意思。例如：
cooperation n. 合作
coagulate v. 凝结
coexist v. 共存

▶ **高频近义词**

accord v. 与……一致，符合
collaboration n. 合作，协作
conformity n. （对法律、个人意愿等的）遵从，遵守

▶ **高频反义词**

difference n. 差别；差异；不同之处
discord n. 不和；纷争

▶ **精选例句**

They met by coincidence.
他们是偶然遇见的。
What a happy coincidence to meet her at the airport just when I wanted to see her.
我正想见她，就在机场碰到了她，真是令人愉快的巧合。

词根
122 nutr/nurt

词根 nutr/nurt，来源于拉丁语动词 nutrio，意为"哺育，营养"。

【同根词汇】

nourish ['nʌrɪʃ] v. 给……提供营养；滋养
nurture ['nɜːtʃə] v. 培育，培养（某物）；滋养
malnutrition [ˌmælnjʊ'trɪʃ(ə)n] n. 营养不良
nutriology [ˌnjuːtrɪ'ɔlədʒɪ] n. 营养学

代言词 nutrition

【代言词剖析】

[njʊ'trɪʃ(ə)n] 考研/CET6/TOEFL/IELTS
n. 营养；滋养；食物

很多人都知道纽崔莱（Nutrilite），美国的营养品品牌，所以很容易就联想到 nutrition，意为"营养，滋养"。它们都有表示"营养"的词根。

常用表达

poor nutrition 营养不良
nutrition facts 营养成分

从词根到单词

= nutr（营养）+ tion（名词后缀，表示状态，性质，动作）→ 营养；滋养。

▶ **后缀扩展**

后缀 tion，是很常见的名词后缀，表示"行为的过程，结果，情况，性质，状态，动作"，例如：
inflation n. 通货膨胀
resignation n. 辞职；听从
consolation n. 安慰

▶ **高频近义词**

nutriment n. 营养品；食物
diet n. 日常饮食，日常食物
tonic n. 补药
nourishment n. 食物；滋养品

▶ **高频反义词**

deprivation n. 剥夺；丧失；贫困
starvation n. 极度饥饿；饿死
famine n. 饥荒；饥饿；奇缺

▶ **精选例句**

This food provides all the nutrition your dog needs.
本食品含有你的狗所必需的一切营养。
Nutrition and exercise are essential to fitness and health.
营养和运动是保持健康所必不可少的。

词根 123 flict

词根 flict，来源于拉丁动词 fligere，表示 to strike，即"打，打击"的意思。

【同根词汇】

flict [flɪkt] n. 打击
inflict [ɪnˈflɪkt] v. 使遭受；折磨
afflict [əˈflɪkt] v. 使苦恼；折磨
affliction [əˈflɪkʃn] n. 痛苦；痛苦的原因

代言词 conflict

【代言词剖析】

[ˈkɒnflɪkt] GRE/TOEFL/IELTS

n. 冲突；矛盾

conflict 作为名词时，还可以指"斗争"，偏向于指精神世界的斗争。除了用作名词之外，conflict 还可以作为不及物动词使用，意为"矛盾；冲突"。同根词 affliction 表示"痛苦"，而跟它看起来很像的单词 affiliation 则表示"友好关系"或者"加入"，大家要注意区分这两个名词。

▶ 从词根到单词

= con（一起）+ flict（打击；打）
= 两者或多者打在一起 → 引申一下，就是"冲突"的意思。

常用表达

in conflict with 和……冲突
cultural conflict 文化冲突

▶ 前缀扩展

前缀 con，出现频率较高，有两种意思，相当于英文中的 together 或者 completely，表示"一起；完全"的意思，是 com 的变形之一。例如：

compose vt. 组成；作曲
congest vt. 充满；拥挤
contradict v. 反驳，相矛盾

▶ 高频近义词

controversy n. 争论；争议
dispute v. 辩论；争吵
clash n. 冲突，不协调
collision n. 碰撞；冲突

▶ 高频反义词

agreement n. 协议；同意
harmony n. 和谐；协调
consensus n. 一致；舆论
unanimous adj. 全体一致的

▶ 精选例句

They were wounded in the conflict. 他们在战斗中负伤了。
A careless move may well trigger an all new debate and conflict.
一不小心就可能引发新一轮的争执和冲突。

词根 vis/vid

124

词根 vis，来源于古法语 vision，它还有一个变形 vid，表达的意思都是一样的，表示 to look，即"分开；看，查"的意思。

【同根词汇】

revise [rɪˈvaɪz] v. 修正；校订
visualize [ˈvɪzjʊəlaɪz] vt. 形象，形象化
visionary [ˈvɪʒənrɪ] adj. 幻想的；有远见卓识的
provident [ˈprɒvɪdənt] adj. 节俭的；有先见之明的

代言词
supervise

【代言词剖析】

[ˈsuːpəvaɪz] 考研/CET6/GRE/TOEFL/IELTS

v. 监督；管理

supervise 的词根 vis 以及其变体 vid 除了看、查的意思之外，还有一种意思是"分开"，例如 divisible 表示可分的。supervise 的名词 supervisor 一般指监督工人工作或者指导学生学习的人，因此有"监督者"和"指导者"之意。

常用表达
supervise the market 监督市场

▶ 从词根到单词
= super（在……上面）+ vis（看；查）+ e（补充字母）
= 在上面巡视→引申一下，就是"监督"的意思。

▶ 前缀扩展
前缀是 super，表示"在……上面；超过"的意思，例如：
superficial adj. 肤浅的
superfluous adj. 多余的
superstition n. 迷信

▶ 高频近义词
oversee v. 监督；监管
administer v. 管理；执行
monitor vt. 监控
surveillance n. 监督；监视

▶ 高频反义词
negligence n. 渎职；疏忽
overlook v. 忽视，忽略
indulge vi. 沉溺；放任

▶ 精选例句
She wants to supervise the supermarket.
她想监管那家超市。
He supervised and trained more than 300 volunteers.
他指导和培训了300多名志愿者。

词根 form 125

词根 form，来源于拉丁语 formis，表示 shape，form，即"形状；形式；形态"的意思。

【同根词汇】
formal ['fɔːm(ə)l] *adj.* 正式的
conform [kən'fɔːm] *v.* 遵从；使一致
perform [pə'fɔːm] *v.* 表演
format ['fɔːmæt] *n.* 版式；设计
uniform ['juːnɪfɔːm] *n.* 制服 *adj.* 一致的；统一的

代言词 reform

【代言词剖析】
[rɪ'fɔːm] 考研/CET4/CET6/TOEFL
v. 改革；改造 *n.* 改革；改良

reform 除了动词词性外，还可以用作名词，意为"改革；改良"。reform 的另一名词形式为 reformation，除了"变革，改良"之意外，还特指 16 世纪欧洲的宗教改革（Reformation）。该运动瓦解了天主教主导的政教体系，促进了欧洲资本主义的发展。

▶ 从词根到单词
= re（又）+ form（形式）
= 重新变换形式 → 引申一下，就是"改革，改造"的意思。

常用表达
reform and opening-up 改革开放
system reform 体制改革

▶ **前缀扩展**
    前缀是 re，表示"又；相反；向后"的意思，例如：
review *v.* 复习；回顾
reunion *n.* 重聚
retell *v.* 复述
reverberate *v.* 起回声，反响

▶ **高频近义词**
transform *v.* 转换；改变
alter *v.* 改变
convert *v.* 转化；改变信仰
innovate *vi.* 创新；改革
revolution *n.* 革命；旋转

▶ **高频反义词**
retain *v.* 保留；保持
maintain *v.* 维持；维修
conservative *adj.* 保守的
conserved *adj.* 保守的

▶ **精选例句**
A new president will reform the unjust system. 新的总统将改革不公正的制度。
Reforms were made to revive the economy. 人们为复苏经济而进行了改革。

词根 fer 126

词根 fer，来源于拉丁语 ferre，表示 to carry, to bear，即"扛；承受；拿"的意思。

【同根词汇】
refer [rɪˈfɜː] vi. 涉及；提到
infer [ɪnˈfɜː(r)] v. 推断；猜想
transfer [trænsˈfɜː] vt. 使转移；调任
fertile [ˈfɜːtaɪl] adj. 肥沃的；富饶的

代言词 interfere

【代言词剖析】
[ˌɪntəˈfɪə(r)] 考研/CET6/CET4/TOEFL
v. 干涉；妨碍

interfere 有两种意思，除了"干涉；未经允许介入"外，还有一层词义为"妨碍"。与 interfere 词义极为相似的词是 meddle，在表示"干涉；干预"时，几乎可以与 interfere 互换使用。

从词根到单词
= inter（在……之间）+ fer（拿；扛）+ e（构词字母）
= 站在两者之间 → 引申一下，就是"干涉"的意思。

常用表达
interfere in/with others' affairs 干涉别人的事
interfere with signals 干扰信号

▶ 前缀扩展

前缀是 inter，表示"在……之间"的意思，例如：
international adj. 国际的
interpersonal adj. 人际关系的
interact v. 互动；相互作用

▶ 高频近义词
meddle v. 干涉
intervene v. 干预；介入
interrupt v. 中断；打断
interpose v. 插入；调停

▶ 高频反义词
indulge v. 迁就；放任
relinquish v. 放弃；放手
appease v. 安抚；平息

▶ 精选例句

We should not interfere in others' affairs.
我们不要干涉别人的事情。
The police are very unwilling to interfere in family problems.
警方很不情愿插手家庭问题。

词根 gress 127

词根 gress，来源于拉丁语 gressus，其变形是 gred，都表示 to go，即"去；走"的意思。

【同根词汇】
progress [ˈprəʊgres] n. 进步，发展
congress [ˈkɒŋgres] n. 代表大会
digress [daɪˈgres] v. 走向岔道；离开本题
regress [rɪˈgres] v. 倒退；回归

代言词 aggressive

【代言词剖析】
[əˈgresɪv] 考研/CET6/CET4/GRE/TOEFL/IELTS
adj. 有进取心的；好斗的

这个词用于修饰人时，既可用作贬义词，指"好斗的；有攻击性的"；也可以用作褒义词，表示"有进取心的"。它还可以用来修饰"武器"，意为"攻击性的"。

▶ 从词根到单词
= ag（加强词义）+ gress（去；走）+ ive（形容词词缀）
= 使劲向前，不顾他人感受→引申一下，就是"侵略性的，好斗的"。

常用表达
aggressive attitude 挑衅的态度
aggressive behavior 攻击行为
aggressive weapon 攻击性武器

▶ 前缀扩展
前缀 ag，是 ad 的变体，有加强词义的作用。例如：
aggress vt. 侵犯；挑衅
aggrieve v. 使悲痛
aggravate v. 恶化

▶ 后缀扩展
后缀 ive，是一个形容词后缀，例如：
constructive adj. 建设性的
impressive adj. 令人印象深刻的
imaginative adj. 富有想象力的

▶ 高频近义词
provocative adj. 挑衅的
combative adj. 好斗的
hostile adj. 敌对的；怀有敌意的

▶ 高频反义词
defensive adj. 防御的；防卫的
cowardly adj. 懦弱的；胆小的
submissive adj. 顺从的；服从的

▶ 精选例句
This child is much more aggressive than others.
这个孩子比其他孩子更好斗。
She is respected as a very aggressive and competitive executive.
她是一位锐意进取、竞争意识很强的主管，颇受尊敬。

词根 manu 128

词根 manu，来源于拉丁语，其变形是 man，都表示 hand，即"手"的意思。

【同根词汇】

manual ['mænjʊəl] *adj.* 手工的；体力的
emancipate [ɪ'mænsɪpeɪt] *v.* 解放；释放
manicure ['mænɪkjʊə] *vt.* 修剪指甲
manuscript ['mænjʊskrɪpt] *n.* 手稿；原稿
manufacture [ˌmænjʊ'fæktʃə] *vt.* 制造；加工

代言词 manipulate

【代言词剖析】

[mə'nɪpjʊleɪt] 考研/CET6/GRE/TOEFL/IELTS

v. 操纵；操作

这个词的基本含义是"熟练操作"，后来也有"（巧妙地运用不正当手段）控制或操纵"的意思。除了这两种意思，manipulate 还可以用作动词，意为"用推拿术治疗"，即用手使骨头或肌肉复位，对应的名词为 manipulation（推拿术）。

▶ 从词根到单词

= man（手）+ i（连接字母）+ pul（拉）+ ate（动词词缀）
= 用手拉，用手操作 → 引申一下，就是"操纵"。

常用表达

manipulate market 操纵市场
manipulate accounts 做假账

词缀扩展

单词中间有一个词根是 pul，表示 drive，即拉扯。例如：
compulsory *adj.* 义务的；强制的
impulse *n.* 冲动
compulsion *n.* 强制；强迫

▶ 后缀扩展

后缀 ate，可以作为动词后缀，例如：
dictate *vt.* 命令；口述
compensate *vt.* 补偿，赔偿
collaborate *vi.* 合作；勾结

▶ 高频近义词

handle *v.* 处理；操作
manage *v.* 管理；经历
operate *v.* 操作；经营
maneuver *v.* 巧妙操控；演习

▶ 精选例句

A clever politician knows how to manipulate public opinion.
聪明的政客知道如何操纵公众舆论。
She uses her charm to manipulate people. 她利用其魅力左右他人。

词根 vor 129

词根 vor，来源于法语 vorare，表示 to eat，即"吃"的意思。

【同根词汇】

devour [dɪˈvaʊə(r)] v. 吞食；毁灭
carnivorous [kɑːˈnɪvərəs] adj. 食肉的
herbivorous [hɜːˈbɪvərəs] adj. 食草的
omnivore [ˈɒmnɪvɔː] n. 杂食动物；不偏食的人

代言词 voracious

【代言词剖析】

[vəˈreɪʃəs] GRE/TOEFL
adj. 贪婪的；贪吃的

voracious 除了可以指"贪吃的，狼吞虎咽的"，还可以用来形容"人求知欲强的"。同根词汇 devour 除了"吞食"之意，也有"如饥似渴地阅读"的意思，我们可以进行类比记忆。

常用表达

voracious appetite 贪食
voracious desire 贪婪的欲望

▶ **从词根到单词**

＝ vor（吃）＋ acious（形容词词缀）＝ 贪吃的。

▶ **后缀扩展**

后缀 acious，是一个形容词后缀，例如：
audacious adj. 无畏的
capacious adj. 宽敞的；广阔的
tenacious adj. 坚决的；抓紧的

▶ **高频近义词**

greedy adj. 贪婪的
avid adj. 渴望的；贪婪的
rapacious adj. 贪婪的
gluttonous adj. 贪吃的，暴食的

▶ **高频反义词**

sober adj. 清醒的；节制的
moderate adj. 适度的；有节制的
abstinent adj. 禁欲的；有节制的
temperate adj. 适度的；有节制的

▶ **精选例句**

The professor was a voracious book collector.
这个教授是一位痴迷的藏书家。
Many kids can have voracious appetites.
许多小孩很贪吃。

词根 norm 130

词根 norm，来源拉丁语 norma，意思是 standard, rule，即"规范，正常，标准"的意思，其变形是 normo。

【同根词汇】

norm [nɔːm] n. 标准，规范
normal ['nɔːml] adj. 正常的；正规的
abnormal [æb'nɔːml] adj. 反常的；不规则的
subnormal [sʌb'nɔːm(ə)l] adj. 低于正常的

代言词 enormous

【代言词剖析】

[ɪ'nɔːməs] 考研/CET6/TOEFL/IELTS
adj. 巨大的；庞大的；极恶的

英语中有很多表示"巨大的，庞大的"含义的单词，比如 enormous, immense, giant, huge 等。而 enormous 指"大"到令人吃惊，甚至不相称的程度，也常形容抽象事物的严肃性、迫切性；immense 不强调重量，只强调体积、数量或程度等超过一般标准；giant "巨大的，高大的"，用作名词的基本意思是"巨人，大力士"，可指童话故事中的巨人，也可指身材高大魁梧的人或巨物，引申还可指"杰出的人，卓越人物，大公司"；huge 含义比较广，强调体积或容积的庞大，也可以用在比喻中，形容抽象事物，指某事严重或急需解决。

▶ 从词根到单词

= e（出来）+ norm（规范，标准）+ ous（……的）
= 超出标准的 → 引申一下，就是"大量的，巨大的"意思。

常用表达

enormous risk 巨大的风险
enormous crowd 庞大的人群

▶ 前缀扩展

前缀 e，一个很重要的前缀，表示"出来"的意思，例如：
emerge vi. 出现，浮现
eradicate vt. 摧毁；完全根除

▶ 后缀扩展

后缀 ous，是很常见的形容词后缀，例如：
humorous adj. 幽默的；滑稽的
delicious adj. 美味的，可口的
anxious adj. 焦虑的

▶ 高频近义词

immense adj. 巨大的；浩瀚的
giant adj. 特大的，巨大的
massive adj. 大的，重的

▶ 高频反义词

tiny adj. 极小的，微小的
minute adj. 微小的，详细的

▶ 精选例句

The manager's office is enormous. 经理的办公室非常大。
She stood alone on the enormous stage. 她孤零零地站在巨大的舞台上。

词根 nomin
131

词根 nomin，来源拉丁语 nomen，意思是 name，即"名字"的意思。

【同根词汇】

nomination [ˌnɒmɪˈneɪʃn] n. 任命；提名
nominal [ˈnɒmɪnl] adj. 名义上的；微不足道的
nominate [ˈnɒmɪneɪt] vt. 提名……为候选人；任命
nominator [ˈnɒmɪneɪtə] n. 提名者；任命者

代言词 nominee

【代言词剖析】

[ˌnɒmɪˈniː] 考研/CET6/TOEFL/IELTS

n. 被提名者，候选人，被任命者

nominee 侧重于被某个组织或者奖项提名的人，比如 Oscar nominee（获奥斯卡提名者），提名这个动作的发出者是 nominator（n. 提名者），而被提名的人就是 nominee，就像是 interviewer 表示采访者，即采访这个动作发出的人，而被采访者就是 interviewee。

▶ **从词根到单词**

= nomin（名字）+ ee（被动的人）
= 被叫到名字的人 → 被提名者，被任命的人。

常用表达

Nobel nominee 获诺贝尔奖提名
presidential nominee 总统候选人

▶ **后缀扩展**

后缀 ee，是很常见的形容词后缀，例如：
trustee n. 受托人；托管人
examinee n. 应试者；受审查者
trainee n. 练习生，实习生

▶ **高频近义词**

candidate n. 候选人；应试者；申请人
campaigner n. 从军者；竞选者
contender n. 争夺者，竞争者
participant n. 参与者

▶ **精选例句**

I was delighted to be a nominee and to receive such an award.
我很高兴获得提名，也很荣幸接受这个奖项。
The president has found his nominee.
总统已经找到了他的候选人。

词根 ferv
132

词根 ferv，来源于拉丁语 ferv，表示 to boil，即"沸腾"的意思。

【同根词汇】

fervent ['fɜːv(ə)nt] *adj.* 炽热的；热情的；热烈的
fervid ['fɜːvɪd] *adj.* 情感异常强烈的；激昂的
effervescent [efə'vesənt] *adj.* 热情洋溢的；充满活力的
perfervid [pə'fɜːvɪd] *adj.* 非常热心的；热烈的

代言词
fervor

【代言词剖析】

['fɜːvə] GRE/TOEFL

n. 热诚；热情；热烈

fervor 来源于拉丁语 fervere，后经过古法语演变为 ferveur，意为 "warmth or glow of feeling"，表达的情感非常强烈，比如 religious fervour（宗教狂热）。对应的形容词是 fervent，表示"强烈的；炽热的"。fervor 是美式英语，英式英语是 fervour。

常用表达

religious/patriotic fervor
宗教狂热/爱国热忱
with fervor 热诚地；热心地

从词根到单词

= ferv（沸腾的）+ or（名词后缀）→ 沸腾的情绪 = 热情；热烈

▶ 后缀扩展

后缀 or，最重要的表示行为者的名词后缀，表示"人"或者"物"，例如：
actor *n.* 演员
detector *n.* 探测器
inventor *n.* 发明者

▶ 高频近义词

enthusiasm *n.* 热情，热心
passion *n.* 强烈情感；激情
zeal *n.* 热情；热心

▶ 高频反义词

indifference *n.* 漠不关心；冷淡；不感兴趣
apathy *n.* 冷漠；淡漠
unconcern *n.* 无兴趣；不关心

▶ 精选例句

The speech aroused nationalist fervor.
这个演讲唤起了民族主义热情。
They were concerned only with their own religious fervor.
他们只在乎自己的宗教信仰。

词根 frig

133

词根 frig，来源于拉丁语 frigus，意思是 cold，chill，cool，即"冷的；变寒冷的"。其引申含义是"indifferent"，表示"冷漠的；冷淡的"。frig 的变形有 friger 和 freeze。

【同根词汇】

fridge [frɪdʒ] n. 电冰箱
refrigerator [rɪˈfrɪdʒəreɪtə] n. 冰箱
frigidity [friˈdʒidiːti] n. 寒冷；冷淡
freezing [ˈfriːzɪŋ] adj. 冰冻的；严寒的

代言词 frigid

【代言词剖析】

[ˈfrɪdʒɪd] GRE/TOEFL
adj. 寒冷的；极冷的；冷漠的

frigid 既可以表示天气"寒冷的"，也可以表示人的行为"冷淡的；不友好的"。

常用表达

frigid zone 寒带
a frigid temperature/ climate 极冷的温度/气候

▶ 从词根到单词
= frig（寒冷的）+ id（形容词后缀）= 寒冷的。

▶ **后缀扩展**

后缀 id，常用来构成形容词，表示"具有……性质的"，例如：
splendid adj. 辉煌的；极好的；灿烂的
florid adj. 气色好的；过分装饰的
vivid adj. 鲜明的；鲜艳的；生动的

▶ **高频近义词**

frosty adj. 寒冷的；冷漠的
arctic adj. 北极的；极寒的
chilly adj. 寒冷的；怕冷的
aloof adj. 冷淡的，疏远的，淡漠的

▶ **高频反义词**

enthusiastic adj. 热情的
passionate adj. 热情的，热烈的
zealous adj. 热心的，热情的

▶ **精选例句**

There was a frigid atmosphere in the room.
房间里一片冷淡的气氛。
She returned his smile with a frigid glance.
她对他的微笑报以冷冷的一瞥。

词根

cult
134

词根 cult，来源于拉丁语动词 cultus，意思是 care, labor, culture，即"关心；耕种；殖民"。单词 culture 直接来源于这个词根，在古代农耕社会，人们所进行的农业活动就是 culture，后来人们进入文明社会，culture 就代表"文明；文化"。

【同根词汇】

culture [ˈkʌltʃə] n. 文明；文化；培育
agricultural [ˌægrɪˈkʌltʃərəl] adj. 农业的；农艺的，农学的
incult [ɪnˈkʌlt] adj. 未开垦的；粗野的
aquaculture [ˈækwəkʌltʃə] n. 水产养殖；水产业

代言词
cultivate

【代言词剖析】

[ˈkʌltɪveɪt] 考研/CET6/CET4/GRE/TOEFL/IELTS

v. 耕；耕种；培育；建立（友谊）；逐渐形成……

cultivate 词根来源于 cult（耕种），所以这个单词最基本的意思是"耕作"，比如 farmers cultivate crops（农民种庄稼）。引申含义为"培养"，是指让什么变得更好，所以当你精心维系和别人的关系时，可以用 cultivate。当名人维护他们的形象时，可以用 cultivate their images 来表示。不管"cultivate"什么，都需要你付出精力，关注细节，并且要有耐心，就像我们种农作物一样。

▶ **从词根到单词**

= cult（耕作）+ ive（形容词后缀）+ ate（动词后缀）= 耕作。

常用表达

cultivate a friendship 培养友谊
cultivate an image (of)
树立……形象

▶ **后缀扩展**

后缀 ive，常构成形容词及名词，构成形容词时表示"与……有关的；有……性质的"，构成名词时表示"人或物"，例如：
abusive adj. 被滥用的，被误用的；糟蹋的
native adj. 本国的；土著的；与生俱来的
offensive adj. 讨厌的；令人不快的

▶ **后缀扩展**

后缀 ate，有三种构词功能，常用来构成动词、形容词和名词，例如：
liberate v. 解放；释放；放出
fortunate adj. 交好运的，带来好运的；幸运的
graduate n. 大学毕业生

▶ **高频近义词**

plant v. 安置；种植；栽培
foster v. 养育，抚育；培养
plough v. 用犁耕田；开路
breed vt. 繁殖；饲养

▶ **高频反义词**

desert v. 舍弃，遗弃
discard v. 丢弃；抛弃；放弃
hinder v. 阻碍；妨碍

▶ **精选例句**

Mother tries to cultivate my love for art. 母亲努力培养我对艺术的爱好。
Corn and cotton are extensively cultivated in this region. 这个地区普遍种植玉米和棉花。

词根 past 135

词根 past，来源于拉丁语 pascere，表示 to feed, to tend, to guard, to protect，即"喂养；喂食；保护"的含义。单词 pastor 直接来源于这个词根，表示"牧师；放牧人"。

【同根词汇】

pastor ['pɑːstə] n. 牧师
paste [peɪst] n. 面团；糨糊
pastoral ['pɑːst(ə)r(ə)l] adj. 田园的；乡村生活的；畜牧的
depasture [diː'pɑːstʃə] v. (使)吃草，饲养，放牧

代言词
pasture

【代言词剖析】

['pɑːstʃə(r)] 考研/CET6/TOEFL/IELTS

n. 牧草地，牧场；牲畜饲养，放牧 v. 放牧；吃草

pasture 的基本意思是"放牧"。名词表示"牧场"或者"长在牧场里的草和其他植物"；动词表示"给动物喂草吃""放牧"的意思。复数形式 pastures 具有引申含义，形容人的生活状况或工作条件，greener pastures 并不是"更绿的牧草地"，而是指人们更好的生活条件或工作环境。

常用表达
temporary pasture 临时牧地
artificial pasture 人工草地

▶ 从词根到单词
＝past（喂养，牧羊）＋ure（名词后缀）→"牛、羊吃草"
＝牧地；草原→牧羊。

▶ 后缀扩展

后缀 ure，常构成抽象名词，表示行为的结果、状态和情况，例如：
pressure n. 压力；压迫，压强
exposure n. 暴露，显露
creature n. 动物，生物；人；创造物

▶ 高频近义词

grassland n. 草原，牧场
meadow n. 草地；牧场
lawn n. 草地；草坪
prairie n. 大草原；牧场
graze vt. 放牧

▶ 精选例句

The cows are out now, grazing in the pasture.
牛现在已经放出去了，正在牧场上吃草。
I'm retiring next month. They're putting me out to pasture.
我下个月退休。他们要我去养老。

词根 mens 136

词根 mens，来自拉丁语的 metri，意为 to measure，即"测量"的意思。单词 measure 直接来源于这个词根，表示"测量；估量"。其变形词根有 meter，metr，mes。

【同根词汇】

measure ['meʒə] vt. 测量；估量
geometry [dʒɪ'ɒmɪtrɪ] n. 几何学
commensurate [kə'menʃ(ə)rət] adj. 相称的，相当的
immense [ɪ'mens] adj. 极大的，巨大的
diameter [daɪ'æmɪtə] n. 直径

代言词 dimension

【代言词剖析】

[daɪ'menʃn] 考研/CET6/CET4/GRE/TOEFL/IELTS

n. 尺寸；方面；侧面；[pl] 面积，范围；大小；规模

dimension 最基本的意思是一个物体长宽高的尺寸和物体的面积，例如：the dimensions of the room 指的就是房间具体的长宽高尺寸。引申含义可以表示形势的某个方面和部分。复数形式 dimensions 还可以表示问题的严重程度。size 的概念是平面的，如长宽；dimension 的概念是立体的，如长宽高。

常用表达

market dimension 市场维度
political/social/economic dimension 政治/社会/经济方面

▶ 从词根到单词

= di（分开，分散）+ mens（测量）+ ion（名词后缀）→ 分开测量 = 维度；范围；大小。

▶ **前缀扩展**

前缀 di，相当于 dis，是常见的具有否定性质的前缀，表示否定，相反，除去，分离，恶化，例如：
digress vi. 离题；走向岔道
digest vt. 消化；吸收
divorce n. 离婚；分离

▶ **后缀扩展**

后缀 ion，表示行为、情况、状态，例如：
discussion n. 讨论，商讨
connection n. 连接，联结，联系
election n. 选举，当选，推举

▶ **高频近义词**

scope n. 视野；眼界；范围
size n. 大小；尺寸
extent n. 面积，范围
magnitude n. 大小；量级
facet n. 面；方面

▶ **精选例句**

Time is sometimes called the fourth dimension.
时间有时被称为第四度空间。
There is another dimension they haven't mentioned.
还有一个方面他们没提到。

词根 medi 137

词根 medi，来自拉丁语的 medius，意思是 middle，即"中间"的意思。

【同根词汇】

mediate [ˈmiːdɪeɪt] v. 调解；斡旋；居中
mediocre [ˌmiːdɪˈəʊkə] adj. 中等的，普通的
medium [ˈmiːdɪəm] adj. 中间的
medieval [ˌmedɪˈiːvl] adj. 中世纪的
intermediate [ˌɪntəˈmiːdɪət] adj. 中间的；中级的
Mediterranean [ˌmedɪtəˈreɪnɪən] adj. 地中海的

代言词 immediate

【代言词剖析】

[ɪˈmiːdɪət] 考研/CET6/CET4/TOEFL

adj. 立即的；直接的，最接近的；目前的，当前的

immediate 基本意思是"without anything between"，表示两个事情之间"没有停顿的"，或者两个物体之间"没有距离的"。immediate 最能代表 now（此刻，现在）的含义，如果你处在 immediate danger，那应该立刻拨打911。它的副词形式 immediately（*adv.* 立即，立刻）也经常用到。

常用表达

immediate actions 即时行动
immediate response 第一反应

▶ **从词根到单词**

= im（非，不）+ med（中间）+ ate（形容词后缀）→没有中间的
= 立刻的；立即的。

▶ **前缀扩展**

前缀 im，常见的具有否定意味的前缀，同 in-，表示不，无，非，向内，例如：
indifferent *adj.* 不关心的，冷淡的；中立的
impassive *adj.* 无动于衷的，无表情的
immutable *adj.* 不变的

▶ **后缀扩展**

后缀 ate，有三种构词功能，可以用来构成动词、形容词和名词，例如：
originate *v.* 起源于，来自
considerate *adj.* 体贴的，体谅的
moderate *adj.* 有节制的
doctorate *n.* 博士学位

▶ **高频近义词**

instant *adj.* 立即的
prompt *adj.* 敏捷的，迅速的；立刻的
present *adj.* 现存的；当前的

▶ **高频反义词**

tardy *adj.* 行动缓慢的，缓缓移动的
gradual *adj.* 逐步的；渐进的
sluggish *adj.* 萧条的；行动迟缓的

▶ **精选例句**

This work demands our immediate attention. 这件工作急需我们立即处理。
Our immediate response to the attack was sheer horror. 我们对袭击的第一反应就是非常惊恐。

词根 rig/rect 138

词根 rig，来自拉丁语 rigeo，意思是 straight，right，即"直的；正当的"。其变形词根是 rect。单词 rigor（n. 严厉；精确）就是由词根加上名词后缀 or 组成的。

【同根词汇】

correct [kə'rekt] adj. 正确的，对的
rigid ['rɪdʒɪd] adj. 严格的；僵硬的，死板的
rectify ['rektɪfaɪ] vt. 改正
righteous ['raɪtʃəs] adj. 正直的，正派的
rectangle ['rektæŋg(ə)l] n. 矩形；长方形

代言词 rigorous

【代言词剖析】

['rɪgərəs] 考研/CET6/TOEFL/IELTS
adj. 谨慎的；缜密的；严格的；严厉的

rigorous 意思是"严厉的；严苛的；严格的"，常用来指某人对自己的工作非常严苛和严格，侧重指严格到毫不宽容的地步。每一个人的成长过程中可能都会遇到一个 rigorous teacher，他们的信条就是"严师出高徒"。strict 一般指在行为规则上要求严格。单词 vigorous（adj. 有力的；精力充沛的）跟 rigorous 长得比较像，但要记住它们的词根不一样哦。

▶ **从词根到单词**
= rigor（严厉；严谨）+ ous（形容词后缀）= 严格的，严厉的。

常用表达
rigorous training 严格训练
rigorous situation 严峻形势

▶ **后缀扩展**

后缀 ous，是常见的形容词后缀，例如：
advantageous adj. 有利的，有助的
courageous adj. 勇敢的，无畏的
poisonous adj. 有毒的；恶意的

▶ **高频近义词**
thorough adj. 彻底的；十分的；周密的
demanding adj. 要求高的；严苛的
severe adj. 严厉的；苛刻的；严峻的

▶ **高频反义词**
slapdash adj. 草率的，粗心的，匆促的
gentle adj. 温和的；文雅的
clement adj. 温和的；仁慈的
lax adj. 松的；松懈的
slack adj. 松弛的；疏忽的

▶ **精选例句**

The work failed to meet their rigorous standards. 工作没有达到他们的严格标准。
She makes a rigorous study of the plant in the area. 她对该地的植物进行了缜密的研究。
He lived through the rigorous trials of revolutionary war. 他经受了革命战争的严峻考验。

词根 sist 139

词根 sist，来源于拉丁语 sistere，表示 to stand，即"站立"的意思。

【同根词汇】

resist [rɪˈzɪst] v. 抵抗，反抗
persist [pəˈsɪst] v. 坚持到底
insist [ɪnˈsɪst] v. 坚持；硬要
subsist [səbˈsɪst] v. 存在；维持生活

代言词 consist

【代言词剖析】

[kənˈsɪst] 考研/CET6/TOEFL/IELTS

v. 由……组成；在于；符合

这个词通常和 of 搭配在一起使用，表示"包括"，意思跟 compose 类似。consist of 也可以表示"取决于"，相当于 depend on。

常用表达
consist in 取决于
consist with 符合，与……一致

从词根到单词
= con（共同，一起）+ sist（站立）
= 一起站立→引申一下，就是"都存在于"的意思。

▶ **前缀扩展**

　　con 是一个很重要的前缀，表示"共同，一起"的意思，例如：
consent n./v. 同意，许可
concord n. 一致，协调
consult v. 查阅；商量

▶ **高频近义词**

form vt. 构成，组成
constitute v. 组成，构成
compose vt. 构成；写作
comprise vt. 包含；由……组成

▶ **高频反义词**

exclude v. 排除
decline v. 拒绝
eliminate vt. 消除；排除
remove vt. 迁移；开除

▶ **精选例句**

The audience consisted mainly of teenagers.
听众主要是青少年。
The buffet consisted of several different Chinese dishes.
自助餐由几种不同的中国菜组成。

词根

port

140

词根 port，来自拉丁语的 portare，表示 to carry，即"携带，搬运"的意思。

【同根词汇】
deport [dɪˈpɔːt] v. 驱逐出境，放逐
support [səˈpɔːt] n. 支持
import [ɪmˈpɔːt] vt. 输入，进口
export [ˈekspɔːt] vt. 输出，出口
passport [ˈpɑːspɔːt] n. 护照，通行证
transportation [ˌtrænspɔːˈteɪʃ(ə)n] n. 运输，交通

代言词
portable

【代言词剖析】
[ˈpɔːtəb(ə)l] 考研/CET6/TOEFL/IELTS
adj. 手提的；轻便的

这个单词可修饰的词有很多，可以是设备，表示"便携式的"或者"手提式的"，比如 portable computer 是便携式电脑，desk computer 是台式电脑，类似的还有 laptop，表示可以放在膝上的轻便电脑。portable 还可以修饰福利，比如 portable benefits，表示可转移的福利。

常用表达
portable radio 便携式收音机
portable equipment 可携带设备

▶ 从词根到单词
= port（携带）+ able（能够的）
= 能够携带的→引申一下，就是"便携的，轻便的"。

▶ 后缀扩展
able 是很常见的形容词后缀，例如：
separable *adj.* 可分离的，可分隔的
loveable *adj.* 可爱的
suitable *adj.* 适合的，相配的

▶ 高频近义词
handheld *adj.* 手提的
compact *adj.* 小巧便携的
convenient *adj.* 方便的
pocket *adj.* 小型的，袖珍的

▶ 高频反义词
stationary *adj.* 固定的；静止的
bulky *adj.* 体积大的；庞大的；笨重的
ponderous *adj.* 笨重的；沉闷的；呆板的

▶ 精选例句
We bought a portable computer for the bedroom.
我们卧室里买了台便携式电脑。
a portable TV 手提电视机

词根 mob 141

词根 mob，表示"移动"，变形有 mov，mot 两种形式，都是表示"同样"的意思。

【同根词汇】
mobile [ˈməʊbaɪl] adj. 可移动的，易变的
promotion [prəˈməʊʃn] n. 提升，晋升；促销
remove [rɪˈmuːv] v. 移动，迁移
motorcycle [ˈməʊtəsaɪk(ə)l] n. 摩托车，机车

代言词
commotion

【代言词剖析】
[kəˈməʊʃ(ə)n] 考研/CET6/TOEFL/IELTS
n. 暴动，骚乱

commotion 翻译成"暴动"或者"骚动"都可以，riot 更强调的是暴动，带有暴力性质的，例如新闻中说发生暴乱，当地有不法分子烧杀抢劫，这就是 riot。

▶ 从词根到单词
= com（共同）+ mot（运动）+ ion（名词后缀）
= 所有人一起运动→引申一下，就是"暴动"的意思。

常用表达
civil commotion 内乱，民众骚乱
sudden commotion 突然骚动

▶ **前缀扩展**
前缀 com，表示"共同"的意思，例如：
complete adj. 完全的，完整的
comprehend v. 理解，意会
commence v. 开始；着手

▶ **后缀扩展**
后缀 ion，是很常见的名词后缀，例如：
vision n. 视野，眼界
passion n. 热情，激情
attention n. 注意力

▶ **高频近义词**
turmoil n. 暴动，骚乱
chaos n. 动乱，混乱
turbulence n. 骚乱，动荡

▶ **高频反义词**
peace n. 和平，平静
harmony n. 和谐，协调；和睦
tranquility n. 宁静，平静

▶ **精选例句**
They heard a commotion downstairs.
他们听见楼下一阵骚动。
Everyone looked to see what was causing the commotion.
大家都在看是什么引起了喧闹。

词根 son 142

词根 son，来源于拉丁语 sonus，表示"声音"。

【同根词汇】
song [sɒŋ] n. 歌曲
sonic [ˈsɒnɪk] adj. 声音的，音速的
resonant [ˈrez(ə)nənt] adj. 回响的；洪亮的
resonate [ˈrez(ə)neɪt] vt. 共鸣；共振
ultrasonic [ˌʌltrəˈsɒnɪk] n. 超声波

代言词 consonant

【代言词剖析】
[ˈkɒns(ə)nənt] 考研/CET6/TOEFL/IELTS
adj. 辅音的；一致的；和谐的 n. 辅音；辅音字母
　　这个单词可以表示与某事一致，与某事物相符合，也指我们学音标时提到的辅音，而元音或者元音字母是 vowel。

▶ 常用表达
be consonant with sth 与某事物一致，与某事物符合
voiced consonant 浊辅音

▶ 从词根到单词
= con（共同）+ son（声音）+ ant（……的）
= 一起发出声音的 → 引申一下，就是"和谐的，一致的"。

▶ 前缀扩展
前缀 con，表示"共同"的意思，例如：
concord n. 和谐，和睦；一致
connection n. 连接，联合
contest n. 竞赛；争论；竞争

▶ 后缀扩展
后缀 ant，是很常见的形容词、名词后缀，例如：
applicant n. 申请者
vibrant adj. 振动的；生气勃勃的
servant n. 仆人

▶ 高频近义词
consistent adj. 始终如一的，一致的；坚持的
coincident adj. 一致的；符合的；同时发生的
concurrent adj. 并发的；一致的；同时发生的

▶ 高频反义词
dissonant adj. 刺耳的；不和谐的；不调和的
inconsistent adj. 不一致的，不连贯的
conflicting adj. 冲突的；相矛盾的；不一致的

▶ 精选例句
The word ends in a consonant.
这个词以辅音结尾。
This policy is scarcely consonant with the government's declared aims.
这项政策与政府所宣称的目标根本不符。

词根 143 greg

词根 greg，来源于拉丁语 gregare，表示"群体"。

【同根词汇】
gregarious [grɪˈgeərɪəs] adj. 群居的；爱社交的
aggregate [ˈægrɪgeɪt] v. 合计；聚集
congregate [ˈkɒngrɪgeɪt] v. 聚集

代言词 segregate

【代言词剖析】
[ˈsegrɪgeɪt] 考研/CET6/TOEFL/IELTS
v. 使隔离，使分离

segregate 指把两个团体或把一组人与整体隔离，常指种族或宗教的隔绝。近义词 separate 指使原先合在一起的东西分开，也可以指从中隔开，常和 from 搭配，有时还有"区别开来"的意思。

常用表达
segregated account 独立账户

▶ 从词根到单词
= se（分开）+ greg（群体）+ ate（动词后缀）
= 和群体分开 → 使隔离，分离。

▶ 前缀扩展
前缀 se，表示"分开"的意思，例如：
separate v. 分开，分割
seclude v. 使隔离，使隔绝
secede v. 正式退出（组织）

▶ 高频近义词
separate v. 分开，分割
split v. 分裂，分开
isolate vt. 使隔离；使孤立
insulate vt. 隔离，使孤立

▶ 后缀扩展
后缀 ate，是很常见的动词后缀，例如：
populate v. 居住于；移民于
locate v. 位于；查找……的地点
infiltrate v. 渗透

▶ 高频反义词
integrate v. 使完整，使成整体
encompass v. 包含；包围
desegregate vt. 使……废止种族隔离
merge vt. 合并；使合并

▶ **精选例句**
a culture in which women are segregated from men
妇女受到隔离歧视的文化
The coffee room had been segregated into smoking and non-smoking areas.
咖啡室分隔成吸烟区和非吸烟区。

词根 rod/ros 144

词根 rod/ros，来源于拉丁语的 rodere，意为"咬；啮"。

【同根词汇】
erode [ɪˈrəʊd] v. 使侵蚀；使腐蚀；使风化
rodent [ˈrəʊd(ə)nt] n. 啮齿动物
corrosion [kəˈrəʊʒ(ə)n] n. 腐蚀，侵蚀；锈
erosion [ɪˈrəʊʒ(ə)n] n. 腐蚀；磨损

代言词 corrosive

【代言词剖析】
[kəˈrəʊsɪv] 考研/CET6/TOEFL/IELTS
adj. 腐蚀性的（物质）

corrosive 是因化学反应而引起的腐蚀；erosive 表示由外向内的物理性的侵蚀或者磨损，也可以用来描述抽象的侵害。

▶ 从词根到单词
= cor（共同；加强意义）+ ros（咬；啮）+ ive（……的）
= 腐蚀性的。

常用表达
corrosive substance 腐蚀性物质
corrosive action 腐蚀作用

▶ 前缀扩展
前缀 co，表示共同，例如：
coworker n. 同事；合作者
coexist vi. 共存；和平共处
correct vt. 改正；告诫

▶ 后缀扩展
后缀 ive，表示"有……性质的，有……作用的，有……倾向的，属于……的"，例如：
permissive adj. 过分纵容的
impressive adj. 印象深刻的
pervasive adj. 遍及的

▶ 高频近义词
rusty adj. 生锈的，腐蚀的
caustic adj. 腐蚀性的
rotten adj. 腐烂的；堕落的

▶ 高频反义词
rustproof adj. 防锈的
anti-corrosive adj. 防腐蚀的

▶ 精选例句
HCl is a colorless corrosive gas.
氯化氢是一种无色的腐蚀性气体。
Many highly corrosive substances are used in the nuclear industry.
核工业使用许多腐蚀性很强的物质。

词根 rog 145

词根 rog，来源于拉丁语 rogare，意为 to ask，即"询问"。

【同根词汇】

rogue [rəʊg] n. 流氓；小淘气
arrogate [ˈærəgeɪt] v. 擅取；篡夺；霸占；越权
interrogate [ɪnˈterəgeɪt] n. 审问，盘问
surrogate [ˈsʌrəgət] adj. 代理的；替代的

代言词 arrogant

【代言词剖析】

[ˈærəg(ə)nt] 考研/CET6/TOEFL/IELTS

adj. 傲慢的；自大的

我们比较熟悉的 proud 既可以用作褒义词也可以用作贬义词；而 arrogant 都是比较偏向于贬义，特指傲慢、自大、自负。

▶ **从词根到单词**

= ar（一再）+ rog（要求）+ ant（……的）
= 一再要求的 → 傲慢的。

常用表达

arrogant behavior 傲慢的举止
arrogant attitude 傲慢的态度

▶ **前缀扩展**

前缀 a，加上词根首字母重复，表示"一再"，加强词义，例如：
arrange vt. 安排；整理
arrest vt. 依法逮捕，拘留，扣留（某人）
array n. 数组，阵列

▶ **高频近义词**

disdainful adj. 轻蔑的；鄙视的
haughty adj. 高傲自大的，桀骜不驯的
superior adj. 上级的；优秀的；高傲的
supercilious adj. 目空一切的，高傲的

▶ **后缀扩展**

后缀 ant，表示"属于……的，具有……性质的"，例如：
expectant adj. 期待的；期望的
resistant adj. 抵抗的；对抗的；抗拒的
ignorant adj. 无知的

▶ **高频反义词**

humble adj. 谦虚的
modest adj. 谦逊的；不虚夸的；质朴的
unassertive adj. 不武断的；谦逊的

▶ **精选例句**

It's arrogant of you to assume you'll win every time.
你自以为每次都能赢，未免太自大了。
That sounds arrogant, doesn't it?
那话听起来很嚣张，是不是？

词根 quir 146

词根 quir，来自拉丁语的 quist，变形词根有 quist 和 quest，意为 to ask，to seek，即"寻求"的含义。

【同根词汇】
quest [kwest] n. 追求；寻找
require [rɪˈkaɪə] v. 需要
acquire [əˈkaɪə] v. 获得，得到
conquest [ˈkɒŋkwest] v. 征服；击败

代言词 inquiry

【代言词剖析】
[ɪnˈkwaɪrɪ] 考研/CET6/TOEFL/IELTS
n. 询问；查询；打听

inquiry 表示"询问，打听"时，后面介词可以使用 about；表示"询问某人"时用 make inquires of sb。还可以表示"调查"，接介词 into。

常用表达
inquiries office 问讯处
open an inquiry 展开调查

▶ 从词根到单词
= in（里面）+ quir（寻求）+ y（名词后缀）
= 追问到里面 → 询问，质询；研究，探求；调查，审查。

▶ 前缀扩展
前缀 in，表示"向内，进入"，例如：
inborn adj. 天生的
inspired adj. 有灵感的
injection n. 注射；注射剂

▶ 高频近义词
investigation n. 调查，审查
examination n. 检查；调查；被检查
inspection n. 视察，检查
interrogation n. 审问

▶ 后缀扩展
后缀 y，构成抽象名词，表示性质、状态、情况、行为，例如：
difficulty n. 困难；艰难
soldiery n. 军事训练；军事知识

▶ 高频反义词
neglect n. 疏忽，忽视
ignore vt. 忽视；不理睬
overlook v. 忽视

▶ 精选例句
I don't know who sent the gift, but I'll make some inquiries.
我不知道礼物是谁送的，但我会打听一下。
The investigation has suddenly switched to a new line of inquiry.
调查突然转向了一条新的线索。

词根 cent/cant 147

词根 cent/cant，源于拉丁语 canere，表示"唱，歌"的意思。

【同根词汇】
chant [tʃɑːnt] n. 圣歌；赞美诗
enchant [ɪnˈtʃɑːnt] v. 使狂喜；使陶醉；使入迷
recant [rɪˈkænt] n. 宣布放弃（以前的意见、信仰等）
cantor [ˈkæntɔː] n. 领唱者
accent [ˈæks(ə)nt] n. 口音

代言词 incentive

【代言词剖析】
[ɪnˈsentɪv] 考研/CET6/TOEFL/IELTS
n. 刺激；奖励

motive 表示"动机，目的"，motivation 可以是内在的动机（为了某人自己的愉悦和享受），也可以是外在的动机（基于可以得到奖励或是得到认可）。而 incentive 则侧重于表示客观的事物给人的鼓励，没有感情色彩，侧重于事实，不会给人心里的鼓舞。

常用表达
incentive structure 激励结构
incentive mechanism 激励机制

▶ 从词根到单词
= in（进入）+ cent（唱）+ ive（形容词后缀）
= 把〔力量〕唱进去→激励。

▶ 前缀扩展
前缀 in，一个很重要的前缀，表示"向内，进入"，例如：
incorporate v. 合并，并入
inland adj. 内地的，国内的
inflame v. 使燃烧；激怒

▶ 高频近义词
catalyst n. 催化剂
impetus n. 推动力
stimuli n. 刺激；促进因素
inspiration n. 灵感；鼓舞

▶ 后缀扩展
后缀 ive，是很常见的形容词后缀，构成抽象名词，例如：
motive n. 动机
offensive n. 攻势
affirmative adj. 赞同的，肯定的

▶ 高频反义词
punishment n. 惩罚
discouragement n.（对某想法的）打击

▶ 精选例句
Awards provide an incentive for young people to improve their skills.
奖励是一种激励手段，鼓励年轻人努力提高自己的技能。
There is little or no incentive to adopt such measures.
几乎没有什么激励政策来促使人们采取这些措施。

词根 fil

148

词根 fil，来源于拉丁语 filius，意思是 son，即"儿子"，还有一个意思是"线"。

【同根词汇】

fil**ial** [ˈfɪlɪəl] *adj.* 女的；子代的；孝顺的
fil**e** [faɪl] *n.* 文件夹；档案
pro**file** [ˈprəʊfaɪl] *n.* 人物简介；侧影

代言词 affiliate

【代言词剖析】

[əˈfɪlɪeɪt] 考研/CET6/TOEFL/IELTS
v. 使（个人、社团、机构等）隶属于一较大组织；使接纳为成员
n. 分公司；附属机构

affiliate 是法律英语的常见单词之一，意思是关联方，关联公司，表达这个含义时，也可以用 associate 或 connected person 代替。

常用表达

affiliate company 联营公司
affiliated hospital 附属医院

从词根到单词

= af（靠近）+ fil（儿子）+ iate（做、造成）
= 形成近乎和儿子一样的关系→使形成紧密关系；使……加入，使隶属于……。

前缀扩展

前缀 af，也是前缀 a 加上词根首字母重复，有加强词义的作用，例如：
affirm *vt.* 肯定；断言
affectionate *adj.* 表示爱的
affluent *adj.* 丰富的

高频近义词

subsidiary *adj.* 辅助的；附带的；次要的
branch *adj.* （家族的）分支；（知识的）分科；（语言的）分系
associate *n.* 合伙人；同事；伙伴
auxiliary *n.* 助动词；辅助者；辅助物；附属机构
subsidiary *adj.* 附属的；辅助的

后缀扩展

后缀 ate，表示"做，造成，使之成……，做……事"等意义，例如：
assassinate *v.* 行刺，暗杀
originate *v.* 发源

高频反义词

expel *vt.* 驱逐；开除
deport *vt.* 驱逐出境；举止
dislodge *vt.* 逐出，驱逐

精选例句

The College is affiliated to the University.
这所学院附属于这所大学。
The World Chess Federation has affiliates in around 120 countries.
国际象棋联合会在大约 120 个国家设有分支机构。

词根 scend 149

词根 scend，来源于拉丁语动词 scandere，变形有 scent，scens，scan 等，都表示"攀爬"的意思。

【同根词汇】
ascend [əˈsend] v. 上升；升高
ascent [əˈsent] n. 上升；升高
descend [dɪˈsend] vi. 下降；下去
descent [ɪnˈtensɪv] n. 下降；降落

代言词 descendant

【代言词剖析】
[dɪˈsend(ə)nt] 考研/CET6/TOEFL/IELTS
n. 后代；后裔；子孙

表达"后代，子孙"这层含义时，descendant 有时候也写成 descendent，descendent 也含有"下降的；降落的；世袭的"这层意思。除此之外，offspring 也可以表示"子孙，后代"，但它是名词复数，表示群体。

常用表达
lineal descendant 直系后裔
remote/distant descendant 隔代/旁系后裔

从词根到单词
= de（向下）+ scend（爬，跳）+ ant（人）
= 向下的人→引申一下，"后裔，后代，子孙"。

▶ **前缀扩展**
前缀 de，表示"向下，否定，分离"的意思，例如：
degrade v. 使降级
debate n. 争论，讨论
debris n. 碎片；垃圾

▶ **高频近义词**
offspring n. 孩子，子女
posterity n. 子孙，后裔；后代
progeny n. 子女；幼崽

▶ **后缀扩展**
后缀 ant，名词后缀，表示人，例如：
examinant n. 主考人
insurant n. 被保险人
inhabitant n. 居民

▶ **高频反义词**
ancestor n. 祖先
forebear n. 祖先；祖宗

▶ **精选例句**
They are **descendants** of the original English and Scottish settlers.
他们是最初的英格兰和苏格兰定居者的后代。
He is a **descendant** of Confucius.
他是孔子的后裔。

词根 alt 150

词根 alt，来源于拉丁语形容词 alt，意为"高的"。

【同根词汇】

altar ['ɔːltə] n. 供桌，祭坛
alto ['æltəʊ] n. 男高音歌手；女低音歌手
exalt [ɪɡ'zɔːlt] v. 高度赞扬（某人）
altimeter ['æltɪmiːtə] n. 高度计

代言词
altitude

【代言词剖析】

['æltɪtjuːd] 考研/CET6/TOEFL/IELTS

n. 海拔；高度

altitude 指海拔高度，也指离开地面的高度。longitude 和 latitude 指经度和纬度，latitude 跟 altitude 长得有点像，还有一个很像的单词 aptitude，表示"天赋"。

常用表达

cruising altitude
（飞机）巡航高度
flight altitude 飞行高度

▶ **从词根到单词**

= alt（高）+ itude（名词后缀）
= 高度 → 引申一下，就是"海拔"的意思。

▶ **后缀扩展**

后缀 itude，名词后缀，构成抽象名词，表示情况、性质、状态、事物，例如：
solitude *n.* 孤单；独居
attitude *n.* 态度；看法
gratitude *n.* 感激的心情

▶ **高频近义词**

height *n.* 高度
elevation *n.* 海拔高度

▶ **高频反义词**

depth *n.* 深度
deepness *n.* 深度；浓度

▶ **精选例句**

What is the altitude of this village?
这个村子海拔多少？
Air pressure decreases with altitude.
气压随海拔高度的增加而下降。

词根 cit 151

词根 cit，来源于古法语 citare，表示 to quote, to call，即"引用，唤起"的意思。

【同根词汇】

excite [ɪkˈsaɪt] v. 刺激；激起
cite [saɪt] vt. 引用；传讯
citation [saɪˈteɪʃn] n. 引用
recite [rɪˈsaɪt] v. 背诵
resuscitate [rɪˈsʌsɪteɪt] vi. 恢复；复兴

代言词 incite

【代言词剖析】

[ɪnˈsaɪt] GRE/IELTS

v. 煽动；刺激

incite 指由于强烈的情感而引起的行动，可指好的方面或坏的方面。它和 stimulate 都有"激励""激起""煽动""刺激""促使"的意思，stimulate 指对感觉、兴趣的刺激或激励某人做某事；incite 指对内心给予刺激而使其兴奋。

▶ 从词根到单词

= in（进入）+ cite（唤起）
= 召唤进入 → 引申一下，就是"煽动"。

常用表达

incite violence 煽动暴力
incite defection 策反

▶ 前缀扩展

前缀 in，表示进入。例如：
inbreathe n. 吸入
intake v. 纳入，吸入
inhale v. 吸气

▶ 高频近义词

rouse v. 唤醒
instigate vt. 唆使；煽动
provoke v. 激怒；煽动
irritate v. 激怒

▶ 高频反义词

appease v. 安抚；平息
suppress v. 压制；镇压
quell v. 平息
pacify vt. 使平静；安慰

▶ 精选例句

He incited his fellow citizens to take their revenge.
他鼓动他的同胞们报仇雪恨。
They were charged with inciting racial hatred.
他们被指控煽动种族仇恨。

词根 claim

152

词根 claim，来源于拉丁语 clamare，它还有一个变形 clam，都表示 to shout，to cry out，即"喊，叫，说出来"的意思。

【同根词汇】

declaim [dɪˈkleɪm] v. 慷慨陈词；演讲
proclaim [prəˈkleɪm] v. 声明
exclaim [ɪkˈskleɪm] n. 欢呼
clamorous [ˈklæmərəs] adj. 吵闹的；大声要求的

代言词 acclaim

【代言词剖析】

[əˈkleɪm] 考研/CET6/GRE/TOEFL/IELTS

n. 称赞；欢呼 v. 欢呼；喝彩

这个词有两种词性，名词和动词。作为动词使用时，指对某人某物给予高度评价或大声喊好，以表示赞美或赏识，后面常接宾语补足语，构成 acclaim sb/sth as/ to be 的结构。作为名词时为不可数名词，尤指对艺术成就的称誉或高度评价。

常用表达

gain/receive/win/earn acclaim from 获得好评
acclaim... as 誉为

▶ 从词根到单词

= ac（加强）+ claim（叫，喊）
= 大声叫出来 → 欢呼；称赞。

▶ 前缀扩展

前缀 ac，表示加强。例如：
accompany v. 陪伴
accelerate v. 加速
access n. 进入；使用权

▶ 高频近义词

applaud v. 喝彩
compliment vt. 恭维；称赞
praise v. 赞美；赞扬

▶ 高频反义词

criticize v. 批评
scorn v. 轻蔑；藐视

▶ 精选例句

He was welcomed with great acclaim.
他受到十分热烈的欢迎。
The whole city turned out to acclaim the winning team.
人们倾城而出为获胜队欢呼喝彩。

词根 corp 153

词根 corp，来源于拉丁语 corpus，copor 是这个词根的另外一个变形，都表示 body，即"身体，肉体"的意思。

【同根词汇】

corps [kɔː] *n.* 军团；兵种
corpse [kɔːps] *n.* 尸体
corporation [ˌkɔːpəˈreɪʃ(ə)n] *n.* 公司；法人
incorporate [ɪnˈkɔːpəreɪt] *v.* 合并；组成公司

代言词 corporate

【代言词剖析】

[ˈkɔːpərət] GRE/IELTS
adj. 公司的；法人的；全体的；社团的

之前学过 cooperative 这个单词，它的词根是 oper，表示"操作"，cooperative 则表示"合作的，协作的，合作社的"，跟 corporate 的含义比较接近，都含有集体的概念。

从词根到单词

= corpor（身体；体）+ ate（形容词词缀）
= 身体的，团体的 → 法人（团体）的，社团的。

常用表达

corporate responsibility 共同责任
corporate culture 企业文化

▶ **后缀扩展**

后缀 ate，是一个形容词后缀，例如：
legitimate *adj.* 合法的；正当的
intimate *adj.* 亲密的；私人的
regenerate *adj.* 积习难改的

▶ **高频近义词**

collective *adj.* 集体的
communal *adj.* 公有的；公社的
commercial *adj.* 商业的

▶ **高频反义词**

individual *adj.* 个体的
private *adj.* 私有的；私营的

▶ **精选例句**

The owner opened a corporate checking account at the bank.
公司老板在银行开了一个活期账户。

This company is concerned about its corporate image.
这家公司关心它自身的企业形象。

词根 cred

154

词根 cred，来源于拉丁语 cred，变形有 creed，都表示 to believe, to trust，即"相信，信任"的意思。

【同根词汇】
credit [ˈkredɪt] n. 信任；学分
credible [ˈkredəbl] adj. 可信的
creditable [ˈkredɪtəbl] v. 值得称誉的
incredible [ɪnˈkredɪb(ə)l] adj. 难以置信的
credential [krɪˈdenʃ(ə)l] n. 凭据

代言词 credulous

【代言词剖析】
[ˈkredjʊləs] GRE/IELTS/TEM4
adj. 轻信的，易受骗的

credible 表示"可信的"，通常指人物、言语、历史、故事等的可信；但如果一味相信和信任，就容易上当受骗，可以用 credulous 来形容。

▶ 从词根到单词
= cred（相信）+ ulous（形容词词缀，表示多……的）
= 相信太多，就是"轻信的"。

▶ 后缀扩展
后缀 ulous，是一个形容词后缀，例如：
miraculous adj. 不可思议的，奇迹的
fabulous adj. 难以置信的
ridiculous adj. 可笑的；荒谬的

▶ 高频近义词
gullible adj. 易受骗的
susceptible adj. 易受影响的；易感动的
naive adj. 天真的

▶ 高频反义词
incredulous adj. 怀疑的
skeptical adj. 不真实的；不可靠的
suspicious adj. 可疑的；怀疑的
doubtful adj. 可疑的；令人生疑的

▶ 精选例句
Credulous people are easily misled by false advertisements.
轻信的人很容易上虚假广告的当。
Only a credulous person would believe his story.
只有轻信的人才会相信他的故事。

词根 cre

155

词根 cre，来源于拉丁语 crescere，它还有一个变形 to creas，表示 to grow，即"增长；产生"的意思。

【同根词汇】

increase ［ɪnˈkriːs］ v. 增加
creature ［ˈkriːtʃə］ n. 动物，生物
procreate ［ˈprəʊkrɪeɪt］ n. 繁殖；生育
increment ［ˈɪŋkrəmənt］ n. 增量；增加

代言词 decrease

【代言词剖析】

[dɪˈkriːs] [ˈdiːkriːs] 考研/CET6/GRE/TOEFL/IELTS

v. 减少；降低　n. 减少；降低

decrease 和 alleviate 都有"减少，减轻"的意思。alleviate 指在痛苦方面的减轻，缓和；decrease 指数量上的减少，力量或者强度的减弱。decrease to 表示"减少到……"，decrease by 表示"减少了……"。

▶ 从词根到单词

= de（相反）+ crease（增加）
= 向增加的相反方向发展→减少。

常用表达

on the decrease 在减少
population decrease 人口减少

▶ 前缀扩展

前缀 de，表示相反。例如：
devalue v. 贬值
descend v. 下降
degenerate v. 堕落

▶ 高频近义词

diminish v. 减少
reduce v. 减少
lessen v. 减轻
decline v. 衰退，衰落

▶ 高频反义词

boost v. 增加
increase v. 增加
enhance v. 提高

▶ 精选例句

The average rainfall has decreased by around 40 percent.
平均降雨量已减少 40% 左右。
They are making further efforts to decrease military spending.
他们正在做进一步努力减少军费开支。

词根 dem
156

词根 dem/demo，来源于希腊语 demos，表示 people，即"人民"的意思。

【同根词汇】
democratic [ˌdeməˈkrætɪk] adj. 民主的
demographic [ˌdeməˈɡræfɪk] adj. 人口的
pandemic [pænˈdemɪk] n. 流行病
pandemonium [ˌpændɪˈməʊnɪəm] n. 一片混乱；闹哄哄的场所

代言词 epidemic

【代言词剖析】
[ˌepɪˈdemɪk] 考研/ GRE/ TOEFL/ IELTS
n. 流行病；传染病 adj. 流行的；传染性的

这个词有两种词性。作为名词时，指"流行病，传染病"；作为形容词时，指"流行的；传染性的"。与 epidemic 词义相近的有两个词，pandemic 和 endemic。这三个词通常都用于指流行病，但是它们之间略有差别。endemic 强调"地方性的，某地区特有的"；pandemic 指"大规模流行的"，通常波及全球范围；epidemic 则介于前两者之间。

▶ 从词根到单词
= epi（在……之间）+ dem（人）+ ic（形容词词缀）
= 在人群中间→流行的。

常用表达
epidemic prevention 防疫
epidemic disease 流行病

▶ **前缀扩展**
前缀 epi，表示"在……之间"或者"在……上面"。例如：
epigram n. 警句
epitome n. 缩影
epilogue n. 结语，后记
episode n. 插曲；一段情节

▶ **后缀扩展**
后缀 ic，是一个形容词后缀，例如：
strategic adj. 战略性的
ironic adj. 讽刺的
autobiographic adj. 自传的

▶ **高频近义词**
infectious adj. 传染的
contagious adj. 感染性的
prevalent adj. 流行的；普遍的
pervasive adj. 普遍的；到处渗透的

▶ **精选例句**
The small town was suddenly struck by an epidemic. 一场传染病席卷了小镇。
Spring has a high incidence of epidemic diseases. 春季是传染病的高发季节。

词根 doc 157

词根 doc，来源于拉丁语 docere，表达的意思 to teach，即"教"。

【同根词汇】

docile [ˈdəʊsaɪl] adj. 温顺的，驯服的
doctor [ˈdɒktə] n. 医生；博士
document [ˈdɒkjʊm(ə)nt] n. 文件，公文
documentary [ˌdɒkjʊˈmentrɪ] n. 纪录片

代言词 doctrine

【代言词剖析】

[ˈdɒktrɪn] 考研/CET6/GRE/TOEFL/IELTS

n. 教义；学说

这个词一般特指宗教或政府信奉的教条、信条。比如杜鲁门主义 Truman Doctrine，门罗主义 Monroe doctrine。与 doctrine 相比，近义词 dogma 一般带有贬义色彩，通常指让人心生不满的教条主义。

常用表达

fairness doctrine 公平原则
religious doctrine 教义

从词根到单词

= doctr（由 doctor 变化而来）+ ine（名词词缀）
= 教的状态→联想一下，就是"教条"。

▶ **后缀扩展**

后缀 ine，名词后缀，例如：
marine n. 海洋
submarine n. 潜艇
vaccine n. 疫苗

▶ **高频近义词**

creed n. 信条
principle n. 原理
dogma n. 教条

▶ **精选例句**

This is a generally accepted doctrine.
这是一个被普遍接受的学说。
the doctrine of parliament sovereignty
议会主权学说。

词根 habit
158

词根 habit，来自拉丁语，表示 to have, to hold, to possess, to live, to dwell，即"拥有；占据；居住"的意思，变形词根有 hab, hibit。habit 本身也可以作为一个单词，表示"习惯；习性"。

【同根词汇】
inhabit [ɪnˈhæbɪt] v. 居住于，栖息于
cohabit [kəʊˈhæbɪt] v.（未婚者）同居
habitant [ˈhæbɪtənt] n. 居住者

代言词
inhabitant

【代言词剖析】
[ɪnˈhæbɪtənt] 考研/CET6/CET4/GRE/TOEFL/IELTS
n. 居民，住户；（栖息在某地区的）动物

　　名词 inhabitant，指长期居住在某地的人，也可以指长期生活在某地的动物。注意区分 inhabitant 和 native，inhabitant 指的是某人长期住在一个地方，但是这个人不一定出生于这个地方；native 指的本地居民，出生于这个地方的人。

▶ **从词根到单词**
= in（向内；进入）+ habit（居住；停留）+ ant（名词后缀）→ 一直居住的人→居民。

常用表达
first/early/original inhabitant 原始居民
local inhabitant 当地人

▶ **前缀扩展**
　　前缀 in，表示"向内，进入"同 im，例如：
indoor adj. 室内的，户内的
inbreak n. 入侵
inbreathe v. 吸入

▶ **后缀扩展**
　　后缀 ant，常见的名词后缀，构成人或物，例如：
applicant n. 申请人
confidant n. 心腹朋友，知己
assistant n. 助手，副手；助教

▶ **高频近义词**
resident n. 居民；住宿者
occupant n.（房屋等的）居住者，占有人
dweller n. 居民，居住者

▶ **高频反义词**
alien n. 外国人，外侨；局外人
transient n. 临时旅客；过路人

▶ **精选例句**
I lived in a small town of 5,000 inhabitants.
我住在一个有 5000 个住户的小镇。
Every inhabitant here has an obligation to pay taxes.
这里的每一位居民都有纳税的义务。

词根 hum 159

词根 hum,来源于拉丁语 humus,表示"earth, ground",即"土地,泥土"的意思,后引申为"humane, lowly, humble",最开始是认为与土打交道的人,"卑微的;地位低的;谦逊的"。hum 还可以表示"earthly beings",指土地上的生物,与天上的神对应,这个意思体现在了 human(人类)这个单词中。中西方神话都认为"泥土造人"是人类的来源,在中国的神话故事里,盘古开天辟地之后,女娲用泥土造人。在西方《圣经》中记载,上帝七天创世,在创造天地的第六天,上帝就照着自己的形象造了人。

拉丁语 humus 的变形 humidus,意为 moist, wet,所以 hum 还可以表示"湿度;潮湿"的含义,humid(潮湿的)即来源于这个词根。hum 的变形还有 hom。

【同根词汇】
homage ['hɒmɪdʒ] n. 尊敬;敬意;效忠
humane [hjʊ'meɪn] adj. 仁爱的,慈善的
humidity [hjʊ'mɪdɪtɪ] n. 湿度;潮湿,湿气

代言词 humiliate

【代言词剖析】
[hjʊ'mɪlɪeɪt] 考研/GRE/TOEFL/IELTS
vt. 使蒙羞,使丢脸,使出丑;屈辱,羞辱

humiliate 意为"humble; lowly",引申含义为"让人感到羞耻或不光彩;使人丧失尊严或自尊"。名词形式 humiliation,表示"丢脸;羞辱;耻辱;蒙羞"。

▶ 从词根到单词
= humili-(土地;泥土)+ -ate(动词后缀)→像尘土一样悲哀的 → 羞辱。

常用表达
humiliate oneself 丢脸;出丑
feel humiliated 感觉羞辱的

▶ 后缀扩展
后缀 ate,常见的动词、形容词和名词后缀,构成动词表示"做,造成,使之成……",构成形容词表示"有……性质的,如……形状的",构成名词表示人或物,例如:
demonstration *n.* 示威游行　differentiate *v.* 区分,区别,辨别　orientate *v.* 朝向;面向

▶ 高频近义词
embarrass *v.* 使尴尬;使不自然
humble *v.* 使谦恭,使卑下
mortify *v.* 使受辱,伤害(人的感情)

▶ 高频反义词
dignify *v.* 使显得威严;使高贵
honor *v.* 给……以荣誉;尊敬
exalt *v.* 赞扬;歌颂

▶ 精选例句
I didn't want to humiliate her in front of her colleagues. 我不想当着她同事们的面令她难堪。
His teacher continually humiliates him in maths lessons. 他的老师频频在数学课上羞辱他。

词根 jud 160

词根 jud，来源于拉丁语 judicare/judex，表示 to judge，即"判断；审判"。变形词根有 jur, just, judic。Justitia 是古希腊神话中的正义女神，在拉丁语中就是"正义"的意思。

【同根词汇】
judge [dʒʌdʒ] n. 法官；裁判员
jury ['dʒʊəri] n. 陪审团；
justify ['dʒʌstɪfaɪ] vi. 证明合法
judgment ['dʒʌdʒmənt] n. 判断；裁判；判决书
judicious [dʒʊ'dɪʃəs] adj. 明智的；明断的

代言词 prejudice

【代言词剖析】
['predʒʊdɪs] 考研/CET6/CET4/GRE/IELTS
n. 偏见；成见　v. 影响某人；削弱；使受到损害

prejudice 表示"提前评价，造成偏见"，引申可表示"损害"。prejudice 还可以作为动词，表示某事物使某人抱有偏见，影响某人。世界名著 *Pride and Prejudice*《傲慢与偏见》是英国作家简·奥斯汀最有名的作品。

▶ 从词根到单词
= pre（前；预先）+ judice（判断）→ 预先评价 → 偏见。

常用表达
prejudice against 对……的偏见
racial/sexual prejudice 种族/性别偏见

▶ 前缀扩展
前缀 pre，表示"……前的，预先"，例如：
prehistory n. 史前时期
precise adj. 精确的；明确的
precede v. 在……之前，先于

▶ 高频近义词
prejudgment n. 在审判前判决，预断
bias n. 偏见；偏爱
influence v. 影响；感化
injury n. 伤害，损害
bigotry n. 偏执；顽固

▶ 高频反义词
tolerance n. 宽容，容忍；忍耐力
fairness n. 公平；清晰；美好
impartial adj. 公平的，公正的
unprejudiced adj. 没有成见的；公平的

▶ 精选例句
He has a prejudice against modern music.
他对现代音乐怀有偏见。
Newspaper gossip had prejudiced her against him.
报上那些不三不四的文章使她对他抱有偏见。

词根 jur 161

词根 jur，来源于拉丁语 jurare，表示"to swear, to take an oath"，即"发誓；宣誓"；还表示"right; law"，即"法律；正义"。

【同根词汇】

juror ['dʒʊərə] n. 审查委员，陪审员
injury ['ɪndʒəri] n. 伤害，损害
jurisdiction [dʒʊərɪs'dɪkʃ(ə)n] n. 司法权

代言词 injurious

[ɪn'dʒʊəriəs] GRE/TEM8
adj. 伤害的；侮辱的；不公正的

【代言词剖析】

injurious 有两层含义：第一层是来源于词根 jur，前缀表示否定，所以 injurious 表示"不公正的；对某人误会的；侮辱的"；第二层引申含义，表示"危险的，对……有害的"。injury 是它的名词形式，表示"伤害，损伤"。

▶ **从词根到单词**

= in-（不，非）+ jur（公正）+ -ious（形容词后缀）→不公正的 →有害的。

常用表达

injurious effect 不好的影响
injurious to 对……有害；有损

▶ **前缀扩展**

前缀 in，表示"不，无，非"，同 im-，例如：
inhuman adj. 无人性的；野蛮的
indifferent adj. 不关心的；冷漠的
impolite adj. 不礼貌的

▶ **高频近义词**

harmful adj. 能造成损害的；有害的
destructive adj. 有害的
damaging adj. 有破坏性的，损害的

▶ **后缀扩展**

形容词后缀 ious，同 ous，表示"属于……的，有……性质的"，例如：
laborious adj. 勤劳的；困难的，费力的
spacious adj. 宽敞的，广阔的；无边无际的
curious adj. 好奇的，好求知的

▶ **高频反义词**

favourable adj. 赞许的，赞同的；有利的
beneficial adj. 有益的，有利的
encouraging adj. 鼓励的；赞助的；促进的

▶ **精选例句**

Smoking is injurious to the health.
吸烟对健康有害。
He's never done anything injurious to morals.
他从未做过任何伤风败俗的事。

词根 VOC 162

词根 voc，来自拉丁语的 vocare，表示 call，voice，即"喊叫，声音"的意思。

【同根词汇】
vocal [ˈvəʊk(ə)l] adj. 歌唱的；声音的
avocation [ˌævəˈkeɪʃ(ə)n] n. 副业；业余爱好
vocation [və(ʊ)ˈkeɪʃ(ə)n] n. 职业，使命

代言词 advocate

【代言词剖析】
[ˈædvəkeɪt] 考研/CET6/TOEFL/IELTS
v. 提倡，主张，拥护 n. 倡议者，支持者；律师

advocate 指通过发表演说或写文章来表示支持、拥护，常暗示提倡某事或为某事辩护，所以这个单词还有"律师"的含义。像 attorney, lawyer, advocate 这些名词都有"律师"的意思，其中 attorney 主要用于美国，指代理当事人处理遗嘱检验等法律事务的律师，有时可与 lawyer 通用，泛指辩护律师。lawyer 普通用词，advocate 专指以罗马法律的基本法制的一些国家的（如苏格兰等）和一些特别法庭的律师，也可指出庭辩护的律师，它不是专用名词，只是律师或辩护者的统称。

▶ 从词根到单词
= ad（增强）+ voc（声音）+ ate（动词词尾，使……做）
= 增强声音→ 拥护。

常用表达
advocate for 主张……
advocate free trade 提倡自由贸易

▶ 前缀扩展
前缀 ad，表示"增强"的意思，例如：
advantage n. 优点，优势
advice n. 建议
addiction n. 上瘾；沉溺

▶ 后缀扩展
后缀 ate，是很常见的动词，名词及形容词后缀，例如：
populate v. 居住于；移民于
locate v. 位于；查找……的地点

▶ 高频近义词
support v. 支持
recommend v. 推荐，建议
encourage vt. 鼓励；支持

▶ 高频反义词
oppose v. 反对
undermine v. 破坏，渐渐破坏
object vi. 反对；拒绝
combat vt. 反对；与……战斗

精选例句
The president advocated health care reform. 总统主张改革医疗制度。
The man got the best advocate in town to defend him. 这个人请了城里最好的律师为他辩护。

词根 ora 163

词根 ora，来源于拉丁语的 orare，表示"嘴巴，说"，变形有 ore，or，orat。

【同根词汇】

adorable [əˈdɔːrəb(ə)l] adj. 可爱的；可敬重的，值得崇拜的
orator [ˈɒrətə] n. 演说者；演讲者
oracle [ˈɒrək(ə)l] n. 神谕；预言；神谕处；圣人
oration [ɒˈreɪʃ(ə)n] n. 演讲，致辞

代言词 inexorable

【代言词剖析】

[ɪnˈeks(ə)rəb(ə)l] 考研/CET6/TOEFL/IELTS
adj. 无情的；不屈不挠的；不可阻挡的

经常用"铁面无私"来描写一个人公正严明、秉公执法、不怕权势、不讲情面，inexorable 就表示这个含义。像 inex 这样的组合一般都表示"不能……"，类似的单词还有 inexcusable（adj. 不可原谅的；不可宽恕的）和 inexhaustible（adj. 取之不尽的；不知疲倦的）。

常用表达

inexorable trend 必然趋势
inexorable choice 必然选择

▶ 从词根到单词

= in（不，非，无动于衷的）+ ex（出）+ ora（说）+ ble（形容词后缀）
= 不说出来的 → 引申一下，就是"无情的"。

▶ 前缀扩展

前缀 in，表示"不，非，无"的意思，例如：
incomplete adj. 不完全的，不完整的
injustice n. 不公正
insensible adj. 无感觉的

▶ 后缀扩展

后缀 ble，是很常见的形容词后缀，例如：
reasonable adj. 合理的，合适的
profitable adj. 可盈利的，有利可图的
unable adj. 不会的，不能的；无能力的

▶ 高频近义词

tough adj. 艰难的，困难的；坚强的
relentless adj. 无情的，残酷的；不间断的
ruthless adj. 无情的，残忍的
tenacious adj. 顽强的；坚韧的
persevering adj. 坚忍的；不屈不挠的

▶ 高频反义词

humane adj. 仁慈的，友善的；高尚的
frail adj. 脆弱的，虚弱的
tender adj. 温柔的；柔软的；脆弱的
brittle adj. 易碎的，脆弱的

▶ 精选例句

The president made an inexorable demand. 总统提出了一个无情的要求。
VR is also an inexorable tendency to the modern science.
虚拟现实也是现代科学发展的一个必然趋势。

词根 part 164

词根 part，来自拉丁语的 part，表示"部分，分开"，单词 part 就表示"部分"的含义，其变形为 port。

【同根词汇】
depart [dɪˈpɑːt] v. 出发，离开
compart [kəmˈpɑːt] vt. 分隔；隔开
partition [pɑːˈtɪʃ(ə)n] n. 划分，分开
particle [ˈpɑːtɪk(ə)l] n. 颗粒，微粒

代言词 impartial

【代言词剖析】
[ɪmˈpɑːʃ(ə)l] 考研/CET6/TOEFL/IELTS
adj. 公平的，公正的，不偏不倚的

同根词 partial 表示局部的；偏爱的，由词根加上了表示形容词的后缀 ial 构成。如果在单词前面加上否定前缀 im，就成了 impartial，词义也变成了公平的，公正的。

常用表达
impartial inquiry 公正调查
impartial society 公平社会

从词根到单词
= im（不，非）+ part（部分）+ ial（形容词后缀）
= 没有偏袒其中一部分的 → 引申一下，就是"公平""公正"的意思。

▶ 前缀扩展
前缀 im，表示"不，非，无"的意思，例如：
impossible adj. 不可能的
impolite adj. 不礼貌的，粗鲁的
immoral adj. 不道德的

▶ 后缀扩展
后缀 ial，是很常见的形容词后缀，例如：
initial adj. 最初的；字首的
financial adj. 金融的
social adj. 社会的；社交的

▶ 高频近义词
fair adj. 公平的，公正的
equal adj. 平等的，相等的
unprejudiced adj. 没有成见的；公平的
equitable adj. 公平的，公正的
disinterested adj. 无私的；公正的

▶ 高频反义词
biased adj. 偏袒的，有失偏颇的
unequal adj. 不公平的，不公正的
unjust adj. 不公平的，不公正的
iniquitous adj. 邪恶的；不公正的

▶ 精选例句
The judge has demanded an impartial investigation. 法官要求一份公正的调查。
Career counselors offer impartial advice to all pupils.
就业指导员们向所有的学生提供无偏见的建议。

词根 pass 165

词根 pass，来自拉丁语的 pass，表示"通过"的意思。

【同根词汇】
passenger [ˈpæsɪndʒə] n. 旅客；乘客
compass [ˈkʌmpəs] n. 指南针；圆规
passport [ˈpɑːspɔːt] n. 护照；通行
trespass [ˈtrespəs] vi. 侵入；犯罪

代言词 compassion

【代言词剖析】
[kəmˈpæʃ(ə)n] 考研/CET6/TOEFL/IELTS
n. 同情，怜悯

empathy（同理心）是人出生后才逐渐拥有的一种心理状态；而 compassion（同情心）则是人生来就有的，可以说是一种本能而不是后天产生的。同理心，是看到某人在受罪，自己就会联想到要是自己也跟他受着同样的罪会有多痛苦。而同情心，则是一看到某人受罪就会觉得他好可怜（而不会由他联想到自己）。不过，同理心往往能够派生出同情心。

常用表达
compassion for someone 对某人的同情
with compassion 报以同情

▶ 从词根到单词
= com（共同）+ pass（通过）+ ion（名词后缀）
= 一起通过，一起走 → 引申一下，就是"同情"的意思。

▶ 前缀扩展
前缀 com，表示"共同"的意思，例如：
common adj. 共同的，共有的
comply v. 顺从，遵守
commit vt. 犯错误

▶ 后缀扩展
后缀 ion，是很常见的名词后缀，例如：
passion n. 热情，激情
nation n. 国家，民族
classification n. 分类

高频近义词
sympathy n. 同情，怜悯
mercy n. 怜悯，慈悲
pity n. 遗憾，怜惜
benevolence n. 仁慈

高频反义词
cruelty n. 残忍，残暴
brutality n. 无情，暴行
mercilessness n. 无情，凉薄

▶ 精选例句
I was shocked by the lawyer's lack of compassion. 我对这个律师如此缺乏同情心感到震惊。
Disabled people need time and compassion from their physicians.
残疾人需要医生的时间和同情心。

词根 pen 166

词根 pen，还有变形是 pun 和 poen。都来自拉丁语的 pun，pen 意为 to punish，即"惩罚"的意思。

【同根词汇】
impunity [ɪmˈpjuːnɪtɪ] n. 不受惩罚；无患；[法]免罚
penance [ˈpenəns] n. 赎罪，苦修
punish [ˈpʌnɪʃ] vt. 惩罚；严厉对待
punishment [ˈpʌnɪʃm(ə)nt] n. 惩罚

代言词 penalty

【代言词剖析】
[ˈpen(ə)ltɪ] 考研/CET6/TOEFL/IELTS
n. 处罚；惩罚；不利；罚球

penalty 一般指法律上的惩罚或体育运动比赛中的处罚，如点球等，而 punishment 泛指各种惩罚，诸如法律、父母、老师以及神的惩罚等。除此之外，penalty 侧重的是刑罚，惩处；fine 可以表示罚款，比如根据交通违章行驶的罚款；forfeit 更侧重的是处罚金，或没收东西。

▶ 从词根到单词
= pen（惩罚）+ al（形容词后缀，……的）+ ty（名词后缀）
= 用来惩罚的东西 → 罚款，罚金。

常用表达
death penalty 死刑
penalty zone 禁区，罚球区

▶ 后缀扩展
第一个后缀是 al，是一个常见的形容词后缀，例如：
exceptional adj. 例外的
congenital adj. 先天的，天生的
continental adj. 大陆的；大陆性的

▶ 后缀扩展
第二个后缀是 ty，是很常见的名词后缀，例如：
facility n. 设备，设施
dignity n. 尊严，高贵
certainty n. 必然；确实

▶ 高频近义词
fine n. 罚款，罚金
amercement n. 罚金
forfeit n. 罚金；没收物

▶ 高频反义词
reward n. 奖励，回报
prize n. 奖品，奖赏
award n. 奖品

▶ 精选例句
Drug dealers face severe penalties.
毒贩面临严厉处罚。
If the old man is convicted, he could receive death penalty.
一旦那个老头定罪，他可能会被判处死刑。

词根 per 167

词根 per，来自拉丁语的 per，意为 to try out，to risk，意为"尝试，冒险"，pir 和 par 都是词根 per 的变形。

【同根词汇】
peril ['perɪl；-r(ə)l] n. 危险；危险物品
imperil [ɪm'perɪl] vt. 危及；使陷于危险
expert ['ekspɜːt] n. 专家；行家
experiment [ɪk'sperɪm(ə)nt] n. 实验，试验
experience [ɪk'spɪərɪəns] vt. 经验；经历

代言词 empirical

【代言词剖析】
[em'pɪrɪk(ə)l；ɪm-] 考研/CET6/TOEFL/IELTS
adj. 经验主义的，完全根据经验的；实证的

平时写论文或其他学术类文章时，会经常用到这个词，完全基于经验的，也就是经验主义的，经过了实证的。

常用表达
empirical data 经验数据
empirical method 经验法

从词根到单词
= em（入，内，配以……）+ pir（尝试，冒险）+ ical（……的）
= 经过内部尝试和实验的，也就是"实证的"，引申为"经验主义的"。

▶ 前缀扩展

前缀 em，表示"入，内，配以"的意思，例如：
embrace *v.* 拥抱，迎接
emphasis *n.* 强调，重点
embody *vt.* 体现，使具体化

▶ 后缀扩展

后缀 ical，是很常见的形容词后缀，例如：
historical *adj.* （有关）历史的
economical *adj.* 经济的，实惠的

▶ 高频近义词

experiential *adj.* 经验的，根据经验上的
pragmatic *adj.* 实用主义的；实际的
realistic *adj.* 现实的；现实主义的

▶ 高频反义词

hypothetical *adj.* 假设的；爱猜想的
theoretical *adj.* 理论的，理论上的
academic *adj.* 学术的；理论的

▶ 精选例句

There is no empirical evidence to support his theory.
没有实证根据来支持他的理论。
His science was generally empirical and not accurate.
他的科学一般来自经验，不太准确。

词根 plat
168

词根 plat，变形有 plan，都表示 flat，即"平坦，平整"的意思。

【同根词汇】
plane [pleɪn] adj. 平的，平面的
platform ['plætfɔːm] n. 平台；月台，站台
plate [pleɪt] n. 盘子，碟
platitude ['plætɪtjuːd] n. 陈词滥调，平凡，陈腐

代言词 plateau

【代言词剖析】
['plætəʊ] 考研/CET6/TOEFL/IELTS
n. 高原；稳定水平；托盘；平顶女帽
vi. 达到平衡；达到稳定时期

plateau 除了表示"高原"之外，还可用于比喻义，指上升或增长后的一段"平稳状态或时期，停滞时期"。

常用表达
reach a plateau 趋于平稳
plateau climate 高原气候

▶ 从词根到单词
= plat（平的）+ eau（法语词汇，diminutifs，小的，是一种爱称）
= 平坦且波动小的 → 引申一下，就是"高原，平原，稳定水平"。

▶ 后缀扩展
后缀 eau，源自法语词汇，例如：
bureau n. 局，处；衣柜
bureaucrat n. 官僚；官僚主义者
bureaucratic adj. 官僚的；官僚政治的

▶ 高频近义词
tableland n. 高原，台地
highland n. 高地；丘陵地带
upland n. 山地，高地

▶ 高频反义词
downfold n. 低洼地
basin n. 水池；盆地
depression n. 沮丧；洼地

▶ 精选例句
The plateau extends for many miles.
高原连绵许多英里。
Mortgage rates declined, then reached a plateau.
抵押价格下跌，然后达到稳定水平。

词根 mark 169

词根 mark，来源于古法语 marquer，变形有 marg 和 march 两个，都表示 sign；boundary，即"标记；边界"的意思。

【同根词汇】

mark [mɑːk] n. 标记
remark [rɪˈmɑːk] v. 评论；注意
margin [ˈmɑːdʒɪn] n. 边缘；利润
march [mɑːtʃ] v. 行军；行进

代言词 remarkable

【代言词剖析】

[rɪˈmɑːkəbl] 考研/CET6/TEM4/TOEFL/IELTS
adj. 非凡的；显著的

remarkable 通常有两个意思，第一种意思是"非凡的，卓越的"，指人或事物因优越而值得被称道；第二种意思是"显著的，显而易见的"。

常用表达

remarkable features 显著特点
remarkable achievement 显著的成就

从词根到单词
= re（重复；再）+ mark（标记）+ able（形容词词缀）
= 值得反复标记的、值得注意的→引申一下，就是"非凡的；显著的"。

▶ 前缀扩展

前缀 re，表示重复。例如：
recall vt. 召回；回想起
regenerate vt. 再生
revive vi. 重生；复兴

▶ 后缀扩展

后缀 able，是一个形容词后缀，表示"可……的"，例如：
dependable adj. 可靠的；可信赖的
recyclable adj. 可回收的；可循环利用的
practicable adj. 可实行的

▶ 高频近义词

outstanding adj. 优秀的；突出的
striking adj. 显著的；吸引人的
noticeable adj. 显著的；显而易见的
preeminent adj. 卓越的；超群的

▶ 高频反义词

unnoticeable adj. 不引人注意的
mediocre adj. 普通的；平凡的
commonplace adj. 平凡的；陈腐的
trite adj. 陈腐的；平庸的

▶ 精选例句

China has witnessed remarkable economic development in the past decades.
在过去几十年间，中国经济发展取得了卓越的进步。
She had a remarkable success in academic work.
她在学术上取得了巨大成功。

词根 memor 170

词根 memor，来源于拉丁语 memorare，表示 memory，即"记忆"的意思。

【同根词汇】

memo ['meməʊ] n. 备忘录
memory ['meməri] n. 记忆
memorize ['meməraɪz] vt. 记住，背熟
remember [rɪ'membə(r)] v. 记得
memorial [mə'mɔːriəl] n. 纪念碑

代言词 commemorate

【代言词剖析】

[kə'meməreɪt] 考研/CET6/TEM4/GRE/TOEFL/IELTS

v. 纪念

Mnemosyne 是希腊神话中的记忆女神。她是天神 Uranus 和大地女神 Gaea 的女儿。相传她是宙斯的情人，生下九个缪斯女神。她通常被描绘成一个托着下巴沉思的女子；有时也被表现为一个接近成年的女性，发饰多珍珠和宝石，用右手的两个前指持着耳垂。Mnemosyne 的名字中包含词根 mneme，而 memor 则是其中一个变体。

▶ 从词根到单词

= com（一起）+ memor（记忆）+ ate（动词后缀）
= 一起记 → 纪念。

常用表达
commemorate the victory 庆祝胜利

▶ 前缀扩展

前缀 com，表示"一起"。例如：
compose vt. 创作；作曲
combat vi. 战斗

▶ 高频近义词

celebrate vt. 庆祝
honor vt. 尊敬
venerate vt. 尊敬；崇拜
immortalize vt. 使不朽

▶ 后缀扩展

后缀 ate，是一个动词后缀，例如：
frustrate vt. 挫败；使灰心
renovate vt. 更新；修复
dictate vt. 命令；口述

▶ 高频反义词

oblivion n. 遗忘；忘却
forget v. 忘记
discard v. 抛弃；丢弃

▶ 精选例句

The monument was built to commemorate the victory.
为了纪念胜利，建造了这座纪念碑。
They celebrate this day to commemorate the brave soldiers.
他们庆祝这天，以纪念英勇的士兵。

词根 min 171

词根 min，来源于拉丁语 minere，表示"伸出，突出"的意思。

【同根词汇】

eminent ['emɪnənt] adj. 著名的；卓越的
prominent ['prɒmɪnənt] adj. 突出的；杰出的
preeminent [prɪ'emɪnənt] adj. 卓越的；出类拔萃的

代言词 imminent

【代言词剖析】

['ɪmɪnənt] CET6/TEM4/GRE/IELTS

adj. 逼近的；即将发生的

imminent 与它的两个近义词 impending（adj. 即将发生的；迫切的）、looming（adj. 隐隐约约的；正在逼近的）一样，多用来形容不好的事物即将发生。

常用表达

imminent danger 迫在眉睫的危险
imminent threat 迫切的威胁

▶ **从词根到单词**

= im（进入）+ min（伸出）+ ent（形容词后缀）
= 伸进来的 → 迫近的；即将到来的。

▶ **前缀扩展**

前缀 im，表示"进入"，例如：
imprison vt. 监禁；关押
impulse n. 冲动
imperil vt. 危及；使陷于危险

▶ **高频近义词**

impending adj. 即将发生的；迫在眉睫的
forthcoming adj. 即将到来的
approaching adj. 接近的

▶ **后缀扩展**

后缀 ent，是一个形容词后缀，例如：
apparent adj. 明显的
innocent adj. 无辜的；清白的
prevalent adj. 流行的；普遍的

▶ **高频反义词**

distant adj. 遥远的；疏远的
remote adj. 遥远的；偏僻的

▶ **精选例句**

The military officer warned that an attack is imminent.
军官警告袭击即将发生。
The young soldier feared imminent death.
年轻的士兵害怕即将来临的死亡。

词根 miss/mit

172

词根 miss/mit，来源于拉丁语 mittere，表示"送，发送"的意思。

【同根词汇】
emit [iˈmɪt] vt. 放射
omit [əˈmɪt] vt. 省略
dismiss [dɪsˈmɪs] vt. 解散；解雇
missile [ˈmɪsaɪl] n. 导弹；投射物
mission [ˈmɪʃ(ə)n] n. 使命，任务
transmission [trænzˈmɪʃ(ə)n] n. 传递；传送

代言词 permission

【代言词剖析】
[pəˈmɪʃn] CET4/TEM4/GRE/IELTS
n. 允许；许可

permission 和 permit 都可以作为名词，表示"许可"，它们的区别在于：permit 为官方签发的"通行证，许可证"，而 permission 通常指口头的"许可"。

▶ 从词根到单词
= per（贯穿；始终）+ miss（发送）+ ion（名词后缀）
= 始终放出→许可。

常用表达
without permission 未经许可
ask for permission 请求许可

▶ **前缀扩展**
前缀 per，表示"贯穿；始终"，例如：
perspective n. 透视；看法
persist vi. 坚持
permeate v. 渗透

▶ **高频近义词**
approval n. 批准；同意
license n. 许可证；执照
concession n. 让步

▶ **后缀扩展**
后缀 ion，是一个名词后缀，例如：
admission n. 承认；许可
translation n. 翻译
administration n. 管理；行政

▶ **高频反义词**
prohibition n. 禁止
veto n. 否决
ban n. 禁令，禁忌

▶ **精选例句**
Don't enter my office without my permission.
没有我的允许不要进入我的办公室。
I have obtained a written permission from the president.
我从校长那里获得了书面许可。

词根 mount 173

词根 mount，来源于拉丁语 mount，表示"山；上升"的意思。

【同根词汇】

mountain ['maʊntən] n. 山
mountainous ['maʊntənəs] adj. 多山的
dismount [dɪs'maʊnt] v. 下马；下车
amount [ə'maʊnt] n. 数量
surmount [sə'maʊnt] vt. 克服，越过

代言词 paramount

【代言词剖析】

['pærəmaʊnt] CET6/GRE/TOEFL/IELTS
adj. 至高无上的；极为重要的

　　paramount 首字母大写时表示"派拉蒙电影公司"，全称为 Paramount Pictures。公司标志是群星环绕雪山，取名为 Paramount 也是用高山比喻派拉蒙电影公司在电影业的地位无人能及。

▶ 从词根到单词

= para（类似）+ mount（山）
= 似山一样高的→至高无上的；极为重要的。

常用表达

paramount clause 最高条款
paramount right 首要权利

▶ 前缀扩展

　　前缀 para，表示"类似"。例如：
paraphrase n. 释义；改写
parallel adj. 平行的

▶ 高频近义词

supreme adj. 最高的；至高无上的
dominant adj. 主要的
chief adj. 主要的；首要的
transcendent adj. 卓越的；超常的

▶ 高频反义词

unimportant adj. 不重要的
trivial adj. 琐碎的；不重要的
frivolous adj. 无聊的；轻佻的；琐碎的
insignificant adj. 无关紧要的

▶ 精选例句

Loyalty is a duty paramount to all others.
忠诚作为一种义务，胜过其他一切。
The reduction of unemployment should be paramount.
降低失业率应是头等大事。

词根 not

174

词根 not，来源于拉丁语 notare，表示"标记；记号"的意思。

【同根词汇】
note [nəʊt] vt. 注意；记录
notice ['nəʊtɪs] v. 注意
denote [dɪ'nəʊt] v. 表示
notorious [nəʊ'tɔːriəs] adj. 臭名昭著的
notification [ˌnəʊtɪfɪ'keɪʃn] n. 通知；通告

代言词 notable

【代言词剖析】
['nəʊtəbl] 考研/CET6/GRE/TOEFL/IELTS
adj. 著名的；显著的 n. 名人；显要人物

notable 有两种词性——形容词和名词。作为形容词时，notable 指"值得注意的；著名的"；作为名词时，notable 用来指"名人；显要人物"。

常用表达
notable improvement 显著的改进
notable feature 显著特征

从词根到单词
= not（标记）+ able（形容词后缀）
= 值得标记的→著名的；显著的。

▶ **后缀扩展**
后缀 able，是一个形容词后缀，例如：
bearable adj. 可忍受的；承受得住的
agreeable adj. 愉快的；和蔼可亲的
considerable adj. 相当大的；可观的

▶ **高频近义词**
remarkable adj. 非凡的；显著的
prominent adj. 突出的；杰出的
striking adj. 显著的
noteworthy adj. 值得注意的；显著的
outstanding adj. 杰出的；显著的

▶ **高频反义词**
ordinary adj. 普通的；平凡的
average adj. 一般的；平均的
obscure adj. 不著名的
mediocre adj. 普通的；平凡的
commonplace adj. 平凡的；陈腐的

▶ **精选例句**
Bad weather caused a notable impact on the local tourism.
恶劣的天气对当地旅游业造成了严重的冲击。
This novel had a notable impact on literature and art.
这本小说对文学和艺术产生了显著的影响。

词根 opt 175

词根 opt，来源于拉丁语 optare，表示"选择"的意思；此外，opt 也是一个源自希腊语的词根，表示"视力"。

【同根词汇】

adopt [əˈdɒpt] v. 采用
option [ˈɒpʃn] n. 选择权
adoption [əˈdɒpʃn] n. 采用；收养
optimistic [ˌɒptɪˈmɪstɪk] adj. 乐观的；乐观主义的
optimism [ˈɒptɪmɪz(ə)m] n. 乐观；乐观主义

代言词 optional

【代言词剖析】

[ˈɒpʃənl] 考研/CET6/GRE/TOEFL/IELTS
adj. 可选择的；随意的，任意的 n. 选修科目

optional 表示"可选择的"之意时，近义词为 elective，通常构成 optional/elective course，即"选修课"。此外，optional 本身就可以作为名词，表示"选修课"。

常用表达
optional course 选修课
optional extra 可选配件

▶ **从词根到单词**
= opt（选择）+ ion（名词后缀）+ al（形容词后缀）
= 可选择的。

▶ **后缀扩展**
第一个后缀是 ion，是一个名词后缀，例如：
concision n. 简洁，简明
mansion n. 大厦
obsession n. 入迷

▶ **后缀扩展**
al 是一个形容词后缀，例如：
environmental adj. 环境的
fundamental adj. 基本的；根本的
natural adj. 自然的

▶ **高频近义词**
voluntary adj. 自愿的
elective adj. 任意选择的；选举的
alternative adj. 供选择的

▶ **高频反义词**
compulsory adj. 强制的；义务的
required adj. 必需的
mandatory adj. 强制的
compulsive adj. 强制的；强迫的

▶ **精选例句**

The goods are optional, but only one.
这些物品是可以任选的，但只能选一个。
English is an optional course to us in the future.
在未来，英语对于我们来说会是选修课。

词根

fund
176

词根 fund，它还有一种变形 found 来源于拉丁语 fundar，表示 base，即"底；基础"的意思。

【同根词汇】
fund [fʌnd] n. 基金；资金
founder [ˈfaʊndə(r)] n. 创立者
profound [prəˈfaʊnd] adj. 深奥的；意义深远的
fundraiser [ˈfʌndˌreɪzə] n. 资金筹集人
foundation [faʊnˈdeɪʃ(ə)n] n. 基础；地基

代言词
fundamental

【代言词剖析】
[ˌfʌndəˈmentl] 考研/CET6/GRE/TOEFL/IELTS
adj. 根本的；基础的，基本的

fundamental 既可以指"基本的；基础的"，还有"根本的"之意。fundamental 的名词形式 fundament 中文释义为"基础；臀部；肛门"。对于"臀部"这一词义，我们可以进行联想类比记忆，bottom（底部）也有此义。

▶ 从词根到单词
= fund（底）+ a（连接字母）+ mental（形容词词缀）
= 底部的 → 基础的。

常用表达
fundamental law 基本规律
fundamental construction 基础建设

▶ 后缀扩展
mental 是一个形容词后缀，例如：
sentimental adj. 多愁善感的；感性的
environmental adj. 环境的
governmental adj. 政府的

▶ 高频近义词
basic adj. 基本的
main adj. 主要的
essential adj. 必要的；重要的
elementary adj. 基本的；初级的
primary adj. 主要的；初级的；基本的

▶ 高频反义词
progressive adj. 进步的；先进的
advanced adj. 先进的；高级的
superior adj. 上级的；优秀的

▶ 精选例句
Reading is a fundamental skill for a student.
对学生来说，阅读是一种基本技巧。
Fresh air is fundamental to good health.
新鲜空气对健康是不可缺少的。

词根 prim

177

词根 prim，来源于拉丁语 primus，表示 first，即"第一；最初"的意思。

【同根词汇】

primate ['praɪmeɪt] n. 灵长目动物
primordial [praɪ'mɔːdiəl] adj. 原始的；最初的
primary ['praɪm(ə)rɪ] adj. 最初的；根本的
primeval [praɪ'miːv(ə)l] adj. 原始的；初期的

代言词 primitive

【代言词剖析】

['prɪmətɪv] 考研/CET6/GRE/TOEFL/IELTS

adj. 原始的；简单的，粗糙的

primitive 主要有两大词义，第一种意思是"原始的"，主要指发展的早期状态；第二种意思是"简单的，粗糙的"，多偏向于纯朴自然之意。

常用表达

primitive accumulation 原始积累
primitive society 原始社会

▶ **从词根到单词**

= prim（最初）+ i（连接字母）+ tive（形容词词缀）
= 最初的→原始的。

▶ **后缀扩展**

后缀 tive，是一个形容词后缀，例如：
instructive adj. 教导性的
attractive adj. 有吸引力的
receptive adj. 善于接受的；能容纳的

▶ **高频近义词**

original adj. 最初的；原始的
elementary adj. 基本的；初级的
pristine adj. 原始的；纯朴的

▶ **高频反义词**

advanced adj. 先进的；高级的
developed adj. 发达的；成熟的
superior adj. 上级的；优秀的

▶ **精选例句**

Computer was pretty primitive at that time.
在那时候，计算机是相当原始的。
Primitive tribes lived by fishing, hunting and gathering.
原始部落靠渔猎、采集为生。

词根 plen

178

词根 plen，来源于拉丁语形容词 plenus 的词干部分，同源词根还有 ple，plet，pli，ply 等，表示 full，即"充满的"的意思。

【同根词汇】

plenary ['pliːnəri] adj. 绝对的；全权的
replenish [rɪ'plenɪʃ] v. 再装满
deplenish [dɪ'plenɪʃ] vt. 弄空；使枯竭
supplement ['sʌplɪmənt] v. 补充
complement ['kɒmplɪm(ə)nt] n. 补足，补全
plentitude ['plentɪtjuːd] n. 丰富，充足

代言词 plentiful

【代言词剖析】

['plentɪfl] 考研/CET6/GRE/TOEFL/IELTS

adj. 丰富的

plentiful 的近义词中，abundant 指"极为丰富的"或"有大量供应的"，有时暗示由于过量而导致挥霍浪费；plentiful 指"充足；丰富"，但不过剩；ample 指"充裕"，不仅足够还会有多余。

从词根到单词

= plen（满）+ ty（表名词）+ ful（形容词词缀）
= 充满的→丰富的。

常用表达

plentiful harvest 好收成
plentiful supply 大量供应

后缀扩展

第一个后缀是 ty，是一个名词后缀，例如：
empty adj. 空的；无意义的
rigidity n. 强直，僵硬
speciality n. 特征；专业

高频近义词

abundant adj. 丰富的；充足的
ample adj. 丰富的
affluent adj. 富裕的；丰富的
lavish adj. 丰富的；浪费的

后缀扩展

第二根后缀是 ful，是一个形容词后缀，例如：
skillful adj. 熟练的
successful adj. 成功的
powerful adj. 强大的；强有力的

高频反义词

inadequate adj. 不充足的
scant adj. 缺乏的；不足的
deficient adj. 不足的；不充分的
inadequate adj. 不充分的

精选例句

Rainfall is plentiful in this area.
这个地区雨量充足。
Hydrogen is the most plentiful element in the universe.
氢是宇宙中含量最丰富的物质。

词根 tour 179

词根 tour，来源于法语 touner；它还有一个同义词根 torn，来源于拉丁词 tornare，都表示的 turn，即"旋转"的意思。

【同根词汇】

tourist ['tʊərɪst] n. 旅行者，观光客
detour ['diːtʊə(r)] v. 绕路 n. 绕行路线
contour ['kɒntʊə(r)] n. 轮廓
tourism ['tʊərɪzəm] n. 旅游业

代言词 tournament

【代言词剖析】

['tʊənəmənt] 考研/CET6/GRE/TOEFL/IELTS
n. 锦标赛；比赛

除了 tournament 之外，sport, game, match, play 这几个词都可以表示比赛，但它们的适用范围不同。sport 一般指体力运动，如爬山、滑水、钓鱼等；game 指常有一定的规则，而且决定胜负的脑力或体力劳动的"竞技"；match 多指网球、足球、高尔夫球等运动项目的比赛，常用在英国；play 泛指无目的或结果的消遣或娱乐活动；tournament 指通过不同级别的比赛而夺魁的体育项目，"比赛""锦标赛""联赛"。

常用表达

open tournament 公开赛
tournament committee 竞赛委员会

▶ 从词根到单词

= torn（旋转）+ a（连接字母）+ ment（名词词缀）
= 转着轮流比赛→联赛。

▶ 后缀扩展

后缀 ment，是一个名词后缀，例如：
argument n. 争论；论点
equipment n. 设备；装备
movement n. 移动

▶ 高频近义词

competition n. 比赛；竞争
contest n. 比赛，竞赛
tourney n. 锦标赛
match n. 比赛，竞赛

▶ 精选例句

They dropped two games in a row and were eliminated from the tournament.
他们连输了两场比赛，被淘汰出局了。
His victory in the tournament earned him $3,000.
他在这次锦标赛中获胜，挣得了 3 千美元。

词根 loc 180

词根 loc，来源于拉丁语 loc，表示 place，即"地方；方位"的意思。

【同根词汇】

local [ˈləʊk(ə)l] *adj.* 地方的；局部的
locale [ləʊˈkɑːl] *n.* 现场
locomotive [ləʊkəˈməʊtɪv] *n.* 机车；火车头
dislocate [ˈdɪsləkeɪt] *v.* 使脱臼；使混乱
localise [ˈləʊkəlaɪz] *v.* 使局部化；使具有地方色彩

代言词 allocate

【代言词剖析】

[ˈæləkeɪt] 考研/CET6/GRE/TOEFL/IELTS

v. 分配

allocate 主要用于金钱、财产、权利、领土等方面的分配，强调分配的专门对象、数额和用途。allocate 的近义词中，assign 指按照某种原则进行的硬性分配，不一定是很公平的；distribute 通常指以整体或定量分为若干份来分配；divide 有"平均分配"之意。

常用表达

allocate funds 拨款；分配资金
fund allocation 基金分配

▶ **从词根到单词**

= al（加强）+ loc（地方）+ ate（动词词缀）
= 把东西放在某个地方 → 引申一下，就是"分配"。

▶ **前缀扩展**

前缀 al，是 ad 的变体，表示加强。例如：
alone *adj.* 独自的
almost *adv.* 几乎

▶ **后缀扩展**

后缀 ate，除了是一个动词后缀，还可以表示名词和形容词，例如：
differentiate *v.* 区分；区别
innate *adj.* 生来的，天赋的
candidate *n.* 候选人

▶ **高频近义词**

distribute *v.* 分配
assign *v.* 布置；分配
divide *v.* 分；划分

▶ **高频反义词**

gather *v.* 聚集；收集
converge *v.* 汇聚；集中
concentrate *vi.* 集中；浓缩

▶ **精选例句**

Tickets are limited and will be allocated to those who apply first.
票数有限，将分配给那些先申请的人。
You must allocate the money carefully.
你们必须谨慎地分配钱。

词根 liter 181

词根 liter，来源于拉丁语 liter，表示 letter，即"字母；文字"的意思。

【同根词汇】

literacy [ˈlɪt(ə)rəsɪ] n. 读写能力；精通文学
illiterate [ɪˈlɪtərət] adj. 文盲的；不识字的
obliterate [əˈblɪtəreɪt] v. 擦去；除去
literal [ˈlɪtərəl] adj. 逐字的；字面的
literature [ˈlɪt(ə)rətʃə] n. 文学；文献
transliteration [ˌtrænzlɪtəˈreɪʃn] n. 音译

代言词 literate

【代言词剖析】

[ˈlɪtərət] 考研/CET6/GRE/TOEFL/IELTS

adj. 有读写能力的；识字的

literate 除了可以指"有读写能力的；受过教育的"，还可以用来形容通晓某领域的，构成合成词，比如 computer-literate（能够熟练使用电脑的）。

常用表达

literate population 受过教育的人
literate level 文化层次

▶ **从词根到单词**

= liter（文字）+ ate（形容词词缀）
= 识字的；受过教育的。

▶ **后缀扩展**

后缀 ate，在这里作为形容词后缀，例如：

considerate *adj.* 考虑周到的；体贴的
inveterate *adj.* 根深蒂固的
moderate *adj.* 温和的；适度的
illegitimate *adj.* 非法的；私生的

▶ **高频近义词**

learned *adj.* 有学问的；博学的
cultured *adj.* 有教养的
informed *adj.* 见多识广的
knowledgeable *adj.* 知识渊博，有知识的
resourceful *adj.* 资源丰富的；足智多谋的

▶ **高频反义词**

illiterate *adj.* 文盲的
ignorant *adj.* 无知的；愚昧的
uneducated *adj.* 无知的；未受教育的
unenlightened *adj.* 落后的；无知的

▶ **精选例句**

Over one-quarter of the adult population are not fully literate.
四分之一以上的成年人读写能力不达标。
The old man has to ask a literate to read the letter.
这位老人不得不找个能识字的人来读信。

词根 plor 182

词根 plor，来源于拉丁语 plorare，表示 to weep, cry out，即"哭泣；呼喊"的意思。

【同根词汇】
deplore [dɪ'plɔː(r)] v. 悲悼，哀叹；谴责
explore [ɪk'splɔː(r)] v. 考察；探讨
deplorable [dɪ'plɔːrəbl] adj. 糟糕的；恶劣的；应受谴责的

代言词 implore

【代言词剖析】
[ɪm'plɔː(r)] CET6/TEM8/GRE
v. 恳求；乞求；哀求

这个单词一般用来表示"迫切、焦急或绝望地恳求或哀求"，带有强烈的感情色彩。和同义词 beg 对比，implore 的语气更加正式，beg 常含低三下四的意味。

常用表达
implore sb to do sth
恳求某人做某事

从词根到单词
= im（进入）+ plore（哭泣）
= 进入哭喊状态→恳求；乞求。

▶ **前缀扩展**
前缀 im，同 in，表示"向内，进入"，例如：
impel v. 驱使；推动；激励
implicit adj. 含蓄的；绝对的
impulse n. 冲动；动机

▶ **高频近义词**
plead v. 恳求，请求
appeal v. 呼吁，恳求
pray v. 祈祷；恳求；央求
request v. 请求

▶ **精选例句**
John implored his parents not to send him away to school.
约翰哀求父母不要送他上学。
She implored the soldiers to save her child.
她恳求那些士兵救救她的孩子。

词根 polic 183

词根 polic，来源于希腊语的 polit，表示 city，state，即"国家；城市"，polit 和 polis 是它的变形。

【同根词汇】

police [pəˈliːs] n. 警方；警察；监督
policy [ˈpɒləsɪ] n. 政策，方针
politics [ˈpɒlətɪks] n. 政治；政治事务
cosmopolis [kɒzˈmɒpəlɪs] n. 大都市
metropolitan [ˌmetrəˈpɒlɪt(ə)n] adj. 大都市的

代言词 politician

[ˌpɒləˈtɪʃn] 考研 / CET4 / TEM4
n. 从政者；政治家

【代言词剖析】

这个单词一般用来表示从事于政治的政治家，有时候带有贬义，相当于中文的"政客"，暗含"政治阴谋家"的意味。politician 的同义词是 statesman，statesman 的意思更加正面，表示"（有才能，有远见的）政治家"。

▶ 从词根到单词
= polit（城市；国家）+ ician（名词后缀）
= 从事国家相关事务的人→从政者，政治家。

常用表达

a leading/prominent politician 杰出的政治家
a veteran/shrewd/consummate politician 资深的/精明的/手段高明的政治家

▶ 后缀扩展

后缀 ician，常用来构成名词，表示"从事某个职业的人；专家；能手"，例如：
musician n. 音乐家
magician n. 魔术师，变戏法的人
technician n. 技术人员，专家

▶ 高频近义词

statesman n. 政治家
senator n. 参议员
councillor n. 议员；顾问
legislator n. 立法者

▶ 精选例句

The politician gave an equivocal answer.
那政客的答复模棱两可。
The newspaper cast aspersions on the politician.
该报纸诬蔑了这名政治家。

词根 press 184

词根 press，来源于拉丁语 pressare，表示 push against, exert pressure，即"按；压"。单词 press 直接来源于这个拉丁词根，表示"按；压；施加压力"的意思，引申的名词含义表示"报纸；印刷"。

【同根词汇】
compress [kəmˈpres] v. 使压缩；使简练
express [ɪkˈspres] v. 表达；表露
suppress [səˈpres] v. 镇压；平定；抑制
oppress [əˈpres] vt. 压迫，压抑
depression [dɪˈpreʃ(ə)n] n. 不景气；沮丧；萧条

代言词 impressive

【代言词剖析】
[ɪmˈpresɪv] 考研/CET6/CET4/TOEFL/IELTS
adj. 令人敬佩的；给人印象深刻的。

这个单词一般是用来表示由于某个事物或者人非常优秀而给人留下深刻印象，用于非常正面积极的语境中。副词 impressively 表示"令人印象深刻地"。

常用表达
find sth impressive 觉得某事令人赞叹
enormously/extremely/truly impressive 非常难以忘怀；留下极其深刻的印象

从词根到单词
= im（向内；进入）+ press（按；压）+ ive（有……作用的）
= 向内按压，进入心里的→让人记住的；印象深刻的

▶ **前缀扩展**
前缀 im，表示"向内；进入"，例如：
imprison v. 监禁；
import v. 输入；引进
immigrate v. 移居，移入

▶ **后缀扩展**
后缀 ive，常用来构成形容词，表示"有……作用的；有……性质的"，例如：
selective adj. 选择性的；有选择的
attractive adj. 吸引的，有吸引力的，诱人的
creative adj. 创造性的，有创造力的

▶ **高频近义词**
magnificent adj. 壮丽的；宏伟的；值得赞扬的
admirable adj. 令人称赞的；令人钦佩的
outstanding adj. 优秀的；重要的；出色的

▶ **高频反义词**
ordinary adj. 普通的；平常的；平凡的
mediocre adj. 中等的，普通的
conventional adj. 墨守成规的；普通平凡的

▶ **精选例句**
The film's special effects are particularly impressive.
那部电影的特效尤其令人赞叹。
No one can deny his impressive achievement.
他的伟大成就是谁也不能否定的。

词根 priv 185

词根 priv，来源于拉丁语 privus，变形是 privi，都表示 one's own, individual，即"个人，私人"的意思。

【同根词汇】

private ['praɪvət] *adj.* 私人的；自用的；内心的
privacy ['prɪvəsɪ] *n.* 隐私；秘密
deprive [dɪ'praɪv] *v.* 剥夺，夺去，使丧失
privileged ['prɪvəlɪdʒd] *adj.* 享有特权的；有特别恩典的

代言词 privilege

【代言词剖析】

['prɪvəlɪdʒ] 考研/CET6/CET4/GRE/TOEFL/IELTS

n. 特权，特殊待遇；荣幸；荣耀 *v.* 给予特权；特别优待

privilege 来源于词根 priv，表示仅仅为个人或少数人设立的特权或优待，还可以用在贬义语境中，意指只有有钱有势者才能享有的特殊待遇。privilege 还可以表示很荣幸做某事。除了做名词外，privilege 做动词，表示给予某人特权和优待。

常用表达

exclusive/special privilege 专有特权
enjoy/exercise privilege 享有/行使特权
revoke/withdraw privilege 取消/收回特权

▶ **从词根到单词**

= priv（个人的）+ lege（法律）
= 法律赋予个人的权利→特权。

▶ **词根扩展**

还有一个词根是 lege, lig, leag, lect, legis 都是其变形，表示法律的含义，例如：

legal *adj.* 法律的；合法的
legatee *n.* 遗产受赠人
legitimate *adj.* 合法的；正当的

▶ **高频近义词**

priority *n.* 优先；优先权
franchise *n.* 特权；选举权
entitlement *n.* 权利，资格
advantage *n.* 有利条件；有利因素；优势

▶ **高频反义词**

impartial *adj.* 公平的，公正的
justice *n.* 正义
equality *n.* 平等

▶ **精选例句**

The president never abuses her privilege.
总统从不滥用特权。

Only the privileged few can afford private education.
只有享有特权的少数人才能上得起私立学校。

词根 proper

186

词根 proper，来源于拉丁语 proprius，该词根有两层含义，一是 individual，one's own，表示"个人的；某人自己的"；二是 adapted to some purpose，fit，表示"合适的；适当的"。propr 和 propri 是它的两个变形。

【同根词汇】

proper**ty** [ˈprɒpəti] n. 财产；所有物
propriety [prəˈpraɪəti] n. 适当；正当；妥当
ex**propri**ate [eksˈprəʊprieɪt] v. 征收，征用
im**proper** [ɪmˈprɒpə(r)] adj. 不合适的；不正确的

代言词
ap**propri**ate

【代言词剖析】

[əˈprəʊpriət, əˈprəʊprieɪt] 考研/CET6/CET4/GRE/TOEFL/IELTS
adj. 恰当的；合适的，适当的 v. 私占，盗用，挪用；拨专款

appropriate 来源于词根 proper，词根的两层含义也体现在了这个单词中。appropriate 的形容词词义是表示适合于某种特别的情况，暗含"恰如其分"的含义；appropriate 的动词词义有两个意思，一是表示没有允许私自拿走东西为己用；二是拨一笔款项用于某种用途，同义词是 allocate。

从词根到单词
= ap（加强语气）+ propri（个人的；恰当的）+ ate（法律）
= 法律赋予个人的权利→特权。

常用表达
consider/think/deem sth appropriate 视某事物为合适
appropriate time/place 合适的时机/场合

▶ 前缀扩展
前缀 ap，表示"一再"，加强语气，例如：
appoint v. 任命；指定；约定
appear v. 出现，显现
apparent adj. 显然的；表面上的

▶ 高频近义词
suitable adj. 适当的；相配的
apt adj. 恰当的，适宜的
embezzle v. 盗用；挪用；贪污
desirable adj. 令人满意的；值得要的

▶ 后缀扩展
后缀 ate，构成形容词，表示"有……性质的，具有……的。构成动词表示：做……，造成……"。比如：
illegitimate adj. 不合法的；私生的
considerate adj. 体贴的，体谅的

▶ 高频近义词
irrelevant adj. 不相关的；不切题的
improper adj. 不合适的，不适当的
unfit adj. 不适宜的；不合格的

▶ 精选例句

You should take appropriate action immediately.
你们应该立刻采取恰当的行动。
The secretary is suspected of appropriating club funds.
秘书被怀疑挪用俱乐部资金。

词根 put 187

词根 put，来源于拉丁语 putare，表示 to put; to count; to think，即"放；计算；思考"的意思。computer（计算机）即来源于该词源。

【同根词汇】
compute [kəmˈpjuːt] v. 计算；估算
dispute [dɪˈspjuːt] v. 争论
disputable [dɪˈspjuːtəbl] adj. 可争辩的；可商榷的
impute [ɪmˈpjuːt] v. 归罪于，归咎于；嫁祸于
deputy [ˈdepjʊtɪ] n. 代理人，代表

代言词 reputation

【代言词剖析】
[ˌrepjʊˈteɪʃn] 考研/CET6/CET4/GRE/IELTS
n. 名声；名望；声誉

reputation 来源于词根 put，表示别人反复对一个人的考量和评价，不一定指好的名声，例如：reputation for being late（出了名的爱迟到）。reputation 还可以表示某人或某物因为拥有某一项技能或者特质而出名。

从词根到单词
= re（一再；重复）+ put（计算；思考）+ aion
= 再让人重新想起的事物 → 名声。

常用表达
earn/gain/establish a reputation as sth 以……而著称
live up to one's reputation 名副其实

前缀扩展
前缀 re，表示"一再；重复"，例如：
reappear *v.* 再出现
reclaim *v.* 取回；拿回；要求归还
recompense *v.* 赔偿；补偿；报酬

高频近义词
celebrity *n.* 名声，名誉
fame *n.* 名声，名望
esteem *n.* 尊重；敬重；好评
renown *n.* 声誉；名望
prestige *n.* 威望，声望；声誉

后缀扩展
后缀 ion，常见的名词后缀，构成抽象名词，表示：结果、情况、状态，例如：
connection *n.* 联系；关联；连接
election *n.* 选举，当选，推举

高频反义词
dishonor *n.* 屈辱；名声败坏
disrepute *n.* 丧失名誉，坏名声
notorious *adj.* 声名狼藉的，臭名昭著的

精选例句
That lawyer has a reputation for being strict but fair.
那个律师以严格、公正著称。
The scandal left a mark on her reputation.
那件丑事玷污了她的名声。

词根 quiet

188

词根 quiet，来源于拉丁语 quietus，表示 calm, at rest, free from conflict，即"平静；休息；平和"的意思。qui 是其变形词根。

【同根词汇】
tranquil [ˈtræŋkwɪl] adj. 安静的，平静的
disquiet [dɪsˈkwaɪət] n. 不安；忧虑；烦恼
tranquillity [træŋˈkwɪlɪtɪ] n. 平静，宁静
quiescent [kwɪˈesnt] adj. 不活动的，静态的

代言词
acquiesce

【代言词剖析】
[ˌækwiˈes] GRE/TEM8
v. 默许，默认；顺从

acquiesce 来源于词根 qui，表示默然接受某事，并且暗含不情愿的意味，相当于 accept sth with unwillingness。该单词只能用作不及物动词，后面要接介词 in 或者 to。

常用表达
acquiesce in/to 默认某事

▶ 从词根到单词
= ac（加强语气）+ qui（平和；平静）+ esce
= 进入和平的状态→默许；同意。

▶ 前缀扩展
前缀 ac，表示"去；往；使……"，例如：
accomplish v. 完成
accommodate v. 使适应，顺应
accustom v. 使习惯于

▶ 后缀扩展
后缀 esce，常见的动词后缀，表示"开始，逐渐成为"，例如：
evanesce v. 消散；逐渐看不见
coalesce v. 合并；联合；结合
senesce v. 开始衰老

▶ 高频近义词
accede v. 同意，答应
assent v. 同意，赞成
conform v. 顺从，顺应
consent vi. 同意；赞成

▶ 高频反义词
deny v. 拒绝承认；拒绝接受
reject v. 拒绝；抵制
disapprove v. 不赞成；不同意

▶ 精选例句
Unwillingly, we acquiesced to the projects.
虽然很不情愿，我们还是默认了这个项目。
The company seemed to acquiesce in the project.
公司好像默认了这个项目。

词根 tim 189

词根 tim，来源于拉丁语 timere，表示"害怕"的意思。

【同根词汇】
tim**id** [ˈtɪmɪd] *adj.* 胆怯的
tim**idity** [tɪˈmɪdəti] *n.* 胆怯；胆小
in**tim**idation [ɪnˌtɪmɪˈdeɪʃn] *n.* 恐吓

代言词 intimidate

【代言词剖析】
[ɪnˈtɪmɪdeɪt] 考研/CET4/GRE/IELTS
v. 恐吓；威胁

　　frighten 和 intimidate 都有"恐吓"的意思，拥有一个共同的常用结构 frighten/intimidate sb into doing sth。与 frighten 相比，intimidate 更为正式，语气更强，尤指用暴力和武力威胁或胁迫他人。

▶ **从词根到单词**
＝ in（进入）＋ timid（害怕的）＋ ate（动词后缀）
＝ 使陷入害怕→恐吓，威胁。

常用表达
intimidate sb into sth
恐吓某人做某事
intimidate sb into doing sth
威胁某人做某事

▶ **前缀扩展**
　　前缀 in，表示"进入"。例如：
inhabit *vt.* 栖息；居住于
induce *vt.* 引起
invade *vt.* 侵略；侵袭

▶ **高频近义词**
frighten *v.* 吓唬
threaten *v.* 威胁
bully *v.* 欺负；恐吓

▶ **后缀扩展**
　　后缀 ate，是一个动词后缀，例如：
estimate *vt.* 估计
calculate *vi.* 计算
motivate *vt.* 激发

▶ **高频反义词**
relax *v.* 放松
pacify *vt.* 使平静；安慰
console *vt.* 安慰；慰藉

▶ **精选例句**
He tried to intimidate the young people into voting for him.
他试图胁迫年轻人投票给他。
They tried to intimidate her into doing what they wanted.
他们试图胁迫她，让她按他们的要求去做。

词根 tom 190

词根 tom，来源于希腊语 tomos，表示"切割"的意思。

【同根词汇】

tome [təʊm] n. 册；大本书
anatomy [ə'nætəmi] n. 解剖
atom ['ætəm] n. 原子
epitome [ɪ'pɪtəmi] n. 缩影

代言词
epitomize

【代言词剖析】

[ɪ'pɪtəmaɪz] GRE/TEM8

v. 概括；成为典范

epitomize 主要有两种意思，"概括"和"是……的典型"。作为"概括"使用时，相当于 summarize（vt. 总结；概述）；作为"是……的典型"时，相当于 embody（vt. 体现，使具体化）和 exemplify（vt. 例证；例示）。

常用表达

epitomize quality/characteristic
体现品质/特色
epitomize an idea/argument
概括想法/论点

▶ **从词根到单词**

= epi（在……上面）+ tom（切割）+ ize（动词后缀）
= 从上面切开得到核心→概括。

▶ **前缀扩展**

前缀 epi，表示"在……上面"。例如：
epidemic n. 流行病
episode n. 插曲
epigram n. 警句

▶ **高频近义词**

abstract vi. 做摘要；写梗概
summarize vt. 概括
generalize vt. 概括；归纳

▶ **后缀扩展**

后缀 ize，是一个动词后缀，例如：
modernize vt. 使现代化
emphasize vt. 强调
analyze vt. 分析

▶ **高频反义词**

specify vt. 详细说明
extend vt. 扩展
disperse vt. 分散；使散开
scatter vi. 分散，散开

▶ **精选例句**

She epitomizes responsibility as a mother.
她的身上集中体现了作为一名母亲的责任感。
Please epitomize the general idea of this passage.
请概括出本文的大意。

词根 tribut 191

词根 tribut，来源于拉丁语 tribuere，表示"给予"的意思。

【同根词汇】

tribute ['trɪbjuːt] n. 敬意
contribute [kən'trɪbjuːt] vt. 贡献；投稿；捐献
attribute ['ætrɪbjuːt] vt. 把……归于
distribute [dɪ'strɪbjuːt] v. 分配；分布

代言词 contribution

【代言词剖析】

[ˌkɒntrɪ'bjuːʃn] 考研/CET4/TEM4/IELTS

n. 贡献；捐款（赠）；投稿

contribution 作为 contribute 的名词形式，除了最常见的"贡献"的意思之外，还可以指"捐献"以及"投稿"。contribute 另一个名词形式为 contributor，意思是"贡献者；捐献者；投稿者"。

从词根到单词

= con（完全）+ tribut（给予）+ ion（名词后缀）
= 完全给予别人→贡献。

常用表达
make a contribution to 对……做贡献
academic contribution 学术贡献

▶ 前缀扩展
前缀 con，是 com 的变形，表示"完全"。例如：
confirm vt. 证实
consolidate vt. 巩固
conclude vt. 结束

▶ 高频近义词
donation n. 捐赠
dedication n. 奉献

▶ 后缀扩展
后缀 ion，是一个名词后缀，例如：
demonstration n. 示范；实证
exclusion n. 排除
prescription n. 处方

▶ 高频反义词
demand n. 需求；要求
claim v. 要求；索要
extort vt. 敲诈，勒索
requirement n. 要求

▶ 精选例句

Don't undervalue Jim's contribution to the research.
不要低估了吉姆在该项研究中的贡献。
He has made an important contribution to the company's success.
他对公司的成功做出了重要的贡献。

词根 turb 192

词根 turb，来源于拉丁语 turbare，表示"搅动"的意思。

【同根词汇】

turbine ['tɜːbaɪn] n. 涡轮
disturb [dɪ'stɜːb] v. 扰乱
turmoil ['tɜːmɔɪl] n. 混乱
turbulent ['tɜːbjələnt] adj. 动荡的

代言词
disturbance

【代言词剖析】

[dɪ'stɜːbəns] 考研/CET6/TOEFL/IELTS

n. 扰乱；骚动

disturbance 既可以指外部干扰，也可以指内在的情绪困扰。confusion 指东西混在一起，凌乱得难以辨认，也可指思维混乱；disorder 可以指事物因失去原有的秩序而造成混乱，也可指社会中的动乱或骚乱。

常用表达
continuous disturbance 持续骚乱
political disturbance 政治动乱

▶ **从词根到单词**
= dis（分开）+ turb（搅动）+ ance（名词后缀）
= 搅动分开了 → 扰乱。

▶ **前缀扩展**
前缀 dis，表示"分开"。例如：
distract vt. 分散；转移
discard vt. 抛弃；丢失
dispense vt. 分配

▶ **高频近义词**
distraction n. 分心，注意力分散
tumult n. 骚乱
commotion n. 骚动；暴乱
riot n. 暴乱；放纵

▶ **后缀扩展**
后缀 ance，是一个名词后缀，例如：
reliance n. 信赖
resemblance n. 相似
endurance n. 忍耐

▶ **高频反义词**
tranquility n. 宁静；平静
serenity n. 平静，宁静

▶ **精选例句**

Patients require quiet, peaceful environment with as little disturbance as possible.
病人需要安静的环境，干扰越少越好。

Tom was charged with causing public disturbance.
汤姆因引起公众骚乱而受到指控。

词根 vag 193

词根 vag，变形为 vog，来源于拉丁语 vagus，意思是"漫游"。

【同根词汇】

vague [veɪg] adj. 模糊的
vagueness [ˈveɪgnəs] n. 模糊
vagrancy [ˈveɪgr(ə)nsɪ] n. 流浪；漂泊
vagarious [vəˈgeərɪəs] adj. 异想天开的；奇特的
extravagance [ɪkˈstrævəgəns] n. 铺张浪费

代言词 extravagant

常用表达

extravagant praise 溢美之词
extravagant demands 过分的要求

【代言词剖析】

[ɪkˈstrævəgənt] 考研/CET6/TEM4/IELTS
adj. 奢侈的；浪费的

extravagant 带贬义，既可指人的行为或习惯极为奢侈、铺张浪费，也可指人的思想、行为、表达感情的方式缺乏理智，不合情理。

▶ **从词根到单词**
= extra（在……之外）+ vag（漫游）+ ant（形容词后缀）
= 消费行为走出范围之外的→奢侈的。

▶ **前缀扩展**

前缀 extra，表示"在……之外"。例如：
extraordinary adj. 非凡的
extracurricular adj. 课外的；业余的
extramarital adj. 婚外的

▶ **高频近义词**

excessive adj. 过分的；过多的
luxurious adj. 奢华的
lavish adj. 浪费的
immoderate adj. 无节制的，过度的

▶ **后缀扩展**

后缀 ant，是一个形容词后缀，例如：
vacant adj. 空的；空虚的
resistant adj. 抵抗的
abundant adj. 丰富的

▶ **高频反义词**

frugal adj. 节俭的
thrifty adj. 节约的
prudent adj. 谨慎的；节俭的

▶ **精选例句**

The day they left Tim prepared extravagant presents for them.
在他们离开的当天，蒂姆为他们准备了奢侈的礼物。
Stone practices frugality, while Tina pursues an extravagant lifestyle.
斯通厉行节俭，而蒂娜却追求奢华的生活。

词根 vuls
194

词根 vuls，变形为 vult，来源于拉丁语 vulnus，表示"撕；扯"。

【同根词汇】
convulse [kən'vʌls] vt. 使震动；使抽搐
convulsion [kən'vʌlʃn] n. 抽搐；震动
vulture ['vʌltʃə(r)] n. 秃鹰

代言词 revulsion

【代言词剖析】
[rɪ'vʌlʃn] TEM8/GRE
n. 剧变；严重的厌恶；剧烈的反应

revulsion 作为"剧变"之意时，通常指情感上的突然变化。中文里的"剧变"更多用来指政治方面，对应的单词是 upheaval（n. 剧变；隆起）。

常用表达
revulsion stage 剧变阶段
instinctive revulsion 本能的反感

从词根到单词
= re（回，向后）+ vuls（拉，扯）+ ion（名词后缀）
= 向后拉→强烈反感。

▶ **前缀扩展**
前缀 re，表示"回，向后"。例如：
retreat vi. 撤退
reset v. 重新安放
repel vt. 排斥

▶ **高频近义词**
aversion n. 憎恶；反感
disgust vt. 使厌恶
abomination n. 厌恶；憎恨
hatred n. 憎恨；怨恨

▶ **后缀扩展**
后缀 ion，是一个名词后缀，例如：
expansion n. 膨胀；扩展
possession n. 拥有，占有
obligation n. 责任；债务

▶ **高频反义词**
crush n. 迷恋
adore vt. 崇拜；爱慕
obsession n. 痴迷

▶ **精选例句**

This is the period of revulsion.
这是一段充满剧变的时期。
The woman's cry was filled with panic and revulsion.
这个女人的哭喊声中充满着恐慌与反感。

词根 viv 195

词根 viv，来源于拉丁语 vivere，有 vit、vig 两种变形，表示"生活"。

【同根词汇】

vivid ['vɪvɪd] *adj.* 生动的
survive [sə'vaɪv] *v.* 幸存；生还
revive [rɪ'vaɪv] *vi.* 重生；唤醒
revival [rɪ'vaɪv(ə)l] *n.* 复兴；复活
vital ['vaɪtl] *adj.* 至关重要的

代言词 survival

【代言词剖析】

[sə'vaɪvl] 考研/CET6/TOEFL/IELTS

n. 幸存；幸存者；生存

　　survival 有两种含义——既可以指人或物的"生存，存活"，也可以指幸存者、残余物。survival 对应的动词形式为 survive，既可以作及物动词，也可以作不及物动词。如"在地震中幸存"，既可以说 survive in the earthquake，也可以说 survive the earthquake。

▶ **从词根到单词**

= sur（超过）+ viv（生活）+ al（名词后缀）
= 经过不幸后活着→生存。

常用表达

survival rate 存活率
survival training 生存训练

▶ **前缀扩展**

　　前缀 sur，表示"超过，在……上面"。例如：
surpass *vt.* 超越
surface *n.* 表面
surmount *vt.* 克服

▶ **高频近义词**

existence *n.* 存在；生存
remain *n.* 剩余物；遗迹
remnant *n.* 残余物；残存者

▶ **后缀扩展**

　　后缀 al，此处为名词后缀，例如：
hospital *n.* 医院
rival *n.* 对手
refusal *n.* 拒绝

▶ **高频反义词**

extermination *n.* 消灭；根绝
devastation *n.* 毁坏，荒废
extinction *n.* 消失

▶ **精选例句**

Companies are struggling for survival in the recession.
各大公司在萧条期中挣扎求生。
Hopes are fading for the survival of the missing passengers.
失踪的乘客幸存的希望越来越渺茫。

词根 ject

196

词根 ject，来源于拉丁语 jacere，表示 throw, hurl，即"投，扔，丢"的意思。它还有两个变形 ja、jet，单词 jet 是"喷气飞机，发动机往后喷气"，昂 throw the gas out 的意思。

【同根词汇】

eject [ɪˈdʒekt] vt. 喷射；驱逐
reject [rɪˈdʒekt] vt. 拒绝；排斥
object [ˈɒbdʒɪkt] n. 物体；目标 v. 反对
adjective [ˈædʒɪktɪv] adj. 附加的 n. 形容词
conjecture [kənˈdʒektʃə(r)] n. 推测；猜想 vi. 推测
projection [prəˈdʒekʃn] n. 投射；规划；突出

代言词 interject

【代言词剖析】

[ˌɪntəˈdʒekt] 考研/CET4/CET6/GRE/TOEFL/IELTS

vt.（突然）插入，插话；打断

这个单词的意思是"打断（别人的讲话），插嘴，插话，插入"，常常用来表示突然插话。该单词既可以由说话人自己说出来，用以引起接下来要说的话，也可以用在他人叙述中。

▶ 从词根到单词

= inter（= between，在……之间）+ ject（扔）→某某在交流时把话扔向他们，打断他们的交流→突然插话。

常用表达

interject sth into... 把某物插入

▶ 前缀扩展

前缀 inert，表示"在……之间，相互的"的意思，例如：
intelligent a. 有才智的，聪明的
interfere v. 干预；干涉
interview n. 会见，会谈
interflow n. 交流，互通

▶ 高频近义词

interrupt vt. 打断；阻止
insert vt. 插入；嵌入
interpose vi. 干预；插入
intervene vi. 干涉；调停；插入

▶ 精选例句

"You're wrong." interjected Susan.
"你错了。"苏珊插嘴说。
He interjected the odd question here and there.
他时不时地打断谈话问那个古怪的问题。

词根 log/logue

词根 log/logue，来源于希腊语 logos，logue，原意相当于 speech 或 reason，表示"说话，推理，计算"的意思。

【同根词汇】

apology [əˈpɒlədʒɪ] n. 道歉，认错
logical [ˈlɒdʒɪkl] adj. 逻辑的；符合逻辑的
dialogue [ˈdaɪəlɒɡ] n. 对话
monologue [ˈmɒn(ə)lɒɡ] n. 独白
eulogy [ˈjuːlədʒɪ] n. 悼词；颂词

代言词 prologue

【代言词剖析】

[ˈprəʊlɒɡ] GRE/IELTS/TEM8
n. 开场白；序言；序幕

这个单词的意思是"开场白，序言，序幕"，常常用在书本、戏剧、小说的开场部分，相对应的 epilogue 表示"尾声，收尾部分"。

▶ **从词根到单词**

= pro（在前，相当于 before）+ logue（伸开，延展）
= 在前面说 → 引申一下，就是"开场白"的意思。

▶ **前缀扩展**

前缀 pro，表示"向前，在前，预先，赞同，代替"的意思，例如：
proficient adj. 精通的；熟练的
prominent adj. 显著的；杰出的
prosperous adj. 兴旺的，繁荣的
propel v. 推进

▶ **高频近义词**

preface n. 前言；引语
prelude n. 前奏；序幕
opening n. 开始；机会

▶ **高频反义词**

epilogue n. 结语，尾声
finale n. 结局，尾声
ending n. 结局；结尾

▶ **精选例句**

The murder was the prologue to World War I.
这场谋杀是第一次世界大战的序幕。
A poor wedding is a prologue to misery.
不幸的婚姻是痛苦的开始。

词根 leg/lect 198

词根 leg 来源于拉丁语 legalis，意思 law，即"法律"，词根 lig，leag，lect，legis 都是词根 leg 的变形。

【同根词汇】

legal [ˈliːɡ(ə)l] adj. 法律的；合法的
illegal [ɪˈliːɡ(ə)l] adj. 非法的；违法的
legitimate [lɪˈdʒɪtɪmət] vt. 使合法；认为……正当
legalize [ˈliːɡəlaɪz] v. 使合法化；法律上认为……正当
privilege [ˈprɪvəlɪdʒ] n. 特权；优待；基本权利

代言词 legislate

【代言词剖析】

[ˈledʒɪsleɪt] GRE/TOEFL/IELTS

v. 立法；制定法律

legislate 特指立法，只能是有某种权利的部分才能被授权立法。而 law 是指法律，包括规章制度，一切权威机构指定的标准也可以是 law。

常用表达

legislate against 立法禁止

▶ 从词根到单词

= legis（法律）+ late（放）
= 放出法律 → 引申一下，就是"立法"的意思。

▶ 前缀扩展

词缀 late，late 自身也是一个词根，来自于拉丁语，表示"藏起来，躲起来"的意思。比如：
latency n. 潜伏；潜在因素
latent adj. 潜在的；潜伏的
ablate vt. 烧蚀；切除

▶ 高频近义词

decree vt. 命令；颁布
lawmaking n. 立法
enact vt. 颁布；制定（法律）
constitutionalism n. 立宪；立宪主义

▶ 精选例句

Most member countries have already legislated against excessive overtime.
大多数成员国均已立法禁止过度加班。
They promised to legislate to protect people's right to privacy.
他们承诺立法保护公民的隐私权。

词根 vac 199

词根 vac，来源于拉丁语 vacare，是 empty，即"空"的意思，变形有 van，void。

【同根词汇】

void [vɔɪd] *adj.* 空的；无效的
vanity [ˈvænəti] *n.* 虚荣心；空虚
vacuum [ˈvækjuəm] *n.* 真空；清洁 *v.* 用真空吸尘器清扫
vacant [ˈveɪk(ə)nt] *adj.* 空闲的；茫然的；空虚的
vacuous [ˈvækjuəs] *adj.* 空虚的；愚蠢的；无聊的

代言词 evacuate

【代言词剖析】

[ɪˈvækjʊeɪt] 考研/GRE/IELTS/CET6/TEM8

vt. 撤离；疏散；排泄

evacuate 的基本意思是"撤离""疏散"，指某人从危险地方撤出。用作不及物动词时，主语一般为"撤出"这一动作的发出者，用作及物动词时，其宾语一般为撤出的地区，也可为被撤出的人（通常是老弱病残者或战时的平民）。evacuate from 可表示"从……撤出"，evacuate to，可表示"撤至……"。

▶ **从词根到单词**

= e（ex，out，向外）+ vac（空）+ u + ate（形容词、动词和名词后缀）
= 向外清空→引申一下，"撤离，疏散"的意思。

常用表达

evacuate sb to sth 把某人疏散到某处

▶ **前缀扩展**

前缀 ex，一个很重要的前缀，表示"向外，向上，出，由……中弄出"的意思，例如：
expel *vt.* 驱逐；开除
exclude *vt.* 排除；排斥
export *vt.* 出口，输出
expose *vt.* 展出，揭露

▶ **高频近义词**

withdraw *v.* 疏散，撤退，收回
remove *v.* 转移，消除
disperse *vt.* 分散；使散开
transfer *n.* 转让；转移

▶ **后缀扩展**

后缀 ate，典型的形容词、名词及动词后缀，例如：
fortunate *adj.* 幸运的
stellate *adj.* 星形的，放现状的
liberate *v.* 解放，使获自由
terminate *v.* 使终止，使结束

▶ **高频反义词**

assemble *vt.* 集合；聚集
aggregate *vi.* 集合；聚集

▶ **精选例句**

The fireman evacuated the guests from the burning hotel. 消防队员把客人们从着火的旅馆中疏散了出来。
Officials ordered the residents to evacuate. 官员命令居民撤离。

词根 noc/nox 200

词根 noc/nox，来源于拉丁语 noc，表示 to harm，即"伤害"。它还有其他两个变形，nic 和 nec。

【同根词汇】

noxious [ˈnɒkʃəs] *adj.* 有害的；有毒的
obnoxious [əbˈnɒkʃəs] *adj.* 讨厌的；可憎的；令人不愉快的
innocence [ˈɪnəsns] *n.* 清白，无罪
innocuous [ɪˈnɒkjʊəs] *adj.* 无害的，无毒的

代言词 innocent

【代言词剖析】

[ˈɪnəsnt] 考研/CET6/CET4/TOEFL/IELTS
adj. 无辜的；无罪的；无知的

这个单词更多的表示无辜的，天真的，单纯的，无罪的。而 harmless 更多的表示天然无害的。两个单词可以稍加区分。

常用表达

innocent child 天真无邪的孩子
be innocent about 对……一无所知

从词根到单词

= in（not，不，无，非，向内）+ noc（伤害）+ ent（……的）
= 不存在伤害的 → 引申一下，就是"无害的"意思。

▶ 前缀扩展

前缀 in，表示"不，无，非，入，向内"的意思，例如：
indifferent *adj.* 冷漠的
injustice *n.* 不公正
inconstant *adj.* 多变的，无常的

▶ 后缀扩展

后缀 ent，表示 to be，存在的意思，他还有两个变形 est，ess。它既可以是形容词后缀，也可以是名词后缀。例如：
emergent *adj.* 紧急的
excellent *adj.* 杰出的
resident *n.* 居民

▶ 高频近义词

harmless *adj.* 天真的；无害的
faultless *adj.* 完美的；无缺点的
guiltless *adj.* 无罪的；无辜的
blameless *adj.* 无罪的；无可指责的；清白的
artless *adj.* 天真的；朴实的

▶ 高频反义词

guilty *adj.* 内疚的，有罪的
criminal *adj.* 犯罪的；刑事的
knowing *adj.* 博学的；狡猾的
sophisticated *adj.* 复杂的；久经世故的

▶ 精选例句

I believe that the man was innocent of any crime.
我相信那个男人没有犯任何罪。
The girl seemed so young and innocent.
那个姑娘看起来如此少不更事。

词根 plex 201

词根 plex，来源于希腊语 plax，都表示"重叠"的意思。

【同根词汇】

duplex ['dju:pleks] adj. 二倍的，双重的
complex ['kɒmpleks] adj. 复杂的；合成的
complexity [kəm'pleksətɪ] n. 复杂，复杂性

代言词 perplex

【代言词剖析】

[pə'pleks] 考研/CET6/TOEFL/IELTS

v. 使迷惑，使混乱；使复杂化

　　该单词的基本意思是"使困惑"，指各种复杂的事物令人伤脑筋，感到费解或难以解决。它的形容词形式 perplexed（adj. 困惑的；不知所措的）也比较常用。

常用表达

perplex about 对……感到困惑
a perplexed expression 困惑的表情

▶ 从词根到单词

= per（thoroughly，彻底地，完全地）+ plex（重叠）
= 使事情完全叠在一起→使混乱，使复杂化。

▶ 前缀扩展

　　前缀 per，表示"完全；贯穿；通过"，例如：
percent n. 百分比
perspective n. 透视；看法
perspire v. 出汗

▶ 高频近义词

bewilder v. 使困惑，使茫然
puzzle v. 使迷惑，感到不解
confuse v. 使混乱；使糊涂
embarrass v. 使窘迫，使为难

▶ 高频反义词

clarify vt. 澄清；阐明
illuminate vt. 阐明，说明
expound vt. 解释；详细说明

▶ 精选例句

This problem is hard enough to perplex our teacher.
这个问题够难的，连我们老师也答不出来。
Faced with that dilemma, she was perplexed.
她面对进退两难的局面，不知如何是好。

词根 plic

202

词根 plic，来源于拉丁语 plic，意思是 to fold，表示"折叠的"，跟词根 plex 属于同义词根。

【同根词汇】

duplicate [ˈdjuːplɪkeɪt] v. 复制；复印；重复
accomplice [əˈkʌmplɪs] n. 同谋者，共犯
explicit [ɪkˈsplɪsɪt] adj. 明确的；清楚的；直率的
multiplication [ˌmʌltɪplɪˈkeɪʃn] n. 增加，倍增
duplication [ˌdjuːplɪˈkeɪʃn] n. 复制；副本

代言词 complicated

【代言词剖析】

[ˈkɒmplɪkeɪtɪd] 考研/CET6/TOEFL/IELTS

adj. 复杂难懂的；结构复杂的

该单词侧重指事物错综复杂，很难分析、分辨或解释清楚。语气比 complex 强，复杂程度更大。

从词根到单词

= com（= together 全部，一起）+ plic（伸开，延展）+ ate（to make，使……）+ -d（动词过去时态）

= 全部重叠起来→引申一下，"弄复杂"的意思。

常用表达

complicated relationship 复杂的关系
complicated theory 复杂的理论

▶ 前缀扩展

前缀 com，表示"共同，一起"，有加强的意义。例如：
combine vt. 联合，结合
compassion n. 同情，怜悯
component adj. 成分

▶ 后缀扩展

后缀 ated，是由 ate 和 ed 组合成的形容词后缀，例如：
nominated adj. 被提名的；被任命的
cultivated adj. 耕种的；有教养的
accumulated adj. 累积的；累计的

▶ 高频近义词

complex adj. 复杂的，侧重内在关系的复杂
intricate adj. 错综复杂的
sophisticated adj. 老练的；精于世故的；精密的

▶ 高频反义词

plain adj. 清楚的；简单的；平常的
simple adj. 简单的；朴素的；单纯的
uncomplicated adj. 不复杂的
straightforward adj. 简单的；坦率的

▶ 精选例句

The situation in Syria is very complicated.
叙利亚的形势非常复杂。
This is the most complicated case I have ever handled.
这是我所处理过的最为复杂的案子。

词根 it 203

词根 it，来源于拉丁语 ire，表示 to go，即"行，走"的意思。

【同根词汇】

exit ['eksɪt] n. 出口，通道；退场
transit ['trænsɪt] vt. 运送
itinerary [aɪ'tɪn(ə)(rə)rɪ] n. 旅程，路线
sedition [sɪ'dɪʃn] n. 煽动行为或言论；煽动叛乱

代言词 initial

【代言词剖析】

[ɪ'nɪʃl] 考研/CET6/CET4/GRE/TOEFL/IELTS

adj. 最初的；开始的；字首的
n. 首字母

initial 表示"开始的，最初的"，强调处于事物的起始阶段，也可以指"位于开头地方的"，比如（字的）首字母，或者（姓名或组织名称等的）首字母。它的动词是 initiate，强调"起初、开始"的意思。original 表示的是"原来的"，强调以前的状态。

常用表达

initial investment 最初投资，初期投资
initial state 起始状态，初态

▶ **从词根到单词**

＝ in（进入）＋ it（行、走）＋ ial（……的，形容词后缀）
＝ 向里行走，向里去→引申一下，就是"初始的，开始的"的意思。

▶ **前缀扩展**

前缀 in，表示"向内、进入"，同时也有"不，无，非"和"使……，作……"的意思。例如：
incorporate vt. 合并，并入
inspired adj. 有灵感的
indoor adj. 户内的

▶ **高频近义词**

primary adj. 受邀的，主要的；最早的；原始的
original adj. 原始的；独创的；最初的
introductory adj. 引导的；介绍的；导言的
foremost adj. 最重要的；最先的

▶ **后缀扩展**

后缀 ial，是很常见的形容词后缀，表示"属于……的，具有……的，有……性质的"意思。例如：
presidential adj. 总统的
partial adj. 部分的
commercial adj. 商业的

▶ **高频反义词**

last adj. 最后的；最近的；最新的 n. 末尾，最后
intermediate adj. 中间的，中级的
laggard adj. 落后的；迟钝的

▶ **精选例句**

His initial reaction was excellent. 他最初的反应极好。
This is a letter paper with his initials on it. 这是一张有他姓名首字母的信纸。

词根 err
204

词根 err，来源于拉丁语 errare，表示"漫游；错误"的意思。"漫游"脱离了正道，太离谱，当然会"犯错误"，所以该词根所构成的词汇有很多都含有"犯错"的意思。

【同根词汇】

error ['erə] n. 误差；错误
aberration [ˌæbə'reɪʃn] n. 偏差，脱离常规
errand ['erənd] n. 差使；差事；使命
errant ['erənt] adj. 不定的；周游的；错误的；偏离正路的
erroneous [ɪ'rəʊniəs] adj. 错误的，不正确的

代言词 erratic

【代言词剖析】

[ɪ'rætɪk] GRE/TOEFL/IELTS

adj. 飘忽不定的；行为古怪的，反复无常的；不规则的

erratic 有"飘忽"的意思，可以理解为围绕某个中心展开的，"可上可下，忽左忽右""不定的，反复无常的"；而 eccentric 是"偏离"的意思，可理解为沿着某个固定的轨道偏离而导致的古怪。

常用表达

erratic temper 古怪的脾气
erratic performance 不正常水平

▶ 从词根到单词

＝err（漫游，犯错误）+ atic（形容词后缀，……的）=（被人认为）错误的、漫游的→引申一下，就是"古怪的、飘忽不定的"。

▶ 后缀扩展

后缀 atic，是形容词后缀，表示"有……性质的，属于……的、具有……的"。例如：

systematic adj. 有系统的
thematic adj. 题目的，主题的
emblematic adj. 象征的
aromatic adj. 芳香的

▶ 高频近义词

odd adj. 古怪的；奇数的
irregular adj. 不规则的，不对称的
eccentric adj. 古怪的，异常的
abnormal adj. 反常的；不规则的

▶ 高频反义词

settled adj. 固定的，稳定的；定居的
unchangeable adj. 不变的，不能改变的
reliable adj. 可靠的，可信的
dependable adj. 可靠的，可信赖的

▶ 精选例句

The electricity supply here is quite erratic.
这里的电力供应相当不稳定。

Though occasionally chatty, his moods were erratic.
他虽然有时健谈，但是他的脾气却很难捉摸。

词根 clar 205

词根 clar，来源于拉丁语的 clar，意为 clear，表示"清楚，明白"的意思。它还有一个变形是 clair。

【同根词汇】

clarity [ˈklærɪtɪ] n. 清楚，明晰
declare [dɪˈkleə] vt. 宣布，声明
declaration [ˌdekləˈreɪʃn] n. 宣言，布告，公告，声明
clarification [ˌklærɪfɪˈkeɪʃ(ə)n] n. 澄清，说明

代言词 clarify

【代言词剖析】

[ˈklærəfaɪ] 考研/CET6/CET4/GRE/TOEFL/IELTS

vt. 使清楚；澄清

　　clarify 重点指把已发生的事件、情况和现状说清楚；而 illustrate 则多指用实例或插图、图表加以说明；interpret 着重以特殊的知识、经验来解释难理解的事情；explain 是普通用词，指把某事向原来不了解、不清楚的人解释明白、说清楚等。

常用表达

clarify the situation 认清形势
clarify the fact 认清事实

▶ 从词根到单词

= clar（清楚，明白）+ ify（动词词缀，使……）
= 使……明白，清楚→澄清，阐明，讲清楚。

▶ 后缀扩展

　　后缀 ify，是一个动词词缀，表示"使……化"，例如：
classify v. 分类，分等
certify v. 证明，证实
amplify v. 放大，增大；扩充
identity v. 识别，鉴别

▶ 高频近义词

illustrate v. 阐明，举例说明；图解
articulate vi. 发音；清楚地讲话
expound vt. 解释；详细说明
interpret vt. 说明；口译

▶ 高频反义词

maze vt. 使混乱，使困惑 n. 迷宫，迷惑
bewilder v. 使困惑，使茫然
puzzle v. 使迷惑，感到不解
confuse v. 使混乱；使糊涂

▶ 精选例句

He issued a statement to clarify the situation.
他发表了一项声明以澄清形势。
They said America must clarify its position.
他们说美国必须要阐明其立场。

词根 cogn

206

词根 cogn，来源于拉丁语 cognoscere，表示 to know，即"知道"的意思，变形还有 gno(r)、cognis。

【同根词汇】

cognitive [ˈkɒɡnɪtɪv] adj. 认知的，认识的
recognise [ˈrekəɡnaɪz] vt. 认出；承认
recognisable [ˌrekəɡˈnaɪzəbəl] adj. 可辨认的；可认识的

代言词 recognition

【代言词剖析】

[ˌrekəɡˈnɪʃn] 考研/CET6/CET4/TOEFL

n. 认识；识别，承认，认可；褒奖，酬劳

recognition 表示"承认"时，为书面用词，主要指合法的或外交上的承认，也指公认，而 acknowledgement 通常指公开承认某事的真实情况或自己的过错。

常用表达

receive recognition 得到（世人）认可
beyond recognition 无法认出
voice recognition 声音识别

从词根到单词

= re（加强意义）+ cogn（知道，认识）+ ition（名词后缀）
= 加强认识，超过认识→引申一下，就是"承认、认可"的意思。

▶ **前缀扩展**

前缀 re，表示"再，重复，向后；相反，反对，离开"的意思，例如：
reflect v. 反射，反映；反省
resent vt. 愤恨，不满
recommend vt. 赞扬，推荐，建议

▶ **后缀扩展**

后缀 ition，是很常见的名词后缀，表示行为、行为的过程或结果、由行为而产生的事物。例如：
opposition n. 反对，反抗
composition n. 组成；作文
audition n. 听觉；听力

▶ **高频近义词**

acknowledgement n. 承认；确认；感谢
appreciation n. 欣赏；感激；鉴识
identification n. 识别；认出；确认
approval n. 批准；认可；赞成

▶ **高频反义词**

denial n. 否认；拒绝
detraction n. 诽谤，减损
disavowal n. 否认；拒绝

▶ **精选例句**

You could receive recognition for a job well done.
工作出色的话，你会受到赏识的。
This title was given to him in recognition of his services to the army.
授予他这个称号是为了表彰他为军队所做的工作。

词根 ut/us

207

词根 ut/us，来源于拉丁语名词 utor 和 usus，表示"用，用法，使用"，变形词根有 util。单词 use 就来源于这个词根。

【同根词汇】

usage [ˈjuːsɪdʒ] n. 使用；用法
usual [ˈjuːʒʊəl] adj. 通常的，惯例的
abuse [əˈbjuːs] n. 滥用，虐待，辱骂
abusive [əˈbjuːsɪv] adj. 辱骂的；滥用的
utility [juːˈtɪlɪtɪ] n. 实用；效用

代言词 utilize

【代言词剖析】

[ˈjuːtəlaɪz] 考研/CET6/CET4/GRE/TOEFL/IELTS

v. 利用，利用

utilize 侧重有利可图或能达到某一实际目的，为书面用词；use 则比较普通，着重为达到某一目的而利用某人或某物；apply 则多指将某一事物运用于另一事物之上，以发挥其有效作用。

▶ **从词根到单词**

= util（用）+ ize（动词词缀）
= 利用，使用的意思。

常用表达

utilize as 用作
utilize for 用于（某目的）
utilize foreign investment 利用外资
utilize the natural resources 利用自然资源

▶ **后缀扩展**

ize 是动词词缀，表示"……化，照……样子做，按……方式处理，变成……状态"。与名词后缀 -ization 相对应。例如：

modernize vt. 使现代化
mechanize vt. 使机械化
centralize vt. 使集中

▶ **高频近义词**

apply vt. 应用，运用；申请
employ v. 利用，采用；雇佣；使忙于
exploit vt. 开发，开采

▶ **高频反义词**

discard vt. 抛弃；放弃；丢弃
disuse vt. 停止使用 n. 不被使用
abandon vt. 遗弃；放弃

▶ **精选例句**

We must utilize all available resources.
我们必须利用可以得到的一切资源。
We will continue to utilize foreign funds and optimize foreign investment.
我们会继续积极利用外资，优化外商投资。

词根 ag/ig/act

208

词根 ag/ig/act，来源于拉丁动词 ago, agree, egi, actus，表示 to do, to drive，即"做，行动，驾驶，引导"的意思。单词 act（行动）以及它的一系列词，比如 actual（真实的），interaction（互动），activity（活跃），activate（使活动）等都是来自此单词。

【同根词汇】
agent [ˈeɪdʒ(ə)nt] n. 代理人，代理商
agenda [əˈdʒendə] n. 议事日程，议程表
exigency [ˈeksɪdʒənsɪ] n. 危急，紧急状态；当务之急
agile [ˈædʒaɪl] adj. 敏捷的，轻快的，灵活的

代言词
ambiguous

【代言词剖析】
[æmˈbɪɡjʊəs] 考研/CET6/GRE/IELTS
adj. 模棱两可的；含糊不清的

ambiguous 多用于字词、语句、文章等，意思可能有多重理解，令人捉摸不定；而 obscure 则指"晦涩难懂"，程度更深；indefinite 则指无明确定义或限定，重点或总体轮廓不明确。

▶ 从词根到单词
= amb（转圈的，两边的）+ ig（做，行动，引导）+ uous（倾向于）
= 倾向于转圈的做 → 引申一下，就是"模棱两可的，含糊不清的"的意思。

常用表达
ambiguous answer 模棱两可的回答
ambiguous attitude 暧昧的态度
ambiguous gesture 用意含糊的手势

▶ 前缀扩展
前缀 amb/ambi/amphi 表示"转圈的，两边的，周围的"的意思，例如：
ambiance n. 周围环境，气氛
ambient adj. 周围的；外界的
amphibian n. 两栖动物
ambicolourate adj. 两面均有颜色的，两面涂色的

▶ 后缀扩展
uous 是形容词后缀，表示"倾向于，有……性质的，属于……的"，例如：
continuous adj. 延续的，延伸的
contemptuous adj. 蔑视的，鄙视的
conspicuous adj. 明显的

▶ 高频近义词
equivocal adj. 模棱两可的；可疑的
ambivalent adj. 矛盾的
elusive adj. 难懂的；难以捉摸的

▶ 高频反义词
unambiguous adj. 不含糊的，不清楚的
distinct adj. 明显的；清楚的
explicit adj. 明确的，清晰的

精选例句
He gave me an ambiguous answer.
他给了我一个模棱两可的回答。
This agreement is very ambiguous and open to various interpretations.
这个协议非常模棱两可，可以有多种解释。

词根 fall/fal

209

词根 fall/fal，来源于拉丁语 fall, deceive，表示 to err，即"犯错误，欺骗"的意思。其变形有 fault 和 fail。

【同根词汇】
fail [feɪl] vi. 失败；不及格
failure [ˈfeɪljə] n. 失败；故障
false [fɔːls] adj. 错误的；虚伪的
fallacy [ˈfæləsɪ] n. 错误；谬论
fallible [ˈfæləbl] adj. 易错的
falsify [ˈfɔːlsɪfaɪ] v. 篡改；欺骗

代言词 default

【代言词剖析】
[dɪˈfɔːlt] CET6/GRE/IELTS
vi. 未履行任务或责任；使传唤时未出庭；弃权；拖欠债务
n. 缺席；默认（值）；不履行责任

default 最常用到的含义是表示"缺席"和"默认（值）"，经常在法律或者计算机语言中出现。除此之外，它还有"拖欠"和"违约"的意思，要根据具体的语境去翻译理解。

常用表达
default setting/account 默认设置/账户
in default of 在缺少……的情况下

▶ 从词根到单词
= de（加强意义）+ fault（犯错误）
= 犯错误→引申一下，就是"拖欠（债）"的意思。

▶ 前缀扩展
前缀 de，表示"去掉，取消；向下，减少；否定，相反；离开，分离；加强意义"。例如：
destruction n. 破坏
desalt v. 除去盐分
decelerate v. 减速

▶ 高频近义词
absence n. 没有；缺席
alibi n. 不在场证明或辩解；托词
void adj. 空的；无效的

▶ 高频反义词
presence n. 存在；出席
modification n. 修改，修正

▶ 精选例句
The default setting on Internet Explorer will not show these files.
浏览器上的默认系统设定不显示这些文档。
The corporation may be charged with default on its contract with the government.
该公司可能会被指控违反了与政府签订的合同。

词根 flam / flagr

210

词根 flam 来源于拉丁语 flame，词根 flagr 来源于拉丁语的 flagrare，表示 to burn，即"燃烧，火焰"的意思。

【同根词汇】
flame [fleɪm] n. 火焰；热情
flaming ['fleɪmɪŋ] adj. 燃烧的；火红的
flamingo [fləˈmɪŋɡəʊ] n. 火烈鸟
inflame [ɪnˈfleɪm] vt. 激怒；使燃烧
flamboyant [flæmˈbɔɪənt] adj. 艳丽的；火焰似的；炫耀的
inflammable [ɪnˈflæməbl] adj. 易燃的；易激动的；易怒的

代言词 flagrant

['fleɪɡrənt] GRE/TEM8
adj. 明目张胆的；恶名昭著的

flagrant 表示"臭名远扬的，臭名昭著的"，但它表示的臭，不是指气味臭！它实际指因行为放肆无度、不顾公然的事实或正义等而造成的印象或后果，用来形容名声、行为、情形等；相对应的单词 fragrant（芬芳，好闻的），长得也和 flagrant 很像哦。

从词根到单词
= flagr（燃烧）+ ant（形容词后缀，表示"属于……的，具有……性质的"）
= 燃烧的，罪恶像火一样烧 → 引申一下，就是"罪恶昭彰的"的意思。

常用表达
flagrant foul 恶意犯规，恶性犯规
flagrant violation 明目张胆的违反
flagrant waste 明目张胆的浪费

后缀扩展
后缀 ant，是很常见的形容词后缀，表示"属于……的，具有……的，有……性质的"意思。大部分与 -ance 或 -ancy 相对应。ant 也可以做前缀，表示"反对，抗，防"，也可以做词根，表示"before（前）"的意思。例如：

expectant adj. 期待的　　　vigilant adj. 警惕的　　　luxuriant adj. 茂盛的

高频近义词
notorious adj. 声名狼藉的，臭名昭著的
blatant adj. 明目张胆的；公然的；炫耀的
brazen adj. 厚颜无耻的；明目张胆的；厚着脸皮的

高频反义词
invisible adj. 看不见的，暗藏的
reputable adj. 声誉好的；受尊敬的
creditable adj. 可信的；声誉好的

精选例句
The judge called the decision "a flagrant violation of international law."
法官称这个决定是"对国际法的公然违抗"。
The secretary was fired for a flagrant abuse of company funds.
秘书因明目张胆地滥用公司的资金而被解雇。

词根 dyn 211

词根 dyn，来源于希腊语 dynamis（力量），该词根代表"力"的含义，属于物理学上的一个概念，所以该词根构成的单词大多数属于物理学术语。变体还有 dynamo、dynam。

【同根词汇】

dynasty [ˈdɪnəstɪ] n. 王朝，朝代
dynamo [ˈdaɪnəməʊ] n. 发电机；精力充沛的人
dynamite [ˈdaɪnəmaɪt] n. 炸药；具有潜在危险的人
hydrodynamics [ˌhaɪdrəʊdaɪˈnæmɪks] n. 流体力学，水动力学

代言词 dynamic

【代言词剖析】

[daɪˈnæmɪk] 考研/CET6/CET4/GRE/TOEFL/IELTS

adj. 动态的；动力的；充满活力的；不断变化的
n. 动态；动力，活力

dynamic 既有名词又有形容词的含义，还有一种形式是 dynamical（adj. 动力学的；有生气的；有力的），它只有形容词的含义，而且 dynamic 用法比 dynamical 普遍，两者的副词形式都为 dynamically。

常用表达
dynamic engineering 机械学
dynamic market 有活力的市场

▶ 从词根到单词

= dynam（力量）+ ic（形容词、名词后缀）
= 充满活力的；动力，动力学。

▶ 后缀扩展

后缀 ic，即可做形容词后缀，也可做名词后缀。表示"属于……的，具有……的，有……性质的"或者"……人"。例如：

electronic adj. 电子的   mechanic n. 技工，机械师   logic n. 逻辑，伦理学

▶ 高频近义词

energetic adj. 有生气的，精力充沛的
lively adj. 充满活力的；活泼的；充满趣味的
animated adj. 生气勃勃的
spirited adj. 精神饱满的
vigorous adj. 精力充沛的

▶ 高频反义词

impotent adj. 无力的；虚弱的
fatigue adj. 疲劳的
powerless adj. 无力的
adynamic adj. 无力的，衰弱的

▶ 精选例句

The physicist's idea was to apply geometry to dynamics.
这个物理学家的想法就是将几何学应用在力学上。
South Asia continues to be the most dynamic economic region in the world.
南亚仍然是世界上经济最活跃的地区。

词根 preci 212

词根 preci，来自拉丁语 preci，表示 price，即"价格，价值"的含义。

【同根词汇】

price [praɪs] n. 价格；价值
prize [praɪz] n. 奖品；奖赏
praise [preɪz] vt. 赞美，歌颂
appreciation [əˌpriːʃɪ'eɪ(ə)n] n. 欣赏，鉴别
depreciation [dɪˌpriːʃɪ'eɪʃn] n. （资产等）折旧；货币贬值；跌价
precious ['preʃəs] adj. 宝贵的，珍贵的

代言词 appreciate

【代言词剖析】

[əˈpriːʃɪeɪt] 考研/CET6/CET4/GRE/TOEFL/IELTS

vt. 感激；欣赏；领会；鉴别　　vi. （使）增值，涨价

appreciate 这个词表"感谢"的时候，常用的形式有两种："I appreciate it." 和 "Much appreciated."，而前者在纯口语化的表达中有时候会被简化为"Appreciate it."。除此之外，还可以表示价格"上涨"，"增值"。

▶ 从词根到单词

= ap（一再，表示加强）+ preci（价值）+ ate（表动词）
= 增值。

常用表达
appreciate sb's kindness 感谢某人的厚意

▶ 前缀扩展

前缀 ap，表示加强，例如：
appease vt. 安抚，缓和
applause n. 热烈鼓掌；喝彩；掌声
appoint vt. 任命，委派

▶ 高频近义词

admire vt. 钦佩；赞美
acknowledge vt. 承认；答谢
gratitude n. 感谢；感激

▶ 后缀扩展

后缀 ate，是动词、形容词、名词后缀，意为：做，使……，具有……的，表人、职位。
例如：
indicate vt. 表明；标示

▶ 高频反义词

contempt n. 轻视，蔑视
despise vt. 轻视，鄙视
neglect vt. 疏忽，忽视

▶ 精选例句

Her talents are not fully appreciated in that company.
她的才干在那家公司未受到充分赏识。
Our house has appreciated by 50% in the last two years.
在过去的两年中，我们的房子增值了 50%。

词根 cosm 213

词根 cosm，来自古希腊语 kosm，表示 order，universe，即"秩序，宇宙"的意思。古希腊人认为宇宙是一个充满秩序的地方，所以把宇宙和秩序相提并论。单词 cosmonaut = astronaut（宇航员），cosm 是"宇宙"，astr 是"星星"。单词 cosmetics（化妆品）也有 cosm，因为化妆相当于把脸上各种颜色和样子有秩序地排列。

【同根词汇】
cosmos ['kɒzmɒs] n. 宇宙
cosmology [kɒz'mɒlədʒɪ] n. 宇宙学
microcosm ['maɪkrəʊkɒzəm] n. 微观世界
cosmonaut ['kɒzmənɔːt] n. 宇航员
cosmetics [kɒz'metɪks] n. 化妆品

代言词 cosmopolitan

【代言词剖析】
[ˌkɒzmə'pɒlɪtən] GRE/TOEFL/IELTS
adj. 世界性的，全世界的 n. 世界主义者；四海为家者

cosmopolitan 表示"世界性的，全世界的"，是国家首都这样的超级大城市，metropolitan 也表示"大都会的，大城市的"，指那些国际大都市，但范围要比我们所说的 city（比如 London city 或者 New York city）大一些。

常用表达
cosmopolitan city 国际城市
cosmopolitan hotel 大都会酒店

▶ 从词根到单词
= cosm（宇宙）+ o + polit（城市）+ an（形容词后缀）= 世界主义的。

▶ 词根扩展

词根 polit，源于希腊语的 polit，意为 city，state，即"城市，国家"的意思。变形还有 polic，polis。例如：
politic adj. 明智的，精明的
policy n. 政策，方针
metropolis n. 主要都市；（活动的）中心地

▶ 后缀扩展

后缀 an，构成名词和形容词，表示"……地方，……人"，例如：
artisan n. 技工，工匠
amphibian n. 两栖动物
ruffian n. 暴徒，恶棍

▶ 高频近义词
global adj. 全球的；总体的
worldwide adj. 全世界的
versatile adj. 通用的；万能的

▶ 高频反义词
territorial adj. 区域的；地方的
regional adj. 地区的；局部的
endemic adj. 地方性的

▶ 精选例句
Paris has always been a cosmopolitan city.
巴黎一直是一个国际化都市。
The rose is a cosmopolitan plant.
玫瑰是遍生于世界各地的植物。

词根 anthrop
214

词根是 anthrop（人类）。来自希腊语 anthrop，表示 human being，即"人类"的意思。单词 anthropomorphic（adj. 拟人的，赋予人性的），如像宙斯（Zeus）一样的，anthropomorphic God 和人类的形象是一样的。此词的动词形态为 anthropomorphize（赋予人性的，人格化的）。

【同根词汇】

philanthropy [fɪˈlænθrəpɪ] n. 博爱，慈善；慈善事业
anthropoid [ˈænθrəpɔɪd] adj.（猿）似人的；（人）似猿的
anthropology [ˌænθrəˈpɒlədʒɪ] n. 人类学
misanthrope [ˈmɪz(ə)nθrəʊp] n. 不愿与人来往者

代言词 philanthropist

【代言词剖析】
[fɪˈlænθrəpɪst]
n. 慈善家

慈善家给人的感觉就是 Good Samaritan（n. 乐善好施的人），他们不仅 benevolent（adj. 乐善好施的）和 accommodating（adj. 乐于助人的），当然大多还是比较 wealthy（adj. 富有的）。

从词根到单词
= phil（爱）+ anthrop（人）+ ist（信仰者）= 博爱主义者。

常用表达
top philanthropist 首善
phony philanthropist 虚伪的慈善家

▶ 前缀扩展
前缀 phil，表示 love，即"爱"的意思，比如：
philology n. 语文学
philogynist n. 喜欢女子的人，爱慕女子的人

▶ 后缀扩展
后缀 ist，做形容词时表示"表示……主义的"，指人的名词后缀 ist 时，意为"person who"，即"……的人"。例如：
naturalist n. 自然主义者
optimist n. 乐观主义者；乐天派
communist n. 共产主义者

▶ 高频近义词
altruist n. 利他主义者，爱他主义者
patron n. 赞助人，资助人
donor n. 捐赠者

▶ 高频反义词
niggard n. 吝啬鬼

▶ 精选例句
Bill Gates is also a philanthropist.
比尔盖茨也是一个慈善家。
The university was founded by a millionaire philanthropist.
这所大学的创建人是位腰缠万贯的慈善家。

词根 fabl/fabul

215

词根 fabl/fabul，来自拉丁语 fabl，表示 to say, to talk，即"言说"的意思。其变形还有 fam，意思都是一样的。

【同根词汇】

fable ['feɪb(ə)l] n. 寓言；无稽之谈
fabulous ['fæbjʊləs] adj. 难以置信的；传说的
fame [feɪm] n. 名声，名望
famous ['feɪməs] adj. 著名的；极好的
defame [dɪ'feɪm] v. 诽谤；中伤
infamous ['ɪnfəməs] adj. 声名狼藉的；无耻的

代言词 affable

【代言词剖析】

['æfəbl] GRE/TEM8

adj. 友善的；和蔼的；平易近人的

形容人亲切和蔼，除了 kind 之外，affable 也可以表示人"和蔼可亲的；友好的"。还有 amiable 表示"和蔼可亲的，可爱的"的意思，常用来指人的性格、本质、态度等，可用作表语和定语。amicable 表示"和睦友好"的意思，主要指人与人、团体与团体、国与国之间的关系，常用作定语。后面三个都是比较高级的词汇。

▶ 从词根到单词

＝ af（表示加强语气）+ fable ＝ fabl（说话）
＝ 不断可以说话，"好说话的"。

常用表达

affable service 周到的服务
affable attitude 友好的态度

▶ 前缀扩展

前缀 af，表示加强，例如：
affright v. & n. 惊吓，恐怖
afford vt. 买得起；担负得起
affirm v. 断言，肯定

▶ 高频近义词

sociable adj. 随和的；好交际的；友善的
gracious adj. 亲切的，和蔼的
courteous adj. 有礼貌的；谦恭的

▶ 高频反义词

hostile adj. 敌对的，敌意的
unfriendly adj. 不友好的，有敌意的
opponent adj. 对立的；敌对的

▶ 精选例句

Mr Thompson is an extremely affable and approachable man.
汤姆森先生极为谦和，平易近人。
He found her parents very affable.
他觉得她父母很好说话。

词根 mon 216

词根 mon，来自拉丁语 monere，表示 to warn, to advise, to remind，即"告诫，提醒"的意思。单词 monitor（监视器；监听器；显示屏），会提供有关安全的信息。

【同根词汇】
monitor [ˈmɒnɪtə] n. 监视器；监听器
monument [ˈmɒnjʊm(ə)nt] n. 纪念碑；历史遗迹
admonish [ədˈmɒnɪʃ] vt. 劝告；训诫
premonition [ˌpriːməˈnɪʃn] n. 预感，预兆

代言词 summon

【代言词剖析】
[ˈsʌmən] 考研/CET6/GRE/IELTS

vt. 传唤，召唤；鼓起（勇气）

　　summon 的基本意思是"召唤""传唤""召集"，一方面指运用权威或行使权力指示、命令、吩咐，或要求某人去某处，常用于正式的集会或公务等方面。另外一方面可以表示召唤灵魂、魔法等。所以 summon 的主体一般是有权的，要召集的态度也更坚决。

▶ 从词根到单词
＝sum（总数）+ mon（建议）
＝把大家都召集起来。

常用表达
summon courage 鼓起勇气
summon a doctor 请医生

▶ 前缀扩展
前缀 sum，表示总数，例如：
sumptuous *adj.* 豪华的
summarise *vt.* 总结，概述
summons *vt.* 唤出；传到 *n.* 召唤；传票

▶ 高频近义词
muster *n.* 集合；集合的人群
assemble *vt.* 集合，聚集
quote *v.* 引用；引述

▶ 精选例句
He summoned his soldiers to fight.
他号召部下战斗。
They had to summon a second conference and change the previous decision.
他们不得不召开第二次会议，改变以前的决定。

词根 du/dupl 217

词根 du/dupl，来自拉丁语 duo，表示 two，即"二，双"的含义。与词根 du、dupl 同义的前缀有 bi、di。

【同根词汇】
dual ['djuːəl] *adj.* 双的；双重的
duel ['djuːəl] *vt.* 使（另一人）参加决斗；反对
dubious ['djuːbiəs] *adj.* 半信半疑的，犹豫不决的
duplex ['djuːpleks] *adj.* 二倍的，双重的

代言词 duplicate

【代言词剖析】
['djuːplɪkeɪt; 'djuːplɪkət] 考研/CET6/TOEFL/IELTS
v. 复制；复印；重复
adj. 完全一样的；复制的

▶ 常用表达
in duplicate
一式两份；一式两联
keep a duplicate 保留副本

与词根 du，dupl 同义的前缀有 bi，di，相关的单词有 bicycle（*n.* 自行车），bilingual（*n.* 通两种语言的人），dilemma（*n.* 困境；进退两难），dioxide（*n.* 二氧化碳）等。

▶ 从词根到单词
= du（二，双）+ plic（重复）+（ate 表动词，形容词或名词）→ 重复第二份 = 复制。

▶ 后缀扩展
后缀 ate，是动词、形容词、名词后缀，意为"做，使……，具有……的"，表"人，职位"。例如：
liquidate *vt.* 清算；清偿
infiltrate *v.* 渗透，渗入
attenuate *adj.* 稀薄的；细小的

▶ 高频近义词
copy *vt.* 模仿；仿造……的样式或图案
replicate *vt.* 复制；折叠
repeat *vi.* 重做；重复发生
identical *adj.* 完全相同的
uniform *adj.* 统一的；一致的

▶ 精选例句
It's a duplicate set of keys.
这是和另一套完全相同的钥匙。
Please duplicate the document for me.
请帮我复印一下这份文件。

词根 sim 218

词根 sim，来源于拉丁语的 similis，表示 same，like，即相似，相同的意思，变形还有 simil，simul。

【同根词汇】

similar ['sɪmɪlə] *adj*. 相似的
similarity [sɪmə'lærətɪ] *n*. 类似；相似点
simulate ['sɪmjʊleɪt] *vt*. 模仿；假装；冒充
resemble [rɪ'zemb(ə)l] *vt*. 类似，像
simulation [ˌsɪmjʊ'leɪʃn] *n*. 模仿，模拟
simile ['sɪmɪlɪ] *n*. 明喻；直喻

代言词 simultaneous

【代言词剖析】

[ˌsɪml'teɪnɪəs] 考研/CET6/GRE/TOEFL/IELTS

adj. 同时发生的，同时存在的

同根词 simulate 可以指"模拟，假装"的含义，而 stimulate 是指比较抽象的概念，就像"鼓励，鼓舞"等，stimulate 的词根是 stimul，表示 prick，即"刺"的含义，相关单词还有 stimulation (*n*. 刺激；激励)，两个单词长得比较像，词根和含义都不同，大家要注意区分。

▶ 从词根到单词

= simult（相类似，一样）+ aneous（……特征的）→时间相同的→同时发生的。

常用表达

simultaneous interpretation 同声传译

▶ 后缀扩展

后缀 aneous，表示形容词，多……的，……的特征，例如：
extraneous *adj*. 外部的；外来的
miscellaneous *adj*. 各种各样的；五花八门的
spontaneous *adj*. 自发的

▶ 高频近义词

synchronous *adj*. 同步的；同时的
synchronized *adj*. 同步的
concurrent *adj*.〈正式〉同时发生的；同时完成的
coincident *adj*.〈正〉同时发生的

▶ 高频反义词

inconsistent *adj*. 不一致的
unharmonious *adj*. 不协调的

▶ 精选例句

There were several simultaneous attacks by the rebels.
反叛者同时发动了几起袭击。
This event was almost simultaneous with that one.
这件事几乎是与那件事同时发生的。

词根 ac

219

词根 ac，来源于拉丁语动词 acu，表示 sour, sharp，即"尖，酸，锐利"的意思。acu, acri 都是这个词根的变形。

【同根词汇】

acrid ['ækrɪd] adj. 辛辣的；苦的
acumen ['ækjʊmən] n. 聪明，敏锐
acupuncture ['ækjʊˌpʌŋ(k)tʃə] n. 针刺

代言词
acute

【代言词剖析】

[ə'kjuːt] 考研/CET6/CET4/GRE/TOEFL/IELTS
adj. 急性的；敏锐的；激烈的

单词 cute (adj. 可爱的；漂亮的) 实际上就是 acute 的一个变化形式，将词根 ac 中的 a 省略，含义也发生了变化。acute 侧重感觉敏锐，能分辨出一般人难以觉察的细微区别。keen 多指对复杂艰深的事物或问题有敏锐的观察和敏捷的理解。sharp 指人头脑精明、敏锐或机警。

常用表达
acute angle 锐角
acute shortage 严重短缺
acute infection 急性感染

▶ 从词根到单词
= ac（尖，酸，锐利）+ ute（表名词或形容词）→尖锐的，敏锐的。

▶ **后缀扩展**

后缀 ute，类似于后缀 ate，表形容词、名词或者动词的后缀，例如：
minute n. 分，分钟
solute n. [化学] 溶质
resolute adj. 坚决的；果断的
attribute vt. 归属；把……归于

▶ **高频近义词**

keen adj. 厉害的，强烈的
sharp adj. 急剧的；锋利的
sour adj. 酸的；发酵的

▶ **高频反义词**

moderate adj. 稳健的，温和的
chronic adj. 慢性的；长期的

▶ **精选例句**

This area has an acute shortage of water.
这个地方缺水严重。
The doctor said that you had acute diarrhea.
医生说您患的是急性腹泻。

词根 act 220

词根 act，来自拉丁语 actum，含义是 to do 或 to drive，即"行动，做，驱动"的意思。

【同根词汇】

act [ækt] n./v. 行为，行动
actor [ˈæktə] n. 男演员；行动者
react [rɪˈækt] vi. 反应；影响
active [ˈæktɪv] adj. 积极的；活跃的
enact [ɪˈnækt] vt. 颁布；制定法律
counteract [kaʊntərˈækt] vt. 抵消；中和

代言词 interaction

【代言词剖析】

[ˌɪntərˈækʃn] CET6/CET4/GRE/TOEFL

n. 一起活动；合作；互相影响

基本的单词 action 表示作用，作用的方向是 A→B，reaction 表示反作用，方向是 A←B，而 interaction 表示相互作用，方向是 A←→B。

▶ 从词根到单词

= inter（在……之间，相互）+ act（行动）+ ion（名词）→相互行动→相互影响。

常用表达

interaction between... ……之间的互相影响
positive interaction 良性互动

▶ **前缀扩展**

前缀 inter，表示中间，之间，相互，例如：
interface n. 界面
international adj. 国际的；两国（或以上）国家的
intercontinental adj. 大陆间的，洲际的

▶ **高频近义词**

cooperation n. 合作，协作
teamwork n. 团队合作，协力

▶ **后缀扩展**

后缀 ion，构成抽象名词，表示行为、行为的过程或结果、情况、状态，例如：
discussion n. 讨论，议论
inflation n. 膨胀；通货膨胀
progression n. 前进；连续

▶ **高频近义词**

independence n. 独立，自立

▶ **精选例句**

the interaction between performers and their audience.
演员与观众之间的互动。
Price is determined through the interaction of demand and supply.
价格是通过供需消长而定的。

词根 alter 221

来源于拉丁语的 alter，表示 other，意思是"其他的"，ali，altern，ulter 和 altru 是词根 alter 的变形。

【同根词汇】

alter [ˈɔːltə] vt. 改变，更改
alternate [ˈɔːltəneɪt] vi. 交替；轮流
alteration [ˌɔːltəˈreɪʃn] n. 变化，改变；变更
altruistic [ˌæltruˈɪstɪk] adj. 利他的；无私心的
alter ego [ˌæltərˈiːgəʊ] n. 密友；第二自我

代言词 alternative

【代言词剖析】

[ɔːlˈtɜːnətɪv] 考研/CET6/CET4/TOEFL/IELTS
adj. 替代的；备选的；其他的；另类的 n. 可供选择的事物

说到选择，最常见的单词是 choice，除了和 alternative 一样表示"可作的选择""选择的余地"外，还可表示"选择的行为""选择的权利""选中的人或物"或"供选择的种类或范围"等。alternative 表示这种选择是用以"替代的东西或办法"，其后与它搭配的介词是 to。

▶ 从词根到单词

= altern（其他的）+ ate（表动词）+ ive（表名词和形容词）→ 可供选择的其他的事物；替代的；备选的。

常用表达

alternative proposals 备选方案
alternative energy 替代能源

▶ 后缀扩展

后缀 ive 表名词和形容词，表示"有……性质的、有……作用的、有……倾向的、属于……的"，例如：

educative adj. 教育的，教育性的，教育上的
impressive adj. 给人印象深刻的
protective adj. 保护的，防护的

▶ 高频近义词

optional adj. 任选的
selective adj. 选择的

▶ 高频反义词

compulsory adj. 义务的；必修的；被强制的
mandatory adj. 强制的；托管的
obligatory adj. 义务的；必需的

▶ 精选例句

I had no alternative but to accept the offer.
我除了接受该项提议之外，别无选择。
They are provided with two alternative flights.
有两个航班可供他们选择。

词根

apt

222

词根 apt，来源于拉丁语的 aptus，表示 fit，即"适当"的意思。词根 ept，att 是 apt 的变形。

【同根词汇】

adaptation [ˌædæpˈteɪʃn] n. 适应，顺应
adaptability [əˌdæptəˈbɪləti] n. 适应性；合用性
adaptive [əˈdæptɪv] adj. 适应的；有适应能力的

代言词

adaptable

【代言词剖析】

[əˈdæptəbl] GRE/TOEFL
adj. 可适应的；有适应能力的；适合的

adaptable 的后缀 able 表示"能力，可能性"，所以 be adaptable to sth 表示"可以习惯"（推测，不表事实）；adapted 后缀 ed 表示完成，be adapted to sth 表示"习惯了"（表示"习惯"的状态，事实）；而 adaptive 后缀 ive 表示"多的，强的"，所以 adaptive 表示"适应性强的"，be adaptive to sth 表示"易适应……"。

常用表达

adaptable to
可适应于，适合于

从词根到单词

＝adapt（适应）＋able（能……的）→有适应能力的。

前缀扩展

前缀 ad，表示"做……，加强……"，例如：
adapt vi. 适应于
adhere vi. 黏附；附着
adjacent adj. 邻近的

高频近义词

flexible adj. 灵活的；
versatile adj.（指工具、机器等）多用途的；
resilient adj. 能复原的；弹回的

后缀扩展

able 是形容词后缀，例如：
respectable adj. 可敬的；品行端正的
adaptable adj. 可适应的
adjustable adj. 可调整的，可调节的

高频反义词

inflexible adj. 僵硬的，不可弯曲的
rigid adj. 严格的；僵硬的；
unadaptable adj. 不能适应的；不能改编的

精选例句

The soil is adaptable to the growth of peanuts.
这土壤适合花生的生长。
They are adaptable foragers that learn to survive on a wide range of food sources.
它们是适应能力很强的觅食者，其赖以生存的食物来源很广。

词根 223 card/cord

词根 card/cord，来自拉丁语 cor，意思是 heart，即"心脏"的意思。

【同根词汇】
accord [əˈkɔːd] vi. 符合；一致
concord [ˈkɒŋkɔːd] n. 和谐，一致
cardiac [ˈkɑːdɪæk] adj. 心脏的
cardiogram [ˈkɑːdɪə(ʊ)græm] n. 心电图

代言词 cordial

【代言词剖析】
[ˈkɔːdɪəl] 考研/CET6/CET4/GRE/IELTS
adj. 热诚的；诚恳的；兴奋的　n. 补品；兴奋剂

　　cordial 较正式用词，指"亲切，友好，热诚，情意真挚"，含 kind、friendly 和 warm 的意思。它的含义比较丰富，不少鸡尾酒和饮料都被命名为 cordial，cordial 也常被用作自诩性的定语，比如 cordial serviced apartment, cordial serviced hotel 等等。

▶ **从词根到单词**
= cord（心）+ ial（具有……的，属于……的）
= 有心的，热诚的。

常用表达
cordial welcome 热诚的欢迎
cordial greetings 真诚的问候

▶ **后缀扩展**
　　后缀 ial，是后缀 al 的变形，都表示"具有……的，属于……的"，例如：
financial adj. 财政的；财务的
commercial adj. 商业的
fictional adj. 虚构的；小说的

▶ **高频近义词**
amiable adj. 和蔼可亲的；温和的
affable adj. 友善的；和蔼的
genuine adj. 真实的；诚恳的
hearty adj. 衷心的

▶ **高频反义词**
deceptive adj. 欺诈的；迷惑的
hypocritical adj. 虚伪的；伪善的

▶ **精选例句**
She had never known him to be so chatty and cordial.
她从没见过他如此健谈、如此友善。
Please accept my cordial and humblest apologies.
请接受我诚恳的道歉。

词根 celer 224

词根 celer，来自拉丁文 kele，英语中将 k 改成了 c。kele 是模仿马跑的声音，类似中文的"嘎德儿嘎德儿"，所以它含有速度的意思。这个词根也是经历了好几次的演变，包括晚期拉丁、古英语和法文等。

【同根词汇】

celerity [sɪˈlerɪtɪ] n. 迅速，敏捷
accelerator [əkˈseləreɪtə] n. 油门；催化剂
decelerate [diːˈseləreɪt] vi. 减速，降低速度
acceleration [əkˌseləˈreɪʃn] n. 加速；〈物〉加速度

代言词 accelerate

【代言词剖析】

[əkˈseləreɪt] GRE/TOEFL/IELTS

v. (使) 加快，(使) 增速；加速

accelerate 可以指 (使) 某事比预期的更快或更早发生，也可指 (使) 车辆或人加快速度，着重强调频率或速率运转加快。quicken 的含义与 accelerate 比较接近，也比较普通，指"加速，变快"；近义词 hasten 指由于事情的紧迫性或突然性而加速；hurry 指赶紧或匆忙地做某事或催促别人做某事，隐含草率或混乱的意味；rush 的含义与 hurry 类似，但显得更仓促、更慌乱一些。

常用表达

accelerate the pace 加快步调
accelerate the process 加快进程

▶ 从词根到单词

= ac (一再，表加强) + cele (速度) + ate (表动词) → 一再增加速度。

▶ 前缀扩展

前缀 ac，表示加强意义，例如：
access vt. 使用；存取；接近
accompany vt. 陪伴，陪同；附加
account vt. 认为；把……视作

▶ 高频近义词

expedite vt. 加快；促进
promote vt. 促进；提升
quicken vi. 加快

▶ 高频反义词

decelerate v. (使) 减速
retard vt. 延迟；阻止
postpone vi. 延缓，延迟

▶ 精选例句

Growth will accelerate to 7 per cent next year.
明年的增长率会加快到 7%。
She accelerated her car and passed the bus in front.
她加快车速超越了前面的巴士。

词根 chron 225

词根 chron，来自希腊语 khronos，表示 time, a defined time, a lifetime, a season, a while，即"时间，一段时间"的意思。单词 chronicle（编年史，年代记）记录了 events of a particular time（特定时间的事件）。单词 chronometer（精密计时表）就是用来精准记录时间的 device（设备）。

【同根词汇】
chronic ['krɒnɪk] adj. 慢性的；长期的
chronology [krə'nɒlədʒi] n. 年代学；年表
anachronism [ə'nækrənɪzəm] n. 时代错误；不合时代的事
chronograph ['krɒnəgrɑːf] n. 计时器
synchronous ['sɪŋkrənəs] adj. 同步的；同时的

代言词 synchronize

【代言词剖析】
['sɪŋkrənaɪz] TOEFL/IELTS
vt. 使同步；使同时   vi. 同时发生；共同行动

synchronize 还有一种写法是 synchronise，后缀发生了变化，含义一致，这主要是因为美式英语和英式英语之间的拼写有区别。类似的单词还有很多，比如：organize/organise（v. 组织），realize/realise（v. 意识到），criticize/criticise（v. 批评），apologize/apologise（v. 道歉），analyze/analyse（v. 分析）等等。

常用表达
synchronized swimming 花样游泳

▶ 从词根到单词
= syn（共同）+ chron（时间）+ ize（表动词）→时间相同→同时发生。

▶ 前缀扩展
前缀 syn，表示"共同，相同"，例如：
synopsis n. 摘要，梗概
syndrome n. 综合征；综合症状
synthesis n. 综合；〈化〉合成

▶ 后缀扩展
ize 是动词后缀，表示"……化"，例如：
publicize v. 宣传；推广
exorcize vt.（用祈祷等）驱除（恶魔）
industrialize v. （使）工业化

▶ 高频近义词
accord vi. 符合；一致
coordinate vt. 调整；整合
harmonize vt. 使和谐；使一致

▶ 高频反义词
disorganize vt. 扰乱；瓦解
disturb vt. 打扰；弄乱

▶ 精选例句
The sound must synchronize with the action.
声音必须与动作配合一致。
The wheels must synchronize as they revolve.
这些轮子须同速转动。

词根 em 226

词根 em，来源于拉丁语 emere，表示 to take，to buy，即"拿，买"的意思。它的变形有 eem，mpt，ampl，empt。

【同根词汇】

exempt [ɪɡˈzempt] v. 免除（责任，义务）
example [ɪɡˈzɑːmp(ə)l] n. 例子；榜样
redeem [rɪˈdiːm] vt. 赎回；挽回
redemption [rɪˈdem(p)ʃ(ə)n] n. 赎回；拯救

代言词 exemplify

【代言词剖析】

[ɪɡˈzemplɪfaɪ] 考研/CET6/GRE/TOEFL/IELTS

v. 作为榜样；举例说明；作为……的例子

表示举例子的英文表达很多，常见的有 for instance, for example, such as, like, give an example, say, let's say, perhaps, maybe, that is, that is to say, namely, to be precise, to be exact, specifically, in so many words, in other words, explicitly 等，大家可以积累下来。

▶ **从词根到单词**

= ex(出，外，向上) + empl(ampl 拿，获得，拿走后) + ify（动词后缀）
= 拿出作为榜样 → 引申一下，就是"举例证明；示范"的意思。

▶ **前缀扩展**

前缀 ex，表示"出，外，向上"的意思。例如：
exclude vt. 排外，排斥；逐出
expose vt. 暴露；揭发，显示
extract vt. 提取，取出；摘录

▶ **后缀扩展**

后缀 ify，是动词后缀，表示"……化""使成为……""变成……""做……"。它的对应名词后缀为 faciton 或 fication。例如：
simplify v. 使简化   classify v. 把……分类
intensify v. 加强，强化

▶ **高频近义词**

cite vt. 引用
quote vt. 引用；引证
illustrate v. 说明，图解

▶ **精选例句**

The plays of Wilds exemplify the comedy of manners.
王尔德的戏剧是风尚喜剧的典范。
I'm going to exemplify one or two of these points.
我打算就论点中的一两个方面举例说明。

词根 erg 227

词根 erg，来源于希腊语 ergon，表示 energy，work，即"能量，工作，活动"的意思。

【同根词汇】
energy [ˈenədʒɪ] n. 能量；精力
energize [ˈenədʒaɪz] vt. 激励；使活跃
synergic [sɪˈnɜːdʒɪk] adj. 协作的，合作的
anergy [ˈænədʒɪ] n. 无力

代言词 energetic

【代言词剖析】
[ˌenəˈdʒetɪk] 考研/CET6/TOEFL/IELTS
adj. 有力的；精力旺盛的；能量的

energetic 指精力充沛、奋力从事某事业；vigorous 指表现积极、有生气；lively 侧重指轻快，机智，有生气。

▶ 从词根到单词
= en（加强意义）+ erg（工作）+ etic（……的，形容词后缀）
= 加强工作的→引申一下，就是"精力旺盛的；有力的"的意思。

常用表达
energetic fuel 高能燃料
energetic discussion 热烈的讨论

▶ 前缀扩展
前缀 en，表示"向内，进入，不，无；配以"，表加强意义。例如：
enlighten vt. 启发，开导
encompass vt. 包围，围绕
encourage vt. 鼓励

▶ 高频近义词
lively adj. 充满活力的；活泼的，轻快的
vigorous adj. 精力旺盛的
active adj. 积极的，活跃的；有生气的
driving adj. 强劲的；推进的
dynamic adj. 动力的；有活力的

▶ 后缀扩展
后缀 etic，是很常见的形容词后缀，表示"属于……的，有……性质的，关于……的"意思。例如：
theoretic adj. 理论上的
sympathetic adj. 同情的
tonetic adj. 声调的

▶ 高频反义词
powerless adj. 无力的
faint adj. 头晕的；虚弱的

▶ 精选例句
Ten-year-olds are incredibly energetic.
10 岁的孩子精力格外旺盛。
She's always full of energy and enthusiasm.
她总是活力四射、充满热情。

词根 flect 228

词根 flect，来源于拉丁语 flectere，表示 to bend，即"弯曲"的意思。flex 是它的一个变形。

【同根词汇】
reflect [rɪˈflekt] vt. 反映；反射
flexible [ˈfleksɪb(ə)l] adj. 灵活的；柔韧的
deflect [dɪˈflekt] v. 偏斜，打歪
inflect [ɪnˈflekt] v. 使弯曲；词尾变化；变（音），转（调）

代言词 reflection

【代言词剖析】
[rɪˈflekʃn] 考研/CET6/CET4/TOEFL
n. 反射；沉思；反映；思考

reflection 的基本意思是"反射，倒影"，"折射"可以用 refraction 来表示。两个单词除了前缀和后缀，主要是词根的区别，fract 表示 break，即"打破"的意思。除了"反射"和"折射"，我们还会提到"散射"，可以用 scattering 来表示。

常用表达
on reflection 经过思考
mirror reflection 镜面反射

► 从词根到单词
＝ re（反）+ flect（弯曲）+ ion（名词后缀）
＝弯曲返回→引申一下，就是"反射"的意思，反求诸己，也有"沉思，思考"的意味。

► 前缀扩展
前缀 re，表示"再，重复，回，向后，相反，离开"的意思。例如：
reverse vt. 颠倒，倒转 adj. 反面的
resist v. 反抗，抵抗
repel v. 驱除，击退

► 后缀扩展
后缀 ion，是很常见的名词后缀，构成抽象名词，表示行为、行为的过程或结果、情况、状态。例如：
reaction n. 反应，感应
progression n. 前进，行进
prediction n. 预言，预告

► 高频近义词
muse n. 沉思；冥想
meditation n. 冥想，沉思，深思
ponder vi. 考虑；沉思
contemplation n. 沉思；注视；意图

► 精选例句
The reflection of the sun on the glass wall was blinding.
玻璃墙上反射的太阳光令人目眩。
This is a moment of reflection and respect.
这是一个令人沉思和表示尊重的时刻。

词根 flu
229

词根 flu，来源于拉丁动词 fluere，表示 to flow，即"流动"的意思。

【同根词汇】
flu [fluː] n. 流感
fluent [ˈfluːənt] adj. 流畅的，流利的
fluid [ˈfluːɪd] n. 流体；液体
influence [ˈɪnfluəns] n. 影响；势力
affluence [ˈæfluəns] n. 富饶，富有；丰富
confluence [ˈkɒnfluəns] n. （江河的）交汇（处）

代言词 superfluous

【代言词剖析】
[suːˈpɜːfluəs] 考研/GRE/IELTS
adj. 多余的；过剩的；不必要的

superfluous 指数量超出所需，强调超出部分是没有必要的；redundant 多指人员过剩，或指文字、语言重复、啰唆；surplus 通常指数量超出实际的需要，或指使用、花费后所剩下的东西。surplus 也可用作名词。

▶ 从词根到单词
= super（= over 超过）+ flu（流动）+ ous（……的，形容词后缀）
= 超过流动的→引申一下，就是"多余的；过剩的；不必要的"的意思。

常用表达
superfluous information/words
过多的信息/不必要的文字

▶ 前缀扩展
前缀 super，表示"上，超过"，来源于拉丁语 super。例如：
supersized adj. 超大型的
supernatural adj. 超自然的
supercharge vt. 使……超载，对……增压 n. 超负荷

▶ 高频近义词
redundant adj. 多余的，过多的
surplus adj. 过剩的；多余的
unnecessary adj. 多余的；不必要的；无用的

▶ 后缀扩展
后缀 ous，是很常见的形容词后缀，表示"有……性质的，属于……的，如……的，有……的，多……的"意思。例如：
poisonous adj. 有毒的
mountainous adj. 多山的，如山的
assiduous adj. 勤勉的

▶ 高频反义词
insufficient adj. 不足的，不充足的
inadequate adj. 不充分的；不适当的
deficient adj. 不足的；有缺陷的
wanting adj. 欠缺的；不足的

▶ 精选例句
My presence at the afternoon's proceedings was superfluous. 我去参加那天下午的活动是多此一举。
The soldier didn't know how to blow off his superfluous energy. 这个士兵不知如何发泄过剩的精力。

词根 lat

230

词根 lat，来自拉丁语 latum，意为 to carry，to bear，即"携带，承载"的意思。

【同根词汇】

relative ['relətɪv] adj. 相对的；有关系的
correlate ['kɒrəleɪt] vt. 使互相关联
translate [træns'leɪt] vt. 翻译；转化
latitude ['lætɪtjuːd] n. 纬度；界限

代言词
superlative

【代言词剖析】
[suː'pɜːlətɪv] 考研/TOEFL/IELTS
adj. 最高级的；最好的

英语中形容词的比较级（degrees of comparison）一般有两个：比较级（comparative degree）和最高级（superlative degree）。

▶ 从词根到单词
= super（之上）+ lat（承载）+ ive（……的）
= 承载在之上的→引申一下，就是"最高级"的意思。

常用表达
a superlative meal 最佳的饭菜
a superlative piece of skill 一项最上乘的技能

▶ **前缀扩展**

前缀 super，表示"超级，超过，过度"，例如：
supervise vt. 监督，管理
supersized adj. 超大型的
superfluous adj. 多余的
supersonic adj. 超音速的

▶ **后缀扩展**

后缀 ive，是很常见的形容词后缀，例如：
inclusive adj. 包括的，包含的
aggressive adj. 侵略性的；有进取心的
impassive adj. 冷漠的；无感觉的
permissive adj. 许可的；宽容的

▶ **高频近义词**

superb adj. 极好的；华丽的
magnificent adj. 壮丽的；宏伟的
outstanding adj. 杰出的；优秀的
standout adj. 极好的，非常好的
supreme adj. 最高的；至高的

▶ **高频反义词**

poor adj. 劣质的；糟糕的
average adj. 一般标准的；普通的
mediocre adj. 不太好的；平庸的
inferior adj. 差的；下级的

▶ **精选例句**

That hotel has a superlative view of Victoria Harbor.
在那家酒店看维多利亚港的美景，视野绝佳。
The supper is quite superlative.
晚餐相当好。

词根 leg 231

词根 leg，来源于拉丁语 legere，表示 to choose, to gather or to read，即"采集，诵读"的含义。变形的词根还有 lect 和 lig。

【同根词汇】

legal [ˈliːg(ə)l] adj. 法律的；合法的
legislate [ˈledʒɪsleɪt] vi. 立法；制定法律
select [sɪˈlekt] vt. 挑选；选拔
recollect [ˌrekəˈlekt] v. 回忆，想起
lecture [ˈlektʃə] v. 演讲
legible [ˈledʒɪb(ə)l] adj. 易读的
legend [ˈledʒ(ə)nd] n. 传奇

代言词 legendary

【代言词剖析】

[ˈledʒ(ə)nd(ə)rɪ] 考研/TOEFL/IELTS

adj. 传说的，传奇的

legend 指民间传说或传奇故事，多含虚幻成分；myth 指神话，特指与宗教或原始文明有关的故事，多以超人的力量去解释自然现象或人生；tale 指故事或传说，即使有事实根据也多添枝加叶或夸张，含荒唐不可信的意味；fable 指寓言，主人公多为拟人化的动物或非生物，多为虚构，旨在说明一个道理或教训，而寓言则多在结尾处点明。

常用表达

a legendary figure 传奇人物
legendary hero 传奇英雄

▶ **从词根到单词**

= leg（读）+ end（名词后缀）+ ary（形容词后缀）
= 读物的→传奇中的，传说中的。

▶ **后缀扩展**

第一个后缀是 end/and，是名词后缀，例如：

errand n. 使命；差使   addend n. 加数   dividend n. 股息

第二个后缀是 ary，也是很常见的形容词后缀，例如：

elementary adj. 基本的   revolutionary adj. 革命的   parliamentary adj. 议会的

▶ **高频近义词**

extraordinary adj. 非凡的；离奇的
mythological adj. 神话的
imaginary adj. 虚构的，假想的

▶ **高频反义词**

ordinary adj. 普通的；平凡的
mediocre adj. 真实的
commonplace adj. 平凡的；陈腐的

▶ **精选例句**

Her political skill is legendary.
她政治手腕高超。
The hill is supposed to be the resting place of the legendary King.
这座山据称是传说中国王的长眠之处。

词根 lim 232

词根 lim，来源于拉丁语名词 limes，表示 threshold，即"门槛，限制"的意思，变形的词根还有 limin，limit。

【同根词汇】

limit ['lɪmɪt] n. 限制；限度
eliminate [ɪ'lɪmɪneɪt] v. 消灭；删除
preliminary [prɪ'lɪmɪn(ə)rɪ] adj. 初步的；开始的
subliminal [səb'lɪmɪn(ə)l] adj. 潜意识的

代言词 sublime

【代言词剖析】

[sə'blaɪm] 考研/CET6/TOEFL/IELTS
adj. 伟大的，崇高的；令人赞叹的；令人崇敬的

一切都在限制和规矩下进行，说明有很高尚的精神，同时也是一种理想化的想法。表达的意思类似于 very great，noble，lofty（adj. 崇高的；高级的），大家可以作为同义词替换，这个单词本身也很高级哦。

常用表达

sublime scenery 壮丽的风景
sublime music 优美的音乐

▶ **从词根到单词**

= sub（在……下面）+ lime（限制）
= 在限制下不乱做事→崇高的。

▶ **前缀扩展**

前缀 sub，一个很重要的前缀，表示"下，低，副；由下向上；后面"，例如：
subaqua adj.（尤指戴水中呼吸器）水下游泳的；水下探险的
subconscious adj. 下意识的；潜意识的   submarine n. 潜水艇
subtitle n. 副标题

▶ **高频近义词**

noble adj. 贵族的；高尚的
lofty adj. 崇高的
awesome adj. 令人敬畏的
majestic adj. 庄严的；宏伟的
preeminent adj. 卓越的；超群的

▶ **高频反义词**

lowly adj. 地位低的；卑微的
ordinary adj. 平庸的；平淡无奇的
menial adj. 卑微的；仆人的
insignificant adj. 无关紧要的

▶ **精选例句**

He has a sense of the sublime.
他有一种令人敬畏的庄严感。
Everything in Heaven should be utterly sublime.
天堂里的一切都应当是绝对庄严的。

词根 line 233

词根 line，来自拉丁语，表示 line，即"直线，线条"的意思。

【同根词汇】

liner ['laɪnə] n. 班轮，班机
linear ['lɪnɪə] adj. 线的，线型的
outline ['aʊtlaɪn] n. 轮廓；大纲
interline [ɪntə'laɪn] v.（字）写在行间，隔行书写

代言词 underline

【代言词剖析】

[ˌʌndə'laɪn] 考研/TOEFL/IELTS
v. 强调；凸显

underline 表示下面画线来强调，多用于书面语。highlight 意思是"使高光"，使它更突出，可以通过打亮光等实现。使用最多的是 emphasize，表示"强调，着重"，加强语气，也表示英语中的重读。

▶ 从词根到单词

= under（在下面）+ line→在下面画线 = 强调。

▶ 前缀扩展

前缀 under，表示"在……下"例如：
underground adj. 地下的
underwrite v. 在……下面写
undermine v. 破坏

▶ 高频近义词

emphasis n. 强调，重点
underscore v. 强调
stress vt. 强调；使紧张
highlight vt. 突出；强调

▶ 高频反义词

neglect vt. 疏忽，忽视
overlook vt. 忽略
ignore vt. 忽视；不理睬

▶ 精选例句

Please underline the important items.
请在重要事项的下面画线。
The report underlines the importance of pre-school education.
这份报告强调学前教育的重要性。

词根 logy 234

logy 来自希腊语的 logy，表示 science，即"科学，学科"的意思。变形的词根还有 nomy。

【同根词汇】

biology [baɪˈɒlədʒɪ] n. 生物；生物学
archeology [ˌɑːkɪˈɒlədʒɪ] n. 考古学
genealogy [dʒiːnɪˈælədʒɪ] n. 宗谱；血统
anthropology [ˌænθrəˈpɒlədʒɪ] n. 人类学
economy [ɪˈkɒnəmɪ] n. 经济；节约
astronomy [əˈstrɒnəmɪ] n. 天文学

代言词 psychology

【代言词剖析】

[saɪˈkɒlədʒɪ] 考研/CET6/TOEFL/IELTS

n. 心理学；心理特点；心理状态

psychology 有时也指"心理状态"，如 the psychology of a criminal（犯罪心理）和 the psychology of cats（猫的心理状态）。还有一个长得很像的单词 physiology（n. 生理学；生理机能），前缀 phys 就是表示"身体，物质"的意思。

▶ 从词根到单词

= sci，也是一个词根，是"知道"的意思。cho 是一个词根，是"心"的意思。lo 以前也是一个词根，是"说"的意思，而 gy 是"学"的意思，logy 合起来就是我们今天学的"科学，学说"的意思。因此 psy-cho-logy 连起来就是"知道'心'的学说"，因此就是"心理学"的意思。

常用表达
child psychology 儿童心理学
criminal psychology 犯罪心理学

▶ 前缀扩展

前缀 psycho，表示"心理""精神"或"灵魂"的意思，例如：
psychologist n. 心理学者
psychometircs n. 心理测验学
psychophysiology n. 精神病，精神变态

▶ 高频近义词

mindset n. 精神状态；思维模式
mentality n. 心态
consciousness n. 意识；知觉
intuition n. 直觉

▶ 精选例句

I can't understand that man's psychology.
我无法理解那个人的心理。

Many people failed in the psychology test.
很多人在心理测试环节被淘汰。

词根 lumin 235

词根 lumin，来自拉丁语的 lumin，意为 light，即"发光，照亮"。lun 是它的变形。

【同根词汇】

lunatic ['luːnətɪk] adj. 疯狂的；精神错乱的
luminous ['luːmɪnəs] adj. 发光的；明亮的
illuminating [ɪ'ljuːmɪneɪtɪŋ] adj. 启蒙的，有启发性的
bioluminescent ['baɪəʊˌljuːmɪ'nesənt] adj. 生物性发光的
illumine [ɪ'l(j)uːmɪn] v. （诗/文）照明，照亮

代言词 illuminate

【代言词剖析】

[ɪ'l(j)uːmɪneɪt] 考研/CET6/TOEFL/IELTS

v. 解释清楚；启发

illuminate 指用光线照亮黑暗处，引申可指"启发，阐明"复杂或难懂的问题；enlighten 原指照耀，现只用于引申义指启发、开导或使人摆脱偏见、迷信等；illustrate 指增加光泽，引申指"美化"或"润色"。

▶ 从词根到单词

= il（向内）+ lumin（光，照）+ ate（动词词尾）
= 照明，照亮，照射→引申一下，就是"解释清楚；启发"。

常用表达

illuminate the sky 照亮天空
illuminate for 为……照明；给（某人）阐明

▶ 前缀扩展

前缀 il，表示"使……成为，进入"，例如：
illegal adj. 不合法的，违法的
illusion n. 幻觉
illiterate adj. 目不识丁的，文盲的
illogical adj. 不合逻辑的；无意义的

▶ 高频近义词

enlighten v. 启发
inspire vt. 激发；鼓舞
expound vt. 解释；详细说明

▶ 后缀扩展

后缀 ate，是很常见的动词后缀，表示"做、造成、使之成……、做……事"等意义，例如：
assassinate v. 行刺，暗杀
orientate v. 使向东；定方向
originate v. 发源；发起

▶ 高频反义词

darken v. （使）变暗
blur vt. 涂污；使……模糊不清
obscure vt. 使……模糊不清，掩盖

▶ 精选例句

I would illuminate the darkness with my light.
我会用我的光明来照亮黑暗。
They use games and drawings to illuminate their subject.
他们用游戏和图画来阐明他们的主题。

词根 lus 236

词根 lus，变形是 lud，都来自拉丁语的 luder，表示 to play, to laugh，即"游戏，笑"的意思。

【同根词汇】

allude [əˈl(j)uːd] v. 暗指
delude [dɪˈl(j)uːd] vt. 欺骗；哄骗
ludicrous [ˈluːdɪkrəs] adj. 滑稽的；荒唐的
illusion [ɪˈl(j)uːʒ(ə)n] n. 幻觉，错觉
disillusion [ˌdɪsɪˈl(j)uːʒ(ə)n] n. 幻灭；醒悟

代言词 elusive

【代言词剖析】

[ɪˈl(j)uːsɪv] 考研/CET6/TOEFL/IELTS
adj. 难懂的；难捉摸的；难找的；逃避的

看到别人突然发笑确实会让人摸不着头脑，对方或者故作神秘，或者假装逃避，总之难以解释，这个词表示的就是这样一种情境。此外还可以表示"难以达到的，难以记起的，容易忘掉的"。

▶ **从词根到单词**

= e（向外）+ lus（笑，玩）+ ive（……的）
= 笑着（从危险状况中）摆脱出来→引申一下，就是"逃避的"的意思。

常用表达

an elusive word 难记的词
elusive factor 难以捉摸的因素

▶ **前缀扩展**

前缀 e，是常见的前缀 ex 的一个变形，表示"向外，分离"的意思，例如：
expel vt. 驱逐；开除
exclude vt. 排除；排斥
elect v. 选出

▶ **后缀扩展**

ive 是很常见的形容词后缀，例如：
decisive adj. 决定性的；果断的
inclusive adj. 包括的，包含的
aggressive adj. 侵略性的；有进取心的

▶ **高频近义词**

ambiguous adj. 模糊不清的
intricate adj. 复杂的；错综的
unintelligible adj. 莫名其妙的
complicated adj. 难懂的，复杂的
evasive adj. 逃避的
deceptive adj. 欺骗性的

▶ **高频反义词**

distinct adj. 明显的；清楚的
evident adj. 明显的

▶ **精选例句**

He was totally mixed up by his elusive and ambiguous remarks.
他完全被他模棱两可、含混不清的话搞糊涂了。
Number is an elusive concept in English teaching and learning.
数字是英语教学中一个难以捉摸的概念。

词根 237: stru

词根 stru，来源于拉丁语 struere，表示 to build，即"建立"的意思。变形的词根还有 struct。

【同根词汇】
construct [kənˈstrʌkt] v. 建造
structure [ˈstrʌktʃə] n. 结构；构造
destruction [dɪˈstrʌkʃ(ə)n] n. 破坏，毁灭
obstruct [əbˈstrʌkt] vt. 妨碍；阻塞
instrument [ˈɪnstrʊm(ə)nt] n. 仪器；工具

代言词：instrumental

【代言词剖析】
[ˌɪnstrʊˈment(ə)l] 考研/CET6/TOEFL/IELTS
adj. 乐器的；仪器的；有帮助的；起作用的

instrumental 看起来是 instrument 的形容词，记忆方法很简单，大凡是仪器都是对我们生活有帮助的，所以它的意思为"有帮助的"。

从词根到单词
= in（向内）+ stru（建立）+ mental（形容词后缀）→内部建立了的，有内部结构的→仪器，工具→引申一下，就是"有帮助的，起作用的"。

常用表达
instrumental music 器乐
be instrumental in (doing) sth 对（做）某事起重要作用

前缀扩展
in 是一个很重要的前缀，表示"不，无，非；入，向内"的意思，例如：
incentive n. 激励；刺激
incorporate vt. 合并，并入
inflame v. 激怒

后缀扩展
后缀 mental 是一个形容词后缀，例如：
menatal adj. 精神的；脑力的
foundamental adj. 基本的，根本的
parliamental adj. 国会的，议会的
temperamental adj. 喜怒无常的；性情的

高频近义词
beneficial adj. 有益的，有利的
assistant adj. 辅助的；有帮助的
favorable adj. 有利的；良好的

高频反义词
unhelpful adj. 无帮助的
useless adj. 没有帮助的
invalid adj. 无效的；有病的

精选例句
He was **instrumental** in the reunion of the two parties.
他对两党再次联合起到了促进作用。
This technical innovation is **instrumental** in improving the qualities of our products.
这项技术革新有助于改善我们的产品质量。

词根 sum

238

词根 sum，来源于拉丁语的 summa，表示"最高，总"。古罗马人计数时喜欢从底下向上数每一柱的数字，然后把总数放在顶部，所以 sum 不仅有"最高的"意义，还有"总的"意义。

【同根词汇】
sum [sʌm] n. 金额；总数
summit [ˈsʌmɪt] n. 顶点；最高级会议
summary [ˈsʌm(ə)rɪ] n. 概要，摘要
summate [ˈsʌmeɪt] v. 求（……的）和

代言词 summarize

【代言词剖析】
[ˈsʌməraɪz] 考研/CET6/TOEFL/IELTS

v. 总结；概述

summarize 是简要地用几条或者几个重点概括之前的内容，比如说你做了很多工作，或者你长篇大论地讲了很多东西，最后你可以 summarize 一下所有的东西。generalize 是概括地对某个话题或者课题进行阐述，即简要描述；sum up 也有"总结"的意思，主要是指发表自己的观点。

常用表达
summarize a story 概述故事
summarize in a sentence 归纳成一句话

▶ 从词根到单词
= sum（总）+ m（重复字母）+ ary（名词后缀）→ summary（n. 总结，去掉 y 后加上动词后缀 ize）= 总结，概括。

▶ 后缀扩展
ize 是一个很重要的动词后缀，表示"……化，照……样子做，按……方式处理，变成……状态，使成为……"，与名词后缀 ization 相对应，例如：
modernize vt. 使现代化
industrialize vt. 使工业化
mechanize v. 机械化

▶ 高频近义词
epitomize v. 概括，总结
nutshell v. 简言之
generalize vt. 概括

▶ 高频反义词
elaborate v. 阐述
expand vt. 扩张；详述
expand on 详谈

▶ 精选例句
The authors **summarize** their views in the introduction.
作者在序言里概述了他们的观点。
To **summarize**, this is a clever approach to a common question.
总而言之，这是一个解决常见问题的巧妙方法。

词根 sur 239

词根 sur，来自拉丁语的 securue，意为 certain（adj. 确定的）和 secure（adj. 安全的）。sur 除了做词根，它还是一个前缀 sur，表示"在……之上"。单词 sure 就来自于此。

【同根词汇】
ensure [ɪnˈʃʊr] v. 保证；确保
reassure [ˌriːəˈʃɔː(r)] vt. 使……安心，使消除疑虑
assurance [əˈʃʊər(ə)ns] n. 保证，担保
reassuring [ˌriːəˈʃʊərɪŋ] adj. 安心的；可靠的

代言词 insurance

【代言词剖析】
[ɪnˈʃʊərəns] 考研/CET6/TOEFL/IELTS
n. 保险（业）；赔偿费

insurance 多用来指赔偿损失或损伤的"保险"；assurance 一般是"保证"某件事会发生；guarantee 指"保证"某种产品或服务的真实可靠，如产品的保修。在保险行业，保险费一般用 premium 来表示。

常用表达
life insurance 人寿保险
insurance policy 保险契约，保险单

▶ 从词根到单词
= in（向内）+ sur（确保）+ ance（表示状态、情况、性质、行为）
= 向内部保证，确保→引申一下，就是"保证，确保"的意思。

▶ 前缀扩展
in 是一个很重要的前缀，表示"向内"的意思，例如：
inborn adj. 天生的
indoor adj. 户内的
inbreathe v. 引入

▶ 高频近义词
warrant v. 担保
safeguard v. 保护；保卫
guarantee n. 保证；担保

▶ 后缀扩展
后缀 ance，构成抽象名词，表示状态、情况、性质、行为，与 ancy 类似。例如：
buoyance n. 浮力
continuance n. 继续，连续

▶ 高频反义词
breach v. 破坏，违反
opposition n. 反对，对立
violate vt. 违反

▶ 精选例句
Do you have insurance on your house and its contents?
你买住房和家庭财产险了吗？
My house was insured with a local insurance company.
我的房子是向当地一家保险公司保的险。

词根 tact 240

词根 tact，来源于拉丁语动词 tangere，变形还有 tang，ting（tig，tag），意为 touch，即"接触"的意思。

【同根词汇】

contact [ˈkɒntækt] vt. 使接触，联系
tangible [ˈtæn(d)ʒɪb(ə)l] adj. 有形的；切实的
entangle [ɪnˈtæŋg(ə)l] vt. 使纠缠；卷入
contagious [kənˈteɪdʒəs] adj. 感染性的；会蔓延的

代言词 contiguous

【代言词剖析】

[kənˈtɪgjʊəs] 考研/CET6/TOEFL/IELTS
adj. 相邻的，相近的

contiguous 跟 continuous 只有 g 和 n 一个字母的差别，但它们的区别还是很明显的。contiguous 是指地域上的相连、相邻、交界，是"毗邻"的意思，如广东和广西在地域上就是 contiguous 的，Excel 中的单元格之间也是 contiguous 的。continuous 是指时间/过程上的"继续"和"承接"。adjacent 是指"挨个，紧挨着"的意思，强调空间位置上相临。contiguous 则是没有任何空隙或间隔物的。

常用表达

contiguous item 相连项
contiguous zone 毗连区

▶ 从词根到单词

= con（共同）+ tig（接触）+ uous（……的，有……性质的）
= 共同接触的，就是"相邻的，相近的"。

▶ 前缀扩展

con 是一个很重要的前缀，表示"共同"的意思，例如：
concentric adj. 同心的
conclude vt. 总结；结束
confirm v. 坚定；证实

▶ 后缀扩展

uous 是很常见的形容词后缀，表示"表示有……性质的，属于……的，有……的"，同 ous。例如：
sensuous adj. 感觉上的
assiduous adj. 刻苦的   innocuous adj. 无害的

▶ 高频近义词

adjacent adj. 相近的   beside prep. 在附近
adjoin vi. 毗连，邻接
neighbouring adj. 邻近的；附近的

▶ 高频反义词

distant adj. 遥远的
remote adj. 遥远的
far-off adj. 遥远的

▶ 精选例句

The garden is contiguous to the field.
这个花园紧挨着农田。
The Southern Ocean is contiguous with the Atlantic.
南海和大西洋相连。

词根 test 241

词根 test，来源于拉丁语名词 testis，表示 witness，即"证据，验证"的意思。单词 test（vt. 试验；测试）就来自这个词根。

【同根词汇】
contest ['kɒntest] v. 争论；争辩
testify ['testɪfaɪ] v. 提供证据；作证（尤指出庭）
testimony ['testɪmənɪ] n. 证据；证词
testimonial [ˌtestɪ'məʊnɪəl] n. 证明书
contestant [kən'test(ə)nt] n. 竞争者；选手

代言词 protest

【代言词剖析】
[prə'test] 考研/CET6/TOEFL/IELTS
vt. 抗议；断言 n. 抗议

protest 一般指通过言语或文字或行为表示出的强烈抗议、反对；object 多指因厌恶或反感而反对，但不一定明显地表露出来；oppose 是普通用词，含义广，语气强于 object，多指反对一些较重大的事，隐含其正当性。

常用表达
protest against 反对，对……提出抗议
a violent/angry protest 强烈抗议

从词根到单词
= pro（前面）+ test（抗议）
= 向前去验证 → 引申一下，就是"抗议，争论"的意思。

▶ 前缀扩展
pro 是一个很重要的前缀，表示"前；公开"的意思，例如：
progress vt. 进步
prologue n. 前言，序言
promote v. 促进，提升

▶ 高频近义词
oppose v. 反对，抵抗
object v. 反抗；抗议
revolt vi. 反抗；反叛
rebel vi. 反叛；反抗

▶ 高频反义词
agree v. 同意
comply v. 顺从
support v. 支持

▶ 精选例句
He protested strongly at being called a snob.
他极力反对别人说他势利眼。
The strikers returned to work, but under protest.
罢工者虽然复了工，但并非情愿。

词根 text

242

词根 text，来源于拉丁语 text，意为 to weave，即表示"编织，编造"的含义。单词 text（n. 课文，文本）就来源于此，可以理解为课文文本都是按照目录、段落编写而成的。

【同根词汇】
context ['kɒntekst] n. 上下文
textbook ['teks(t)bʊk] n. 课本；教材
textile ['tekstaɪl] n. 织物
texture ['tekstʃə] n. 质地，结构

代言词 pretext

【代言词剖析】
['priːtekst] 考研/CET6/TOEFL/IELTS
n. 借口；托词

pretext 有一个表示"之前"的前缀，所以一般指以虚构、捏造的"借口"或"托词"来掩盖要做的事的真实意图。excuse 指对有意去做或不做的事情所致的辞谢或道歉，含有推卸责任或逃避指责的意味，而 pretext 则承认做错事，但往往会找出一些理由来解释事情为什么会发生。

▶ 从词根到单词
= pre（之前）+ text（编制）
= 事先编织、编造→引申一下，就是"借口；托词"。

常用表达
invent a pretext 编个借口
under a/the pretext 以……为借口

▶ 前缀扩展
pre 是一个很重要的前缀，表示"前"的意思，例如：
prewar adj. 战前的
prefix n. 前缀
preschool adj. 学龄前的
prelude n. 前奏；序幕

▶ 高频近义词
excuse n. 借口
guise n. 伪装
alibi n. 不在场证明或辩解；托词

▶ 高频反义词
reality n. 现实
truth n. 事实
honesty n. 诚实

▶ 精选例句
We will have to find a pretext for not going to the party.
我们得为不去参加聚会找个借口。
He excused himself on the pretext of a stomach upset.
他借口自己胃不舒服离开了。

词根 thesis 243

词根 thesis，来自拉丁语的 thes，变形还有 thet，都表示 to put, setting，即"放置，设置"的意思。

【同根词汇】

thesis [ˈθiːsɪs] n. 论文，论点
antithesis [ænˈtɪθəsɪs] n. 对立面；对照
synthesis [ˈsɪnθɪsɪs] n. 综合体
synthetic [sɪnˈθetɪk] adj. 合成的，人造的
parenthesis [pəˈrenθɪsɪs] n. 插入语；圆括号

代言词 hypothesis

【代言词剖析】

[haɪˈpɒθɪsɪs] 考研/CET6/TOEFL/IELTS

n. 假设，假说，猜想

　　hypothesis 一般是书面用词，指有待做进一步检验或证实的假设；assumption 更侧重表示主观推测或主观设想；presumption 着重指以可能性为依据的假设。supposition 可与 assumption 换用，还可表某种试探性的主观看法或建议。

常用表达

a hypothesis on 有关……的假说
confirm a hgpothesis 证实假设

▶ 从词根到单词

= hypo（下面）+ thesis（伸开，延展）→ 放在下面，还不能作为正式理论 → 假说。

▶ 前缀扩展

　　前缀 hypo，表示"下面，次等"的意思，例如：

hypodermic adj. 皮下的　　　　hypomnesia n. 记忆力减退
hypotrophy n. 发育不良　　　　hypocritical adj. 虚伪的，伪善的

▶ 高频近义词

assumption n. 设想
speculation n. 推测；投机
supposition n. 假定，推测
postulation n. 假定；要求

▶ 高频反义词

truth n. 真理
fact n. 事实

▶ 精选例句

The validity of the hypothesis can be tested.
这种假说的可靠性是经得起考验的。
Scientists have proposed a bold hypothesis.
科学家们提出了一个大胆的假设。

词根 range 244

词根 range，来源于古法语 ranger，表示 rank，即"排列，顺序"的含义。

【同根词汇】

range [reɪn(d)ʒ] n. 范围；山脉
arrange [əˈreɪn(d)ʒ] v. 安排；排列
rearrange [riːəˈreɪn(d)ʒ] vt. 重新排列；重新整理
disarrange [dɪsəˈreɪn(d)ʒ] vt. 扰乱；弄乱
deranged [dɪˈreɪn(d)ʒd] adj. 疯狂的；精神错乱的

代言词 arrangement

【代言词剖析】
[əˈreɪndʒmənt] CET6/CET4/TOEFL/IELTS
n. 安排；布置；整理；准备

这个单词用处也比较多，表示"安排，筹划，准备"，是可数名词，一般用复数形式，常与介词 about 或 for 连用；表示"整理，排列"时，是不可数名词，但如果着眼于结果（此时常有形容词修饰）则可加不定冠词；表示"协商"时，常用于 arrangement with sb/about/over sth 短语中。除此之外，这个单词还可以表示乐曲的"改编"。

▶ 从词根到单词

＝ ar（加强词义）+ range（排列，顺序）+ ment（表名词的后缀）
＝按顺序排列好，使排列整齐→引申一下就是表示安排，整理，准备的意思。

常用表达

make an arrangement 做出安排
carry out an arrangement 执行计划（安排）

▶ 前缀扩展

ar 是我们之前见到的前缀 ad 的变形，是词根首字母重复的形式，也有加强词义的作用。例如：
arrest v. 逮捕   array vt. 排列，部署
arrogant adj. 自大的，傲慢的

▶ 后缀扩展

ment 是常见的名词后缀，例如：
management n. 管理
establishment n. 建立，设立
pavement n. 人行道
assignment n. 分配，指派

▶ 高频近义词

preparation n. 预备；准备
classification n. 分类；类别
organization n. 组织；机构
layout n. 布局；设计

▶ 精选例句

This arrangement is agreeable to both sides.
这样安排对双方都合适。
The inside arrangements of the house are very old-fashioned.
屋子里面的布置是老式的。

词根 rav 245

词根 rav，来源于拉丁语 rav，还有两个形式是 rap 和 rapt，都表示 to take，to snatch，即"带走，攫取，捕捉"的含义。

【同根词汇】
ravish [ˈrævɪʃ] vt. 强夺；强奸
rapid [ˈræpɪd] adj. 迅速的，急促的
rapids [ræpɪdz] n. 急流；湍流
rapture [ˈræptʃə] n. 狂喜，兴高采烈
ravenous [ˈræv(ə)nəs] adj. 贪婪的；狼吞虎咽的

代言词 ravage

【代言词剖析】
[ˈrævɪdʒ] GRE/IELTS/CET6
n. 破坏；蹂躏
v. 毁坏；破坏；掠夺

ravage 做名词时经常用复数形式，比如 ravages of time/inflation/poverty/war 等；做动词时被动形式较多；同义词 destroy 是"毁坏"的意思，强调以具有摧毁或杀伤性的力量把某物彻底毁掉；damage 表示"伤害"，比如心灵、身体受到伤害；ruin 指"毁掉"，含有在一定的过程中逐渐毁掉的意思。

▶ 从词根到单词
= rav（夺走，捕捉）+ age（通常是表示状态的名词后缀）
= 被捉住，被夺走后的状态→引申一下就是表示"破坏，蹂躏"的意思。除此之外，这个词也可以做动词使用。

▶ 后缀扩展
age 是常见的名词后缀，例如：
courage n. 勇气，胆量　　　　percentage n. 百分比
beverage n. 饮料　　　　　　orphanage n. 孤儿院

▶ 高频近义词
destroy vt. 破坏；消灭
damage vt. 损害，毁坏
wreck vt. 破坏；使失事；拆毁
devastate vt. 毁灭；毁坏

▶ 高频反义词
protect vt. 保护，防卫
preserve vt. 保存；保护
defend v. 保卫；防守

▶ 精选例句
Emotion can not withstand the ravages of time.
感情经不起时间的摧残。
Bands of enemy soldiers ravaged the village.
成群的敌兵洗劫了村庄。

词根 san 246

词根 san，来源于拉丁语 salus，变形是 sanit，都表示 healthy，即"健康的"。

【同根词汇】

sanity ['sænɪtɪ] n. 精神健全，神志正常
insane [ɪn'seɪn] adj. 疯狂的；精神病的
sanitation [ˌsænɪ'teɪʃ(ə)n] n. 环境卫生；卫生设备
sanatory ['sænətɒrɪ] adj. 有益健康的；健康的
sanatorium [ˌsænə'tɔːrɪəm] n. 疗养院；休养地

代言词 sanitary

【代言词剖析】

['sænətrɪ] GRE/TOEFL/IELTS

adj. 卫生的；清洁的

sanitary 一般形容卫生条件，设备、环境等卫生，比如 sanitary environment（卫生环境）；hygienic 常用来形容人自身及身边范围的东西，如食品卫生。饭前洗手比较卫生用 hygienic 比较合适。对应到它们的名词形式，sanitation 和 hygiene（n. 卫生；卫生学）也是一样的用法。

▶ 从词根到单词

= sanit（健康）+ ary（形容词后缀）
= 与健康有关的→引申一下就是"卫生的，清洁的"。

常用表达

sanitary towel 卫生巾
sanitary ware 卫生洁具

▶ 后缀扩展

ary 是常见的形容词后缀，也可以作为名词后缀，例如：

customary adj. 习惯的
elementary adj. 基本的
depositary n. 存放处
honorary adj. 荣誉的
revolutionary adj. 革命的

▶ 高频近义词

clean adj. 清洁的；清白的
healthy adj. 健康的；有益于健康的
spotless adj. 一尘不染的，干干净净的

▶ 高频反义词

unclean adj. 肮脏的；行为不检的
unhealthy adj. 不健康的；有害身心健康的
unsanitary adj. 不卫生的；有碍健康的

▶ 精选例句

Overcrowding and poor sanitary conditions led to disease in the refugee camps.
过度拥挤和恶劣的卫生状况导致难民营中出现疾病。
They lack the most elementary sanitary facilities.
他们缺乏最基本的卫生设备。

词根 scrib 247

词根 scrib，来源于拉丁语的 scribere，还有一个形式是 script，都表示 to write，即"写"的意思。

【同根词汇】

describe [dɪˈskraɪb] vt. 描述；形容
prescribe [prɪˈskraɪb] vt. 规定；开处方
transcribe [trænˈskraɪb] vt. 转录；抄写
script [skrɪpt] n. 脚本；剧本
manuscript [ˈmænjʊskrɪpt] n. 手稿；原稿
description [dɪˈskrɪpʃ(ə)n] n. 描述，描写

代言词 ascribe

【代言词剖析】

[əˈskraɪb] CET6/GRE/TOEFL/IELTS

vt. 把……归因于，认为……是由于；认为……具有

ascribe 表示主观认为，而 attribute 更强调客观性，两个单词既可以用在积极的方面，也可以用在坏的方面。impute 主要用于坏的方面，常表示"归罪于或嫁祸于……"这样的含义。

常用表达

ascribe to
把……归于；认为……是

▶ **从词根到单词**

= a（加强词根含义，表示 to，即"去、到"的意思）+ scrib（写）+ e（补充构成单词）= 基本意思是"去把……写下来"→记下来，认为……是由于，归因于。

▶ **前缀扩展**

a 是常见的前缀 ad 的一个变形，都有加强词根含义的作用，例如：
ascend v. 上升；登高
aspect n. 方面；方向
aspire vi. 渴望；立志

▶ **高频近义词**

attribute vt. 归属；把……归于
refer vt. 涉及；委托；归之于
impute vt. 归罪于，归咎于
accredit vt. 授权；信任；归因于

▶ **精选例句**

You should not ascribe your failure to bad luck.
你不应该把自己的失败归因于运气不好。
We ascribe his success to skill and hard work.
我们把他的成就归功于熟练的技巧和努力工作。

词根 sert
248

词根 sert，来源于拉丁语 serere，表示 to join, to insert，即"加入，插入"的意思。

【同根词汇】

assert [əˈsɜːt] vt. 维护，坚持
desert [dɪˈzɜːt] vt. 遗弃；放弃
exert [ɪɡˈzɜːt] vt. 运用，发挥
insert [ɪnˈsɜːt] vt. 插入；嵌入
dissertation [ˌdɪsəˈteɪʃ(ə)n] n. 论文

代言词 assertive

【代言词剖析】

[əˈsɜːtɪv] CET6/GRE/TOEFL/TEM8
adj. 断定的；自信的；观点明确的

assertive 的人在 passive（被动的）和 aggressive（有攻击性的）之间，passive 的人牺牲了自我需求，aggressive 的人只看到自己的需求，而 assertive 的人能既尊重自己的需求，也照顾到别人的需求。

▶ 从词根到单词
= as（加强词根含义）+ sert（插入）+ ive（形容词后缀）
= 强行插入（自己的观点）的→断定的。

常用表达

self-assertive 自作主张的
assertive sentence 陈述句

▶ 前缀扩展

as 是常见的前缀 ad 的一个变形，表示 to，即"去，到"的意思，有加强词根含义的作用，例如：
assess vt. 评定；估价
assume vi. 假定；设想
assembly n. 装配；集会
associate v. 联合，结合
assimilate v. 同化，吸收

▶ 后缀扩展

ive 是常见的形容词后缀，例如：
appreciative adj. 感谢的
respective adj. 各自的
pervasive adj. 遍及的
repulsive adj. 令人厌恶的

▶ 高频近义词

confident adj. 自信的
affirmative adj. 肯定的，同意的
insistent adj. 坚持的；迫切的

▶ 高频反义词

hesitating adj. 犹豫的
ambiguous adj. 模棱两可的，不明确的
dubious adj. 可疑的；无把握的

▶ 精选例句

We should try and be more assertive. 我们应该努力尝试并坚定信心。
Pointing directly at a listener is an assertive act. 直接指向听众是种傲慢无礼的行为。

词根 sign 249

词根 sign，来自拉丁语的 sign，意为 mark，sign，即"记号，信号"的意思。单词 sign（n. 记号）就来源于这个词根。

【同根词汇】

signal ['sɪgn(ə)l] n. 信号；暗号
assign [ə'saɪn] vt. 分配；指派
design [dɪ'zaɪn] vt. 设计；计划
resign [rɪ'zaɪn] vt. 辞职；放弃
signature ['sɪgnətʃə] n. 署名；签名
consign [kən'saɪn] vt. 运送，托运

代言词 significant

【代言词剖析】

[sɪg'nɪfɪkənt] 考研/CET6/CET4/GRE/TOEFL/IELTS
adj. 重要的；有意义的；意味深长的；显著的

　　significant 指某事特别有意义，尤其突出、为人所记忆或长远看很有贡献，但不一定有"紧迫的"或"强有力的"含意，对应的名词形式是 significance（n. 意义，重要性）；important 既可指某事意味深长，也可指有一点价值的，对应的名词形式是 importance（n. 重要性，重要地位）；vital 表示"极其重要，生死攸关的"。

▶ 从词根到单词

= sign（记号）+ i（连接字母）+ fic（做）+ ant（形容词后缀）
= 做了记号的→重要的；有意义的。

常用表达

significant contribution 重大贡献
a significant look 意味深长地看一眼

▶ 词根扩展

　　还有一个词根是 fic，它有很多变形，如 fac, fact, fect, feat, 都表示 make, 即"做"的意思，例如：
efficient adj.（做事）有效的
facilitate vt. 促进；帮助　　faction n. 宗派，小集团
affective adj. 令人感动的　　feature n. 面貌；特征

▶ 高频近义词

chief adj. 首席的；主要的　　major adj. 主要的；重要的
decisive adj. 决定性的；果断的
principal adj. 最重要的，首要的
consequential adj. 意义重大的；间接的

▶ 后缀扩展

　　ant 是常见的形容词后缀，例如：
reliant adj. 依赖的
determinant adj. 决定性的
vigilant adj. 警惕的

▶ 高频反义词

petty adj. 小的，不重要的
insignificant adj. 无关紧要的
frivolous adj. 琐碎的

▶ 精选例句

It was truly a significant conversation. 这是一次非常有意义的谈话。
Your success today may be significant for your whole future. 你今天的成功对你的整个未来都可能举足轻重。

词根 solu

250

词根 solu，来自拉丁语的 soluere，变形还有 solv 和 solut，意为 to loosen，即"松开"的意思。单词 solve（v. 解决；溶解）和 solute（n. 溶质）就来源于这个词根。

【同根词汇】
solution [səˈluːʃ(ə)n] n. 解决方案；溶液
dissolve [dɪˈzɒlv] vi. 溶解；解散
solvent [ˈsɒlv(ə)nt] n. 溶剂；解决方法
absolute [ˈæbsəluːt] adj. 绝对的；完全的

代言词 resolution

【代言词剖析】
[ˌrezəˈluːʃn] 考研/CET6/CET4/TOEFL/IELTS

n. 决心；解决；坚决；决议；分辨率

resolution 指自发的、正式表示的决心，含极强的主观能动意味；determination 侧重坚定不移的顽强意志力；decision 既可指重大的或一般的决定或决心，又可指在多种情况下做出果断的抉择，毫不犹豫地采取行动；resolve 语气较强，强调克服感情上的软弱，下决心干具体的一件事。

常用表达
high/low resolution 高/低分辨率
come to (form, make, reach, take) a resolution 下决心

从词根到单词
= re（完全，彻底）+ solu（松开）+ tion（名词后缀）
= 完全松开、解开的状态 → "解决"，也可以解释为完全抛开杂念，下定"决心"。

▶ 前缀扩展
re 表示强调，完全地，彻底地，例如：
replete adj. 充满的；装满的
relentless adj. 无情的；残酷的
receptive adj. 善于接受的；能容纳的

▶ 后缀扩展
tion 是常见的名词后缀，例如：
instruction n. 指令，命令
allocation n. 分配，拨给
affiliation n. 入会，加入

▶ 高频近义词
outcome n. 结果，结局
determination n. 决心；果断
resolve n. 坚决；决定要做的事

▶ 高频反义词
preparation n. 预备；准备
hesitation n. 犹豫

▶ 精选例句
Nothing can unsettle our resolution. 什么也动摇不了我们的决心。
She's always making good resolutions but she never carries them out.
她经常决心下得很大，但从不实行。

词根 251 somn

词根 somn，来自拉丁语的 somn，意为 sleep，即"睡眠"。

【同根词汇】
insomnia [ɪnˈsɒmnɪə] n. 失眠；失眠症
insomniac [ɪnˈsɒmnɪæk] n. 失眠症患者
somnolent [ˈsɒmnəl(ə)nt] adj. 催眠的，想睡的

代言词
insomnious

【代言词剖析】
[ɪnˈsɒmnɪəs] 考研/TOEFL/IELTS
adj. 患失眠症的，失眠的

insomnious 表示"失眠的"，对应的名词形式是 insomnia，很多同学都有 suffer from insomnia（受失眠之苦）的经历。而现代社会，睡得好成了一种奢侈。有关 sleep 的几个实用短语也可以积累下来：sleep like a log（睡得很沉），sleep on it（把问题留在第二天解决），not sleep a wink（难以入睡）。

▶ 从词根到单词
= in（不）+ somn（睡眠）+ ious（形容词后缀）
= 不睡眠的 → 失眠的。

常用表达
insomnious disease 失眠症
insomnious phobia 失眠恐惧症

▶ 前缀扩展
前缀 in，在这里表示"无，不，非"，否定含义，例如：
incorrect adj. 不正确的
informal adj. 非正式的
inaccurate adj. 不准确的
indifferent adj. 漠不关心的；无关紧要的

▶ 高频近义词
sleepless adj. 失眠的；不休息的
awake adj. 醒着的
wakeful adj. 醒着的；失眠的
restless adj. 焦躁不安的；不安宁的

▶ 后缀扩展
ious 是常见的形容词后缀，例如：
curious adj. 好奇的
specious adj. 似是而非的；外表美观的
spacious adj. 宽敞的，广阔的
commodious adj. 宽敞的

▶ 高频反义词
asleep adj. 睡着的
sleepy adj. 欲睡的；困乏的

▶ 精选例句
Why does cancer patient contract insomnious disease easily?
为什么癌症患者易患失眠症？
This brand new medicine has remedial effect to insomnious disease.
这种新药对失眠症有治疗作用。

词根 speci 252

词根 speci，来源于拉丁语的 specere，意为 look, kind，即"外观，种类"的意思。

【同根词汇】
special ['speʃ(ə)l] adj. 特别的；专门的
speciality [ˌspeʃɪ'ælɪtɪ] n. 特点；特产
specify ['spesɪfaɪ] vt. 指定；详细说明；列举
species ['spi:ʃi:z] n. 种类，物种
specimen ['spesɪmɪn] n. 样本，标本

代言词 specific

[spə'sɪfɪk] 考研/CET6/CET4/TOEFL/IELTS
adj. 明确的；特殊的；具体的　n. 特效药；详情；特性

【代言词剖析】
specific 和 special 都有"特别的"和"特定的"的含义，而且也都没有比较级和最高级，主要区别是 specific 常后接抽象名词，而 special 常后接表示具体事物的名词。

常用表达
specific occasion 特定场合
specific style 独特的风格

从词根到单词
= speci（外观，种类）+ fic（做）
= 专门做出来的 → 特殊的，明确的。

▶ 词根扩展
还有一个词根 fic，变形如 fac, fact, fect, feat，都表示 make，即"做"的意思，例如：
suffice v. 使满足，充足
sacrifice v. 牺牲 n. 牺牲品
facility n. 便利；便利设备
affected a. 受感动的；假装的
benefactor n. 捐助者；恩人

▶ 高频近义词
special adj. 特别的；专门的
definite adj. 一定的；确切的
concrete adj. 实在的，具体的
explicit adj. 明确的；清楚的
particular adj. 特别的；详细的

▶ 高频反义词
general adj. 一般的，普通的
vague adj. 模糊的；含糊的

▶ 精选例句
They haven't fixed a specific date for their meeting. 他们还没定下来会议的具体日期。
I gave you specific instructions. 我给过你明确的指示。

词根 sta 253

词根 sta，来自拉丁语 stare，意为 to stand，即"站立"的意思。这个词根还有很多变形，出现频率特别高，比如 st，stat，stan，stant，stin 等。

【同根词汇】
stable ['steɪb(ə)l] adj. 稳定的
estate [ɪ'steɪt] n. 不动产，财产
instant ['ɪnst(ə)nt] adj. 紧急的
substance ['sʌbst(ə)ns] n. 物质；本质
stationary ['steɪʃ(ə)n(ə)rɪ] adj. 不动的；稳定的

代言词 obstacle

【代言词剖析】
['ɒbstəkl] 考研/CET6/CET4/GRE/TOEFL/IELTS
n. 障碍；绊脚石

obstacle 主要表示在达到目的或前进的过程中必须消除或绕过的障碍物，也就是经常说的"绊脚石"；同时也指起阻碍作用的情况，比如"干扰，妨碍"。

常用表达
psychological obstacle 心理障碍
install an obstacle 设置障碍
clear away/remove obstacles 排除障碍

▶ 从词根到单词
= ob（反）+ sta（站立）+ cle（名词后缀）
= 反着站的东西 → 阻挡的东西，障碍物。

▶ 前缀扩展
前缀 ob，在这里表示"逆着，倒着"，也有加强词根含义的作用，例如：
obscure adj. 模糊的
obsolete adj. 废弃的；老式的
object vi. 反对；拒绝
observe vt. 观察；遵守

▶ 后缀扩展
cle 是一个名词后缀，例如：
circle n. 循环，周期
article n. 文章；物品
particle n. 颗粒

▶ 高频近义词
barrier n. 障碍物，屏障
block n. 障碍物
hitch n. 故障，障碍
obstruction n. 障碍；阻碍

▶ 高频反义词
support n. 支持；维持
smooth adj. 顺利的；光滑的

▶ 精选例句
He felt that his family was an obstacle to his work.
他感到他的家庭妨碍了他的工作。
We must smooth away the obstacle on the road.
我们必须清除路上的障碍物。

词根 stit 254

词根 stit，来源于拉丁语 sistere，还有一个变形是 stitut，意为 to stand, to place, to set，即"站立，放，设置"的意思。这个词根与词根 st, stat 属于同义词根。

【同根词汇】
constitute [ˈkɒnstɪtjuːt] v. 构成；制定
institution [ˌɪnstɪˈtjuːʃ(ə)n] n. 机构，团体
substitute [ˈsʌbstɪtjuːt] v. 代替，替换
superstitious [ˌsuːpəˈstɪʃəs] adj. 迷信的；有迷信观念的

代言词 constitution

常用表达
official constitution 正式法规
chemical constitution 化学结构

【代言词剖析】
[ˌkɒnstɪˈtjuːʃn] 考研/CET6/CET4/GRE/TOEFL/IELTS
n. 宪法；组织；建立；体质

constitution 指宪法，也指规章、规则的汇集；regulation 指用于管理、指导或控制某系统或组织的规则、规定或原则等；law 是普通用词，泛指一切法规条例。

▶ 从词根到单词
= con（共同）+ stitut（放）+ ion（名词后缀）
= 共同放在一起 → 组织，构成，体质。也专指"宪法"，因为宪法是一个国家的根本大法，是有关一个国家组织构成的综合性法律。

▶ **前缀扩展**
前缀 con 表示共同，例如：
concent *n. / v.* 答应，同意
conform *v.* 使一致，遵守
confirm *vt.* 证实，批准
concentric *adj.* 同一中心的

▶ **后缀扩展**
ion 是一个常见的名词后缀，例如：
discussion *n.* 讨论
cushion *n.* 靠垫
profusion *n.* 丰富；浪费
convocation *n.* 召集，会议

▶ **高频近义词**
structure *n.* 结构；构造
regulation *n.* 管理；规则
foundation *n.* 基础；地基
formation *n.* 形成；构造
establishment *n.* 确立，制定

▶ **精选例句**
She was responsible for the constitution of a new committee. 她负责组建一个新的委员会。
The country's constitution embodies the ideals of freedom and equality.
这个国家的宪法体现了自由和平等的理想。

词根 sting 255

词根 sting，来源于拉丁语 stinguere，变形还有 stinct 和 stimul，意为 to prick，即"刺，刺激"的意思。单词 sting（vt. 刺；驱使）就来自这个词根。同时，因为火苗有时候尖尖的，像针一样，所以这个词根也引申为"火焰"。

【同根词汇】
stingy ['stɪn(d)ʒɪ] adj. 小气的，吝啬的
extinguish [ɪk'stɪŋgwɪʃ] v. 熄灭；压制
distinct [dɪ'stɪŋ(k)t] adj. 清楚的；明显的
instinct ['ɪnstɪŋ(k)t] n. 本能，直觉
stimulate ['stɪmjʊleɪt] v. 刺激，鼓励

代言词 distinguish

【代言词剖析】
[dɪ'stɪŋgwɪʃ] 考研/CET6/CET4/TOEFL/IELTS
v. 区别；辨认；使显著；引人注目

distinguish 表示"区分，辨别"，经常用到的两个短语 distinguish between 与 distinguish from 的意思相近，但 between 有时可以省略，意思不变，而 from 则不可省略，distinguish from 偶尔也表示"使……不同于"，distinguish between 没有此义。另外，形容词 distinguished (adj. 著名的；卓著的) 也很常用，大家也可以积累下来。

常用表达
distinguish in 在（某方面）出名
distinguish between... and 把……和……区别开来，辨别

▶ 从词根到单词
= dis（分开）+ stingu（刺）+ ish（动词后缀）
= 把刺分开 → 挑出来，区分出来。

▶ 前缀扩展
前缀 dis 表示共同，例如：
dispense v. 分配，分发
dismiss v. 解散；开除
disseminate v. 散布，传播
discriminate v. 辨别；歧视

▶ 后缀扩展
后缀 ish 既可以表示动词，也可以表示形容词，例如：
polish v. 磨光，擦亮
flourish v. 繁荣，兴旺
furnish vt. 提供；供应
Swedish adj. 瑞典的；瑞典语

▶ 高频近义词
discern vt. 识别；辨别
identify vt. 辨认出，鉴定
differentiate v. 区分，区别

▶ 高频反义词
obscure vt. 使……模糊不清，掩盖
mingle vt. 使混合；使相混

▶ 精选例句
Speeches distinguish human beings from animals. 人类和动物的区别在于人会说话。
We should distinguish between right and wrong. 我们应辨别是非。

词根 strain 256

词根 strain，来源于拉丁语 strain，变形还有 strict，string 和 stress，意为 to tighten，即"拉紧"的意思。单词 strain（vt. 拉紧）和 strict（adj. 严格的）就来源于这两个词根。

【同根词汇】
constrain [kən'streɪn] vt. 迫使，强制
restrict [rɪ'strɪkt] vt. 限制，限定
district ['dɪstrɪkt] n. 地域，地区
string [strɪŋ] n. 线，细绳
distressed [dɪ'strest] adj. 痛苦的；忧虑的

代言词 restrain

【代言词剖析】
[rɪ'streɪn] 考研/CET6/CET4/GRE/TOEFL/IELTS
vt. 抑制；阻止；束缚

restrain 表示"限制，约束，管制"，语气比较温和，有时指自我约束；restrict 是指限制在一个界限或范围内；inhibit 主要指抑制愿望、情绪或念头，也指制止某物的蔓延。

▶ 从词根到单词
= re（相反）+ strain（拉紧）
= 反向拉紧 → 限制，阻止，束缚。

常用表达
restrain oneself 自制，克己，忍耐
restrain bias 克制偏见

▶ **前缀扩展**
前缀 re，表示回，向后，相反，例如：
reclaim v. 取回，抗议
refund vt. 退还；偿还
rebound n. 回弹；篮板球
redeem vt. 赎回；挽回
rebellious adj. 反抗的；造反的

▶ **高频近义词**
suppress vt. 抑制；镇压
hinder vt. 阻碍；打扰
inhibit vt. 抑制；禁止
refrain vi. 节制，克制

▶ **高频反义词**
liberate vt. 解放；放出
emancipate vt. 解放，释放

▶ **精选例句**
I could not restrain my anger. 我无法抑制我的愤怒。
The goverment is taking steps to restrain inflation. 政府正在采取措施控制通货膨胀。

词根 popul 257

词根 popul 来自拉丁语的 popul，publ 是它的变形，意为 people，即"人"的意思。

【同根词汇】
popular [ˈpɒpjʊlə] adj. 流行的；通俗的
populous [ˈpɒpjʊləs] adj. 人口稠密的；人口多的
popularize [ˈpɒpjʊləraɪz] vt. 普及；使通俗化
public [ˈpʌblɪk] n. 公众；社会
publish [ˈpʌblɪʃ] vi. 出版；发行
publication [ˌpʌblɪˈkeɪʃ(ə)n] n. 出版；出版物

代言词 popularity

【代言词剖析】
[ˌpɒpjuˈlærəti] GRE/CET6/TOEFL
n. 普及；流行；名望；受欢迎

fame 表示"名声，传闻（包括好的、坏的）"，ill fame 就指不好的名声；reputation 指好的名声、名誉、威望，一般是褒义的；而 popularity 指流行度、声望，人气很高的意思，可以做褒义，也可以做贬义使用。

▶ **从词根到单词**
= popul（人民）+ ar（形容词后缀）+ ity（名词后缀）
= 人民当中的 → 引申一下就是"流行，普及"的含义。

常用表达
internet popularity 网络知名度
Increase popularity 增加好感

▶ **后缀扩展**
第一个后缀是 ar，表示"……的"，是一个形容词后缀。例如：
linear adj. 线的，线性的
peculiar adj. 特有的
singular adj. 单独的
molecular adj. 分子的

▶ **后缀扩展**
第二个后缀是 ity，是一个常见的名词后缀。例如：
purity n. 纯度；纯洁
regularity n. 规则性；整齐
calamity n. 灾难；不幸事件

▶ **高频近义词**
fame n. 名声
vogue n. 时尚，流行
reputation n. 名声，名誉
acceptance n. 认可
pervasive adj. 普遍的；流行的

▶ **高频反义词**
scarce adj. 缺乏的，稀有的
exclusive adj. 独有的；排外的
undesirable adj. 不良的；不受欢迎的
unpopularity n. 不受欢迎；不得人心

▶ **精选例句**
She has never courted popularity. 她从不追求名望。
Golf has gained popularity among the wealthy in my country. 高尔夫已在我国富有人群中流行起来。

词根 mater 258

词根 mater 来自拉丁语的 matr，其变形为 matr、matern 和 metro，意为 mother，即"母亲"的意思。

【同根词汇】

matrix ['meɪtrɪks] n. 矩阵；母体；子宫
matrimony ['mætrɪmənɪ] n. 结婚，婚礼；婚姻生活
maternity [mə'tɜːnɪtɪ] adj. 产妇的
metropolitan [ˌmetrə'pɒlɪt(ə)n] adj. 大都市的

代言词 maternal

【代言词剖析】

[mə'tɜːn(ə)l] GRE/CET6/IELTS
adj. 母亲的；母亲般的；母系的

有的同学可能会问：外国人怎样称呼"外公"和"爷爷"呢？在书面语里面，我们就会这么写，maternal grandfather（外公）；maternal grandmother（外婆）；paternal grandfather（爷爷）；paternal grandmother（奶奶）。但实际上，平时的口语中，我们用 grandfather（n. 祖父；外祖父）和 grandmother（n. 祖母；外祖母）就行，甚至可以再简单一点，用 grandpa 和 grandma，听起来是不是更亲切呢？

常用表达

maternal grandfather/aunt 外祖父/姨母等
maternal instinct 母性本能

▶ 从词根到单词

= matern（母亲）+ al（形容词后缀）
= 母亲的，像母亲的。

▶ 后缀扩展

后缀 al，表示"……的"或者"像……的"。例如：
musical adj. 音乐的；悦耳的
pastoral adj. 田园生活的
exceptional adj. 特别的
regional adj. 地区性的

▶ 高频近义词

motherly adj. 母亲的；慈母般的
parental adj. 父母亲的，父母的
caring adj. 关心他人的
affectionate adj. 深情的；充满爱的

▶ 高频反义词

paternal adj. 父亲的；父亲般的
fatherly adj. 父亲的
filial adj. 孝顺的；子女的

▶ 精选例句

She feels very maternal towards the cute baby. 她对那个可爱的婴儿充满母爱。
The sight of the poor little girl aroused her maternal instincts.
那个可怜的小女孩的模样唤起了她的母性。

词根 patr 259

词根 patr 来自拉丁语 patr，变形是 pater 和 patri，意为 father，country，即"父亲，国家"的意思。

【同根词汇】

patron [ˈpeɪtr(ə)n] n. 赞助人；保护人
patriot [ˈpeɪtrɪət] n. 爱国者，爱国主义者
patriotism [ˈpeɪtrɪətɪzəm] n. 爱国主义；爱国心，爱国精神
paternal [pəˈtɜːn(ə)l] adj. 父亲的；父亲般的

代言词 patriotic

【代言词剖析】

[ˌpeɪtrɪˈɒtɪk] 考研/CET6/TOEFL

adj. 爱国的，有爱国心的；爱国主义的

我们将祖国称为 fatherland，也就是将国家比作自己的父亲，所以这个单词的词根就是"父亲"的含义，后来引申出了"国家"的概念。"爱国者"是 patriot，而 traitor（n. 叛徒；卖国贼）就是另一个极端。

▶ 从词根到单词

= patri（国家）+ ot（人）+ ic（……的）
= 爱国家像爱父亲一样的 → 爱国的。

常用表达

patriotic song 爱国歌曲
patriotic poet 爱国诗人
patriotic movement 爱国运动

▶ 后缀扩展

第一个后缀是 ot，表示人或者物。例如：
idiot n. 笨蛋，傻瓜
pilot n. 飞行员
parrot n. 鹦鹉

▶ 后缀扩展

第二个后缀是 ic，表示形容词。例如：
volcanic adj. 火山的；暴烈的
heroic adj. 英雄的；英勇的
atmospheric adj. 大气的

▶ 高频近义词

loyal adj. 忠诚的，忠心的
chauvinistic adj. 沙文主义的；盲目爱国的
nationalistic adj. 民族主义的；国家的

▶ 高频反义词

traitorous adj. 叛逆的
faithless adj. 不忠实的
unpatriotic adj. 不爱国的；无爱国心的
treacherous adj. 奸诈的，叛逆的

▶ 精选例句

Her patriotic action raised our admiration.
她的爱国行为激起了我们的敬佩之情。
Every overseas Chinese has sincere patriotic feelings.
每个海外游子都有拳拳的爱国之心。

词根 mort

260

词根 mort 来自拉丁语的 mort，mors，mor 意为 death，即"死亡"的意思。

【同根词汇】

mortal [ˈmɔːt(ə)l] n. 人类，凡人；adj. 凡人的
immortal [ɪˈmɔːt(ə)l] adj. 不死的；不朽的
mortality [mərˈtælɪtɪ] n. 死亡数，死亡率
post-mortem [pəʊs(t)ˈmɔːtəm] adj. 验尸的；死后的

代言词 mortgage

【代言词剖析】

[ˈmɔːɡɪdʒ] 考研/CET6/GRE/IELTS
n. 按揭；抵押；抵押贷款
vt. 抵押

房贷，也被称为房屋抵押贷款。买房子需要贷款，一般就是 mortgage on a house（用房子抵押）来向银行借款，而为了 pay off（付清）贷款，很多人就成了 mortgage slave（房奴）。

▶ 从词根到单词

= mort（死亡）+ gage（约定，抵押）
= 生意完成（死亡）了一般就是指将债务还清了。而"抵押"也就是说暂时兑现了，这时候抵押品就成了不能动的东西，死亡的状态。

常用表达

apply for a mortgage 申请抵押
pay off a mortgage 清偿抵押贷款

▶ 后缀扩展

后缀是单词 gage，表示 pledge，即"约定，抵押"的意思。例如：
engage vi. 订婚；从事
engagement n. 婚约；约会

▶ 高频近义词

pledge n. 保证；抵押
loan n. 贷款
pawn n. 典当
guarantee n. 保证，担保

▶ 高频反义词

ransom n. 赎金
redeem vt. 赎回；挽回

▶ 精选例句

He will have to mortgage his house for a loan.
他不得不将房子抵押来申请贷款。
He can buy the house only if a mortgage for 200,000 dollars is available.
只有拿到 20 万美元的抵押贷款，他才买得起那栋房子。

词根 plac 261

词根 plac，来源于拉丁语的 placere，pleas 是它的变形，意为 to please，表示"取悦，使满意，使平静"的意思。单词 please 就来源于此。

【同根词汇】

placid ['plæsɪd] adj. 平静的
pleasure ['pleʒə] n. 快乐；乐趣
placate [plə'keɪt] v. 安慰，抚慰
placebo [plə'siːbəʊ] n. 安慰药
unpleasant [ʌn'plez(ə)nt] adj. 令人不愉快的；讨厌的

代言词 complacent

【代言词剖析】

[kəm'pleɪsnt] GRE/CET6/TEM4
adj. 满足的；自满的；得意的

complacent 表示"自满的，自鸣得意的"，可指没有怨言而洋洋得意，也可指小有成绩而沾沾自喜，尤指该成就和自己并无多大关系的沾沾自喜，因而含有令人生厌的意味。

常用表达

self complacent 自我满足
complacent assertion 自以为是

从词根到单词

= com（全部）+ plac（平静）+ ent（……的）
= 全部平静下来，没什么其他变化，要求 → 引申一下就是"满足的，自满的"。

前缀扩展

前缀 com 表示共同，全部，例如：
commitment n. 承诺，保证
component adj. 组成的，构成的
comprehensive adj. 综合的；广泛的

后缀扩展

ent 是一个常见的形容词后缀，例如：
permanent adj. 持久的
prominent adj. 突出的
consequent adj. 随之发生的，作为结果的

高频近义词

proud adj. 自豪的；得意的；自负的
arrogant adj. 自大的，傲慢的
cocky adj. 自大的，过于自信的
self-satisfied adj. 自满的；自鸣得意的

高频反义词

humble adj. 谦虚的，谦卑的
modest adj. 谦虚的，适度的

精选例句

He was complacent about his achievements.
他对自己的成绩沾沾自喜。
We must not become complacent about progress.
我们决不能因进步变得自满。

词根 marin
262

词根 marin，来自拉丁语的 mare，变形有 mari，都表示 sea，即"大海"的意思。

【同根词汇】
marine [məˈriːn] adj. 船舶的；海生的；海运的
mariner [ˈmærɪnə] n. 水手；船员
maritime [ˈmærɪtaɪm] adj. 海的；海事的
mariculture [ˈmærɪˌkʌltʃə] n. 海洋生物养殖

代言词
submarine

【代言词剖析】
[ˌsʌbməˈriːn] 考研/CET6/CET4/TOEFL/IELTS
n. 潜艇；海底生物
adj. 水下的，海底的

marine 作为形容词时，指"跟海有关的"，或者"与海军有关的"，还可以作为名词，表示海军士兵或军官。maritime 强调与海或海洋相关的一切（包括海洋本身，也包括海洋的各种相关事务）。所以，maritime 的含义更多一些，而 marine 含义窄。大家可以多积累一些习惯性用法。

▶ 从词根到单词
= sub（在……下面）+ marin（海洋）+ e（构词后缀）
= 在海洋下面的 → 海底的，水下的。

常用表达
nuclear submarine 核潜艇
submarine cable 海底电缆

▶ 前缀扩展
前缀 sub，表示"在……下面"，也表示"低一等的，副的"。例如：
subway n. 地铁
submissive adj. 顺从的；服从的
subconscious adj. 潜意识的；下意识的
subordinate adj. 从属的；次要的
subtitle n. 副标题

▶ 高频近义词
undersea adj. 水下的；海面下的
underwater adj. 在水中的；水面下的
oceanic adj. 海洋的；海洋产出的

精选例句
At the first sign of danger the submarine will submerge.
一有危险迹象，潜艇就会潜入水中。
We are building a submarine cable tunnel.
我们正在建设一条海底电缆隧道。

词根 aer 263

词根 aer，来源于拉丁语或希腊语 aer，它的变形有 aeri，aero，air 和 ar，都表示 air，即空气的意思。

【同根词汇】
aerobat [ˈeərəuˌbæt] n. 飞行器
aerobics [eəˈrəubɪks] n. 有氧运动
aeroplane [ˈeərəpleɪn] n. 飞机
aerospace [ˈeərəspeɪs] n. 宇宙空间；航空航天学
aircraft [ˈeəkrɑːft] n. 飞机，航空器

代言词 aerial

【代言词剖析】
[ˈeərɪəl] 考研/CET6/GRE/IELTS
adj. 空中的；空气的；航空的；空想的
n. 天线

aerial 用作形容词的基本意思是"空气的；空中的"，比如 aerial view（鸟瞰图）；还可表示"存在（悬浮）于空中的"，引申可指"虚幻的"，比如 aerial fancies（虚无缥缈的幻想）。

▶ 从词根到单词
= aeri（空气）+ al（形容词或者名词后缀）
= 空气的 → 引申一下，就是"空中的，航空的"；也可以表示"（悬在空中的）天线"。

常用表达
aerial attack 空袭
television aerial 电视天线

▶ 后缀扩展
后缀 al，既是一个形容词后缀，也是一个名词后缀。例如：
oral adj. 口头的，口述的
continental adj. 大陆的
industrial adj. 工业的；产业的
material n. 材料，原料
approval n. 批准；认可
appraisal n. 评价，评估

▶ 高频近义词
invisible adj. 无形的，看不见的
celestial adj. 天上的，天空的
ethereal adj. 天上的；轻飘的
imaginary adj. 虚构的，假想的
aloft adj. 在空中的；在高处的
airborne adj. 空运的；空气传播的

▶ 精选例句
Aerial pollution is a problem that should be solved quickly.
空气污染是一个亟待解决的问题。
He climbed up to the roof to adjust the **aerial** for a better reception.
他爬上屋顶调整天线，以改善其接收效果。

词根 nav 264

词根 nav，来源于拉丁语 navis，变形 nau，naut 和 naus，都表示 ship，即"船"的意思。

【同根词汇】

navy [ˈneɪvɪ] n. 海军
naval [ˈneɪv(ə)l] adj. 海军的；军舰的
astronaut [ˈæstrənɔːt] n. 宇宙航行员
nausea [ˈnɔːzɪə] n. 作呕；恶心

代言词 navigate

【代言词剖析】

[ˈnævɪgeɪt] TEM4/GRE/TOEFL

vt. 驾驶；航行于；使通过
vi. 驾驶；航行

navigate 还有一个含义也很常用，即"导航"。navigate to 指导航到什么地方，如果已经偏离航线或者行驶线路，就可以用 redirect to 表示改变方向至某地。

常用表达

navigate the Internet 浏览互联网
navigate an airplane 驾驶飞机

▶ **从词根到单词**

= nav（船）+ ig（走）+ ate（表示动词）= 船走起来 → 驾驶，航行。

▶ **前缀扩展**

还有一个词根是 ig，变形是 ag，表示"走，做"。例如：
ambiguous adj. 引起歧义的，模棱两可的
agent n. 代理人，代理商
exigency n. 紧急，紧急事件

▶ **后缀扩展**

后缀 ate，在这里表示动词。例如：
frustrate v. 挫败
differentiate v. 区别，分别
attenuate v. 变薄，变弱

▶ **高频近义词**

sail vi. 航行；启航
cruise vt. 巡航，巡游
steer vi. 驾驶，掌舵
voyage vi. 航行；航海

▶ **精选例句**

The river became too narrow and shallow to navigate.
河道变得又窄又浅，无法航行。
I don't like having to navigate Tokyo's crowded streets.
我不愿意在东京拥挤的街道上穿行。

词根 pur 265

词根 pur，来源于拉丁文 purus，purg 是它的变形，都表示 pure，即"纯洁"的意思。

【同根词汇】

purge [pɜːdʒ] vt. 净化；清洗
impure [ɪmˈpjʊə] adj. 不纯的；肮脏的
purity [ˈpjʊərɪti] n. 纯度；纯洁
purist [ˈpjʊərɪst] n. 力求纯正者，纯粹主义者
purgative [ˈpɜːɡətɪv] n. 泻药
purification [ˌpjʊərɪfɪˈkeɪʃən] n. 净化；提纯

代言词 purify

【代言词剖析】

[ˈpjʊərɪfaɪ] 考研/CET6/CET4/GRE/TOEFL

vt. **使纯净，净化；精炼；使（语言）纯正；给……赎罪，使纯洁**

purify 指将原本不纯或不干净的东西通过某种手段将其变得干净起来。动词后缀 fy 经常加到名词或者形容词后面构成相应的动词，如果以 e 结尾，通常还会将 e 变成 i，这时候后缀就是 ify。除此之外，要变成相应的名词时，fy 就会变成 fication 或者 faction，比如：signification (*n.* 意义；表示) 和 satisfaction (*n.* 满意，满足)。

▶ **从词根到单词**
= pur（纯洁） + ify（动词后缀）
= 使纯洁 → 净化，精炼，使纯正。

常用表达
purified air 净化空气
purified water 净化水

▶ **后缀扩展**

后缀是 ify，由动词后缀 fy 变化而来，类似的还有 efy，有"使成为……，变成……"的含义，例如：
satisfy *vt.* 满足；说服
specify *vt.* 指定；详细说明
signify *vt.* 表示；意味
horrify *vt.* 使恐惧；使惊骇

▶ **高频近义词**
cleanse *vt.* 净化；使……纯净
refine *vt.* 精炼，提纯
clarify *vt.* 澄清；阐明
sublime *vt.* 使……升华；使……变高尚

▶ **高频反义词**
sully *vt.* 玷污；使丢脸
pollute *vt.* 污染；玷污
contaminate *vt.* 污染，弄脏

▶ **精选例句**

One tablet will **purify** a litre of water. 一丸即可净化一升水。
The music seems to **purify** one's spirit. 这种音乐似乎能够荡涤人们心灵。

词根

bell
266

词根 bell，来源于拉丁文 bell，表示 war，即"战争"的意思。

【同根词汇】
rebel ['reb(ə)l] n. 反叛者；叛徒
bellow ['beləʊ] vi. 吼叫；咆哮
rebellious [rɪ'beljəs] adj. 反抗的；造反的
belligerent [bə'lɪdʒ(ə)r(ə)nt] adj. 交战的；好战的

代言词
rebellion

【代言词剖析】
[rɪ'beljən] 考研/CET6/CET4/TOEFL/IELTS
n. 叛乱；反抗，内讧

rebellion 一般是从旧统治阶级角度来说，可译为"造反，叛乱"，通常未能成功，可指某一次具体事件，但不宜指正义的革命；要表达有进步意义的历史变革可以用 revolution；revolt 一般指规模较小，且时间较短的"起义"，还可指广泛的"反抗"，不一定采取暴力方式，对象也不一定是政权；而 riot 主要指骚动，指一群人喧嚷捣乱。

常用表达
armed rebellion 武装叛乱
crush a rebellion 平定叛乱

▶ 从词根到单词
= re（相反）+ bell（打）+ ion（名词后缀）
= 反过来打 → 反叛，反抗。

▶ 前缀扩展
前缀 re，表示"相反，反对"的意思，例如：
reverse v. 反转，颠倒
resent v. 怨恨，不满
repel v. 驱除，击退

▶ 高频近义词
revolt n. 叛乱
riot n. 暴乱
revolution n. 革命
uprising n. 起义
resistance n. 抵抗

▶ 后缀扩展
后缀 ion，是个常见的名词后缀，比如：
carnation n. 康乃馨
collusion n. 勾结，串通
approbation n. 称赞，认可
apprehension n. 担忧；逮捕

▶ 高频反义词
support n. 支持；维持
advocation n. 拥护；支持

▶ 精选例句
The government has just put down a rebellion. 这个国家刚刚镇压了一场叛乱。
The north of country rose in rebellion against the government.
这个国家的北方地区发生了反对政府的叛乱。

词根 neg 267

词根 neg，来源于拉丁语 negare，表示"否认，不用"的意思。

【同根词汇】

neglect [nɪˈglekt] v. 忽视，不顾
negative [ˈneɡətɪv] adj. 否认的
negligent [ˈneɡlɪdʒənt] adj. 疏忽的；粗心大意的
negligence [ˈneɡlɪdʒ(ə)ns] n. 玩忽职守

代言词 negligible

【代言词剖析】

[ˈneɡlɪdʒəbl] 考研/CET6/TOEFL/IELTS
adj. 可以忽略的；微不足道的

negligible 一般指数量小，不重要，微不足道或可忽略不计，同义词 marginal 多指处于边缘，幅度、范围小，故价值或重要性不大。

从词根到单词

= neg（否定，不用）+ lig（选择）+ ible（……的）
= 可以不用选择的 → 可以忽略的，微不足道的。

常用表达

negligible difference 差别极小
negligible person 微不足道的人

▶ **词根扩展**

第二个词根是 lig，变形是 lect，是"选择，收集"的意思，例如：
intelligence *n.* 理解力；智力
collective *adj.* 集体的；共同的
election *n.* 选举；当选

▶ **高频近义词**

trivial *adj.* 不重要的，琐碎的
trifling *adj.* 微不足道的
marginal *adj.* 小的，微不足道的

▶ **后缀扩展**

ible 是一个常见的形容词后缀，例如：
invisible *adj.* 看不见的，无形的
incredible *adj.* 不能相信的，不可信的
flexible *adj.* 易弯曲的，柔韧的

▶ **高频反义词**

important *adj.* 重要的
significant *adj.* 重大的；有意义的

▶ **精选例句**

The rumors and slanders is negligible to us.
流言蜚语对于我们来说无关紧要。

There is a negligible difference in meaning between these two words.
这两个词在意义上差别是极小的。

词根 helic
268

词根 helic，来源于希腊语 helix，变形是 helico，heli，意为 spiral，即"螺旋"的意思。

【同根词汇】
helicity [hiːˈlɪsɪti] n. 螺旋性
heliport [ˈhelɪpɔːt] n. 直升飞机场
helical [ˈhelɪk(ə)l] adj. 螺旋形的
helilift [ˈhelɪlɪft] vt. （尤在紧急情况下）用直升机运送

代言词 helicopter

【代言词剖析】
[ˈhelɪkɒptə(r)] 考研/CET6/CET4/IELTS n.
n. 直升机　vt. 用直升机载送　vi. 乘直升机

aeroplane 和 airplane 都专指普通飞机，不包括 helicopter（n. 直升飞机），其中 aeroplane 为英国英语的拼法，airplane 为美国英语的用词。plane 是比较通俗一点的说法，一般航空领域用的比较多的是 aeroplane。

常用表达
shoot down a helicopter
击落一架直升机
fly/pilot a helicopter
驾驶直升机

▶ 从词根到单词
= helic（螺旋）+ opt（选择）+ er（表示名词）
= 选择螺旋上升的东西 → 直升机。

▶ 词根扩展
还有一个词根是 opt，表示"选择"的意思，例如：
adopt vt. 采取；接受
optional adj. 可选择的；随意的
optimum n. 最佳效果；最适宜条件
optimism n. 乐观；乐观主义

▶ 后缀扩展
后缀 er，除了表示人之外，还可以表示物，例如：
amplifier n. 放大器
boiler n. 锅炉；烧水壶
typewriter n. 打字机

▶ 高频近义词
aeroplane n. 飞机
aircraft n. 飞机，航空器
fighter n. 战斗机；歼击机
jet n. 喷射；喷气式飞机

▶ 精选例句
They shuttled the passengers to the city center by helicopter.
他们来来回回地用直升机把旅客运送到市中心。
Helicopters can go up and come down in a straight line, and can also stay still in the air.
直升机能直线上升或下降，也能在空中停住不动。

词根 rad 269

词根 rad，来源于拉丁语 radere，变形是 ras 和 raz，意为 to rub, to scrape，即"刮，擦"的意思。

【同根词汇】

erase [ɪ'reɪz] vt. 抹去；擦除
rascal ['rɑːsk(ə)l] n. 流氓，无赖
razor ['reɪzə] n. 剃刀
rash [ræʃ] adj. 轻率的；鲁莽的

代言词 abrasive

【代言词剖析】
[ə'breɪsɪv] GRE/TOEFL/TEM8
n. 磨料，研磨料   adj. 磨损的；生硬粗暴的；腐蚀的

abrasive 表示"磨损的"和"研磨剂"，而研磨是一个物理过程；corrosive 表示"腐蚀性的"和"腐蚀剂"，腐蚀属于一个化学变化的过程。

常用表达
abrasive grain 抛光粉
abrasive cloth 砂布

▶ **从词根到单词**
= ab（离开）+ ras（刮，擦）+ ive（形容词或名词后缀）
= 刮掉的，擦掉了的样子 → 磨损的，粗糙的；研磨料。

▶ **前缀扩展**
前缀 ab，表示"离开，分离"的意思，a，abs 都算是它的变形，例如：
absent adj. 缺席的；缺少的
abstract vt. 摘要；提取
abstruse adj. 深奥的；难懂的
avert vt. 避免，防止

▶ **后缀扩展**
ive 除了是一个常见的形容词后缀外，还可以代表名词，表示人或者物，例如：
incisive adj. 一针见血的
lucrative adj. 有利可图的
captive n. 俘虏
fugitive n. 逃亡者

▶ **高频近义词**
harsh adj. 粗糙的
rough adj. 粗糙的；粗略的
coarse adj. 粗糙的；粗俗的
erosive adj. 腐蚀的；冲蚀的

▶ **精选例句**
The girl has an abrasive way of treating people.
这个女孩待人粗暴。
An abrasive material is unsuitable for cleaning baths.
有腐蚀作用的材料不适合擦浴缸。

词根 tir 270

词根 tir，来自古法语的 tirer，意为 to draw，即"拉，引"的意思。

【同根词汇】
retire [rɪˈtaɪə] vi. 退休；撤退
retiree [rɪˌtaɪəˈriː] n. 退休人员；歇业者
entire [ɪnˈtaɪə] adj. 全部的，整个的
tirade [taɪˈreɪd] n. 激烈的长篇演说

代言词 retirement

【代言词剖析】
[rɪˈtaɪəmənt] CET6/TOEFL/IELTS

n. 退休，退职；引退，退役

retirement 主要表示"退休，引退"，"退休金"可以用 retirement pension/benifits 来表示。要说"延迟退休"，可以用 delay retirement age，而如果提前退休，即"内退"，可以说是 early retirement。

常用表达
retirement benefits 退休金
retirement system 退休制度

从词根到单词
= re（回）+ tir（引，拉）+ e（构词后缀）+ ment（名词后缀）
= 拉回来，引回来 → 不再继续了，可以表示"退休，引退"。

▶ 前缀扩展

前缀 re，表示"回"，例如：
redeem vt. 赎回；挽回
rebound n. 回弹；篮板球
retrospect vt. 回顾；追忆

▶ 后缀扩展

ment 是一个很常见的名词后缀，例如：
argument n. 争论；论据
experiment n. 实验，试验
enchantment n. 魅力；着迷
assessment n. 评定；估价

▶ 高频近义词

retreat n. 撤退；撤退
solitude n. 孤独；隐居
recession n. 衰退；不景气
resignation n. 辞职；放弃

▶ 高频反义词

employment n. 使用；职业
renewal n. 更新，恢复

▶ 精选例句

He took to painting after retirement.
他退休后爱上了绘画。
The term "early retirement" is nearly always a euphemism for redundancy nowadays.
现在"提前退休"几乎总是被用作裁员的委婉说法。

词根 insul 271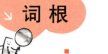

词根 insul，来自拉丁语的 insul，变形是 isol，意为 island，即"岛屿"的意思。

【同根词汇】
insular [ˈɪnsjʊlə] adj. 孤立的；与世隔绝的
isolate [ˈaɪsəleɪt] vt. 使隔离；使孤立
isolation [ˌaɪsəˈleɪʃ(ə)n] n. 隔离；孤立
peninsula [pɪˈnɪnsjʊlə] n. 半岛

代言词 insulate

【代言词剖析】
[ˈɪnsjʊleɪt] 考研/CET6/GRE/IELTS
vt. 使隔离，使孤立；使绝缘，使隔热

insulate 是用某种物质将两个物体隔开，使其不接触，这种"隔离"不会产生很大的距离；而 isolate 则是将两物分离开来，使之相隔遥远；segregate 指把一群人或物从整体或主体中分离出来。

常用表达
insulated cable 绝缘电缆

▶ 从词根到单词
= insul（岛屿）+ ate（动词后缀）
= 变成岛的状态 → 引申一下就是"使隔离，使孤立"。

▶ 后缀扩展
ate 作为动词后缀，表示"成为……，使成为……"，例如：
animate vt. 使有生气；使活泼
accumulate vt. 积攒
cultivate vt. 培养；陶冶
disseminate vt. 宣传，传播

▶ 高频近义词
isolate v. 使孤立；使隔离
separate vt. 使分离；使分开
segregate vt. 使隔离；使分离

▶ 高频反义词
contact vt. 使接触，联系
associate vt. 使联合；使发生联系
integrate vt. 使……完整；使……成整体
relate v. 相联系，有关联

▶ 精选例句
Rubber is used to insulate electric wires.
橡胶被用来使电线与外界绝缘。
His parents tried to insulate him from adverse influences.
他的父母试图把他与负面的影响隔绝。

词根 liber

272

词根 liber，这个词根也有两个含义：表示 free，即"自由"，来源于拉丁语 liber，变形有 liver；表示"天平"，来自拉丁语 libra，还有变形 libr，lev。

【同根词汇】

liberty [ˈlɪbətɪ] n. 自由；许可
liberal [ˈlɪb(ə)r(ə)l] adj. 自由主义的；慷慨的
deliver [dɪˈlɪvə] vt. 交付；发表；递送
deliberate [dɪˈlɪb(ə)rət] adj. 故意的；深思熟虑的
equilibrium [ˌiːkwɪˈlɪbrɪəm] vi. 平衡；相称

代言词 liberate

【代言词剖析】

[ˈlɪbəreɪt] 考研/CET6/CET4/GRE/TOEFL

v. 解放；使获得自由；释出；放出

　　liberate 为正式用语，指从控制、监禁或束缚中获得自由，使一个国家或地区从外国或敌人的占领和统治下解放出来，后面常接 from；emancipate 也是正式用语，指不受政治、社会、法律等约束而获得自由；常用语 free 泛指摆脱各种限制而获得自由，后面常跟 from 或 of。

常用表达
liberate thoughts 解放思想

▶ **从词根到单词**
= liber（自由）+ ate（动词后缀）
= 使自由 → 解放，释放。

▶ **后缀扩展**

　　后缀 ate，表示"使……"，是一个典型的动词后缀，当然也可以表示名词和形容词。例如：
participate v. 参与；参加
assassinate v. 行刺，暗杀
circulate vt. 使循环；使流通

▶ **高频近义词**

free vt. 使自由，解放
release vt. 释放；发射
loose vt. 释放；开船；放枪
emancipate vt. 解放；释放

▶ **高频反义词**

imprison vt. 监禁；关押
compel vt. 强迫，迫使
restrain vt. 抑制，控制
restrict vt. 限制；约束

▶ **精选例句**

The new government has liberated all political prisoners.
新政府释放了所有的政治犯。
They can liberate us from the limitations of our thoughts and feelings.
他们可以使我们从思想与感受的局限中解放出来。

词根 radic 273

词根 radic，变形为 radis，都来源于拉丁语的 radic，意为 root，即"根"的意思。

【同根词汇】
radish [ˈrædɪʃ] n. 萝卜，小萝卜
radical [ˈrædɪk(ə)l] adj. 激进的；根本的
radicalism [ˈrædɪkəlɪzəm] n. 激进主义

代言词 eradicate

【代言词剖析】
[ɪˈrædɪkeɪt] GRE/TOEFL/IELTS
vt. 根除；摧毁；消灭

eradicate 多用于消灭一种现象、行为或多余的东西，比如 eradicate crime（根绝犯罪）；annihilate 多用于战争中的歼灭、毁灭性的打击等。

常用表达
eradicate weeds 除去杂草
eradicate poverty 消除贫困

▶ 从词根到单词
= e（出）+ radic（根）+ ate（表动词）
= 把根拔出来 → 根除。

▶ 前缀扩展
前缀 e，表示"出，出来"，例如：
elaborate v. 精心制作
emerge v. 浮现
evaluate v. 估价，评价

▶ 高频近义词
exterminate vt. 消灭；扑灭
eliminate v. 除去；剔除
uproot vt. 连根拔起；根除
annihilate v. 消灭；歼灭；彻底消除

▶ 后缀扩展
后缀 ate，在这里是表示动词后缀，例如：
debate v. 辩论，争论
eliminate vt. 消除；排除
dominate vt. 控制；支配

▶ 高频反义词
reserve vt. 储备；保留
preserve vt. 保存；保护
maintain vt. 维持；继续

▶ 精选例句
Our goal was to eradicate poverty.
我们的目标是消除贫困。
The infectious disease has now been successfully eradicated from the world.
这种传染病已经被成功地从世界上根除了。

词根

crypt
274

词根 crypt，来源于希腊语 kryptos，意为 secret，即"隐藏，秘密"的意思，还有一个变形是 crypto。词根 crypto 出现在辅音前，词根 crypt 则用于元音前面构成单词。

【同根词汇】

crypt [krɪpt] n. 土窖，地下室
cryptic [ˈkrɪptɪk] adj. 神秘的，含义模糊的
cryptogram [ˈkrɪptə(ʊ)græm] n. 密码
decrypt [diːˈkrɪpt] v. 解码，解读
cryptonym [ˈkrɪptənɪm] n. 假名，匿名

代言词
encrypt

【代言词剖析】
[ɪnˈkrɪpt] 考研/TOEFL/IELTS
vt. 加密；将……译成密码

encrypt 表示"加密，将……译成密码"。生活中我们经常要用到像密码、暗号、代码、口令、验证码等这样的说法，他们对应的单词也有很多，含义也多有重合。像一般的口令就可以用 password，passcode 或者 pin 来表示；一般的暗号、密码可以用 cipher；一连串代码可以说 code；验证码可以用 security code 表示。

▶ 从词根到单词
= en（使……进入）+ crypt（隐藏，秘密）
= 使进入秘密状态 → 加密。

常用表达
encrypted document 加密文件
encrypted message 密文

▶ 前缀扩展

前缀 en，表示"使……进入"或者"使……"的含义，em 是它的一个变形，例如：
endow vt. 赋予；捐赠　　　encounter vt. 遭遇，邂逅　　　enchant vt. 使迷惑；施魔法
embody vt. 体现，使具体化　　empower vt. 授权，允许

▶ 高频近义词
code n. 代码，密码
encode vt.（将文字材料）译成密码；编码
cipher n. 密码；暗号
encipher vt. 将……译成密码
password n. 密码；口令

▶ 高频反义词
decode v. 解码
decipher v. 解释；破译

▶ 精选例句
Our account details are encrypted to protect privacy. 我们的帐户资料被加密了，以保护隐私。
The FBI wants access to the data. But the phone is encrypted.
联邦调查局希望获取数据，但手机被加密了。

词根 mis

275

词根 mis，来自拉丁语的 mit，miss，变形为 mess，意为 to send, to throw，即"送，投，丢"的意思。

【同根词汇】
promise ['prɒmɪs] vt. 允诺，许诺
premise ['premɪs] n. 前提
emit [ɪ'mɪt] vt. 发出，放射
transmit [trænz'mɪt] vt. 传输；传播
submissive [səb'mɪsɪv] adj. 顺从的；服从的

代言词 compromise

【代言词剖析】
['kɒmprəmaɪz] 考研/CET6/GRE/TOEFL/IELTS
n. 妥协；折中；和解
vt. 妥协处理；危害
vi. 妥协，和解；让步

compromise 主要表示通过协调，达到了一个大家都能接受的结果，每个人都能接受，没有人损失什么。而 concession 表示"让步"的意思，结果往往很不利于自己。

▶ 从词根到单词
= com（共同）+ pro（向前）+ mis（送）+ e（构词后缀）
= 共同向前送出去，一起送出去一些东西→引申一下，就是"妥协，折中，让步"。

常用表达
come to a compromise 取得妥协
compromise with sb 向某人妥协

▶ 前缀扩展
第一个前缀是 com，表示"共同"，例如：
common adj. 共同的；普通的
component n. 成分；组件
compound n. 化合物；混合物

▶ 高频近义词
concession v. 让步
concede v. 承认；退让
yield vt. 屈服；出产

▶ 前缀扩展
第二个前缀是 pro，表示"向前"的含义，例如：
protrude v. 向前突出
profess v. 公开表明，坦白
prospect n. 景象，前景

▶ 高频反义词
conflict n. 冲突
persist vi. 坚持；固执
oppose vt. 反对；对抗

▶ 精选例句
I think you'd better reach a compromise. 我认为你们最好相互让步。
The government has compromised with its critics over medical policies.
政府已经就医疗政策向批评人士做出了让步。

词根 nihil 276

【同根词汇】
词根 nihil，来自拉丁语的 nihil，意为 nothing，即"无，虚无"的意思。

nihil [ˈniːhɪl] n. 虚无；毫无价值的东西
nihility [naɪˈhɪlɪtɪ] n. 虚无；无
nihilism [ˈnaɪ(h)ɪlɪz(ə)m] n. 虚无主义；无政府状态
annihilation [əˌnaɪɪˈleɪʃ(ə)n] n. 歼灭，灭绝

代言词 annihilate

【代言词剖析】
[əˈnaɪəleɪt] GRE/TOEFL/IELTS
v. 消灭；歼灭；彻底消除；废止

annihilate 多用于战争中的歼灭，毁灭性的打击等。前缀 an 是 a 加上词根首字母重叠，加强词义，表示"一，再，到"的含义；an 在某些单词前面也带有否定的含义，比如：anarchism（n. 无政府主义；无法无天），anonymous（adj. 无名的；匿名的）。

常用表达
annihilate oneself 自我毁灭

▶ 从词根到单词
= an（强调） + nihil（无） + ate（表动词）
= 弄没了 → 引申一下，就是"消灭，废止"。

▶ 前缀扩展
前缀 an，加强词义，类似的还有 ag, ap, ar 等，例如：
announce vt. 宣布；述说
aggregate vt. 集合；聚集
approach n. 方法；途径
arrogant adj. 自大的，傲慢的

▶ 后缀扩展
后缀 ate，在这里是表示动词后缀，例如：
articulate vt. 清晰地发（音）；明确有力地表达
contemplate vi. 冥思苦想；深思熟虑
coordinate vt. 调整；整合

▶ 高频近义词
defeat vt. 击败，战胜
overwhelm vt. 打击；压倒
eradicate v. 根除
demolish vt. 拆除；破坏；毁坏
exterminate vt. 消灭；根除

▶ 精选例句
The human race has enough weapons to annihilate itself. 人类有足够的武器灭绝自己。
We wished to annihilate the tedious intervening days! 我们多么希望那些无聊的时光快快消逝啊！

词根 onym 277

来源于希腊语的 onym，意为 name，即"名字"的意思。

【同根词汇】

autonym ['ɔːtənɪm] n. 本名
pseudonym ['sjuːdənɪm] n. 笔名；假名
synonym ['sɪnənɪm] n. 同义词
antonym ['æntənɪm] n. 反义词

代言词
anonymous

【代言词剖析】

[əˈnɒnɪməs] 考研/CET6/GRE/TOEFL/IELTS

adj. 匿名的；无名的；没特色的

anonymous 除了表示"匿名的"，还可以表示"无名的，不知名的"，投票选举的时候会用到 anonymous vote（不记名投票），而记名投票可以用 open vote。此外，还可以表示"无特色的，平淡无奇的"。

常用表达

anonymous letters 匿名信
anonymous phone 匿名电话

▶ 从词根到单词

= an（无）+ onym（名字）+ ous（……的）
= 没有名字的 → "匿名的，不记名的"；记不住名字的，就让人感觉也"没特色"。

▶ **前缀扩展**

前缀 an，表示"无，没有"，例如：
anarchy n. 无政府状态；混乱
anarchism n. 无政府主义
annihilate vt. 歼灭；战胜

▶ **后缀扩展**

ous 是常见的形容词后缀，例如：
tedious adj. 沉闷的；冗长乏味的
amorous adj. 多情的；恋爱的
glorious adj. 光荣的；辉煌的

▶ **高频近义词**

secret adj. 秘密的；机密的
impersonal adj. 客观的；非个人的
nameless adj. 不可名状的，难以形容的
innominate adj. 无名的；匿名的

▶ **高频反义词**

named adj. 命名的；指定的
signed adj. 签名的
onymous adj. 署名的

▶ **精选例句**

The author chooses to remain anonymous.
作者不愿意署名。

The mayor was arrested after an anonymous tip-off.
有人匿名举报后，市长被抓了起来。

词根

nat
278

词根 nat 来源于拉丁语，变形有 naiv, nasc 等，意为 to be born，即"出生"的意思。

【同根词汇】

nation ['neɪʃ(ə)n] n. 国家；民族
native ['neɪtɪv] adj. 本国的；土著的
nature ['neɪtʃə] n. 自然；性质
naive [naɪ'i:v] adj. 天真的，幼稚的
cognate ['kɒgneɪt] n. 同族；同根词

代言词
innate

【代言词剖析】

[ɪ'neɪt] 考研/CET6/GRE/TOEFL
adj. 天生的；特有的，固有的；内在的

innate 和 inborn 意思差不多，指某种品性或才能是天生的、先天的或天赋的，如 innate ability, innate beauty, innate desire 就指的是"天生才干""天生丽质""固有的欲望"等。inherent 也有"天生的"意思，但更侧重于内在的，本质的，指物体本身固有的、不能与该物体分割的某种特性，如 inherent part of character（性格的固有特点）。

常用表达
innate character 本质
innate immunity 先天免疫

▶ **从词根到单词**
= in（进入）+ nat（出生）+ e（构词后缀）
= 出生的时候就进来 → 与生俱来的，天生的，内在的。

▶ **前缀扩展**

前缀 in，表示"内，进入"，例如：
intimate *adj.* 亲密的；私人的
invasion *n.* 入侵，侵略
induce *vt.* 诱导；引起

▶ **高频近义词**

inborn *adj.* 天生的
inherent *adj.* 固有的
natural *adj.* 自然的
instinctive *adj.* 本能的

▶ **高频反义词**

acquired *adj.* 后天的；已获得的
postnatal *adj.* 产后的，分娩后的

▶ **精选例句**

She obviously has an innate talent for writing. 她显然有天生的写作才能。
Birds have a miraculous, innate ability to navigate across continents.
鸟类天生就具有飞越大陆的惊人能力。

词根 merg 279

词根 merg，来自拉丁语的 merg，变形是 mers，意为 to dip，to sink，即"下沉"的意思。

【同根词汇】
merge [mɜːdʒ] v. 合并；融合
emerge [ɪˈmɜːdʒ] v. 出现；浮现
immerse [ɪˈmɜːs] vt. 沉浸；使陷入
submerge [səbˈmɜːdʒ] vt. 淹没；把……浸入

代言词 emergency

【代言词剖析】
[iˈmɜːdʒənsɪ] 考研/CET6/CET4/GRE/IELTS

n. 紧急情况；突发事件；非常时刻

emergency 和 crisis 都有"危急"之意，emergency 多指突然发生的出乎意料的紧急情况或事故，需要立即处理。crisis 含义广泛，可指国家存亡、历史、经济或人的生命等面临危急关头、危机，也可指好的或恶化的转折点。

常用表达
national emergency 全国紧急状态
emergency room 急诊室，急救室

从词根到单词
= e（出）+ merg（下沉）+ ency（名词后缀）
= 沉在下面的东西突然出现 → 紧急情况，突发事件。

▶ 前缀扩展
前缀 e，表示"出，出来"，例如：
evade *v.* 逃出，逃避
eradicate *v.* 根除，灭绝
elongate *v.* 延长，拉长

▶ 后缀扩展
ency 是名词后缀，表示性质或者状态，例如：
latency *n.* 潜伏期
deficiency *n.* 缺乏，不足
efficiency *n.* 效率；功效
sufficiency *n.* 充足，充裕

▶ 高频近义词
juncture *n.* 时刻，关键时刻
crisis *n.* 危机；决定性时刻
urgency *n.* 紧急；紧急的事

▶ 精选例句
I have the ability to keep calm in an emergency.
我有处变不惊的本事。

The riot grew worse and the government declared a state of emergency.
骚乱升级，政府只得宣布进入紧急状态。

词根 sect 280

词根 sect，来自拉丁语的 sect，意为 to cut，即"切"的意思。

【同根词汇】

insect ['ɪnsekt] n. 昆虫
dissect [daɪ'sekt] v. 解剖；进行详细分析
section ['sekʃ(ə)n] n. 部分；区域
transect [træn'sekt] vt. 横断；横切
intersection [ɪntə'sekʃ(ə)n] n. 交叉；十字路口

代言词 intersect

【代言词剖析】

[ˌɪntə'sekt] TEM4/GRE/TOEFL
vt. 横断，横切，横穿
v.（指线条、道路等）相交，交叉

　　词根 sect 表示"切割"，insect（昆虫）大多都是一节一节的，看上去就像是切割开的。intersect 是在两个中间切，就是"横穿，交叉"的含义，也可以表示"与……相关联"。

常用表达
intersecting point 交汇点
intersecting line 相交线

▶ 从词根到单词

= inter（在……中间）+ sect（切）
= 在中间切 → 横断，横穿，交叉。

▶ 前缀扩展

　　前缀 inter，表示"在……中间"，例如：
interval n. 间隔，距离
intersperse v. 散布，点缀
intervene v. 干涉
interpose v. 置于，介入

▶ 高频近义词
cross v. 穿过
traverse v. 横贯，穿过
overlap vt. 与……重叠；与……同时发生

▶ 高频反义词
parallel vt. 使……与……平行
disperse vt. 分散；使散开

▶ 精选例句

The town is intersected by three main waterways.
该城镇由 3 条主要水路贯穿。

Streets usually intersect at right angles.
马路通常以直角交叉。

词根 cert 281

词根 cert，来源于拉丁语 certus，表示 sure，即"确实，确信"的意思。

【同根词汇】
certain ['sɜːt(ə)n] adj. 确实的，确信的
ascertain [ˌæsə'teɪn] vt. 确定；查明
certificate [sə'tɪfɪkɪt] n. 证书；执照
certification [ˌsɜːtɪfɪ'keɪʃən] n. 证明，保证

代言词 certify

【代言词剖析】
['sɜːtɪfaɪ] 考研/CET6/TEM8/IELTS
vt. 证明；保证；证实；颁发证书

certify 是较正式用词，多指有签字盖章的、符合法律程序的书面证明。testify 既指出庭作证、提供证据，又指为某人或某事是否真实提供证据或证明。prove 属于比较普通的用词，指通过某种手段或方式提供证据，以证实或证明某事物真实与否、某结论正确与否等情况。

从词根到单词
= cert（确信）+ ify（动词后缀）
= 搞清楚，确信 → 证明，保证，证实。

常用表达
certified public accountant（CPA） 注册会计师
certifying authority 发证机构；证明机构

▶ 后缀扩展
后缀 ify，和 efy 一样，都是常见的动词后缀 fy 的变形，有"使成为……，变成……"的含义，例如：
satisfy vi. 令人满意；令人满足
rectify vt. 纠正，矫正
fortify vt. 加强；增强
petrify vt. 使……石化；使……惊呆
identify vt. 确定；鉴定

▶ 高频近义词
confirm v. 确认
testify v. 作证，证明
verify vt. 核实；查证
affirm vt. 肯定；断言
guarantee vt. 保证；担保

▶ 精选例句
Can you certify her ability as a teacher?
你可以保证她能胜任老师的工作吗？
I certify the above information is true and accurate.
本人证实上述信息是正确无误的。

词根 sol

282

词根 sol，来源于拉丁语 sol，表示 sun，即"太阳"的意思；因为太阳是独一无二的，所以，也有"单，一"的含义。

【同根词汇】
solo [ˈsəʊləʊ] adj. 独奏的；独唱的
solar [ˈsəʊlə] adj. 太阳的；日光的
solitude [ˈsɒlɪtjuːd] n. 孤独；隐居
console [kənˈsəʊl] vt. 安慰；慰藉

代言词 solitary

【代言词剖析】
[ˈsɒlətrɪ] 考研/GRE/TOEFL/IELTS
adj. 独自的；单个的；隐居的　　n. 独居者，隐士

solitary 可指因被遗忘或遗弃而产生的孤独感，也可指人的生性孤独；lonely 强调孤独感，含"渴望和他人在一起"的意味。alone 普通用词，指独自一人的状态，有时含"孤寂"之意。desolate 语气强烈，强调遭受损失和失去亲人所带来的难以忍受的痛苦。lone 较文雅，可与 lonely 换用。

▶ 从词根到单词
= sol（单独）+ itary（形容词后缀）
= 单独的 → 独自的；隐居的。

▶ 后缀扩展
后缀 itary，跟后缀 ary 一样，属于 ary 的一种扩展形式，是一个比较常见的形容词或者名词后缀。例如：
military adj. 军事的；军人的
depositary adj. 存款的；用作储藏所的
sanitary adj. 卫生的，清洁的
dignitary n. 高官；显要人物

▶ 高频近义词
lonely adj. 寂寞的，孤独的
isolated adj. 孤立的；分离的
individual adj. 个人的；个别的
unsocial adj. 不合群的
secluded adj. 与世隔绝的
recluse n. 隐士；隐居者
hermit n. 隐士

▶ 高频反义词
bustling adj. 熙熙攘攘的；热闹的
herd v. 成群，聚在一起
clustered adj. 成群的；聚集成群的
socialite n. 社会名流

▶ 精选例句
She has been used to the solitary life. 她已经习惯了这种幽静的生活。
A solitary seagull winged its way across the bay. 一只孤零零的海鸥飞过了海湾。

词根 idio 283

词根是 idio，来源于希腊语 idios，表示"个人的，独特的"。

【同根词汇】

idiom ['ɪdɪəm] *n.* 惯用语；方言；成语
idiot ['ɪdɪət] *n.* 笨蛋，傻瓜；白痴
idiotic [ɪdɪ'ɒtɪk] *adj.* 白痴的；愚蠢的
idiograph ['ɪdɪəɡrɑːf] *n.* 商标；个人签名

代言词 idiomatic

【代言词剖析】

[ˌɪdɪə'mætɪk] 考研/TEM4/TOEFL

adj. 地道的；成语的；符合语言习惯的

idiom (*n.* 成语，习语，熟语) 对照我们汉语的含义，准确来说应该是熟语，也就是说英语 idiom 要远大过成语，包括成语、谚语、歇后语和惯用语等。除此之外，proverb 表示谚语，格言或众所周知的人或事；slang 则表示用在非正式场合的英语俚语。

常用表达

idiomatic expressions 惯用语
idiomatic usage 习惯用法

▶ **从词根到单词**

= idio（个人的）+ m（补充发音）+ atic（形容词后缀）
= 个人的语言的，特殊语言的 → 地道的，符合（个人）语言习惯的。

▶ **后缀扩展**

atic 是一个比较常见的形容词后缀，例如：
dramatic *adj.* 戏剧的；急剧的
aromatic *adj.* 芳香的
fanatic *adj.* 狂热的
dogmatic *adj.* 教条的
systematic *adj.* 系统的；体系的

▶ **高频近义词**

native *adj.* 本国的
authentic *adj.* 正宗的，原汁原味的
fluent *adj.* 流利的；流畅的
colloquial *adj.* 口语的；会话的

▶ **精选例句**

In our reading we should always be alert for idiomatic expressions.
我们在阅读过程中应经常注意惯用语。
She speaks fluent and idiomatic English.
她讲一口流利地道的英语。

词根 parl
284

词根 parl，来源于古法语 parler，表示 to speak，即"说话"的意思。

【同根词汇】
parlor [ˈpɑːlə] n. 客厅；起居室；(旅馆中的)休息室
parley [ˈpɑːlɪ] v./n. 和谈，会谈
parlance [ˈpɑːl(ə)ns] n. 说法；用语
parliamentary [ˌpɑːləˈment(ə)rɪ] adj. 议会的；国会的

代言词
parliament

【代言词剖析】
[ˈpɑːləmənt] 考研/CET6/CET4/IELTS
n. 议会，国会；一届会议的会期

parliament 一般是英式的用法，指英国或加拿大等国的议会。congress 是美式英语，指美国等国的国会，不指明哪个国家时一般都指美国国会。单独使用时它们前面都不加定冠词 the，如果前面有定语修饰，这时候记得加上 the。

▶ 从词根到单词
= parlia（parley 变化而来，会谈）+ ment（名词后缀）
= 会谈，商谈的状况 → 用来代指议会，国会。

常用表达
a member of parliament 议员
dissolve parliament 解散议会

▶ 后缀扩展
ment 是典型的名词后缀。例如：
development n. 发展；开发
movement n. 运动；活动
pavement n. 人行道
assignment n. 分配；任务
announcement n. 公告；宣告

▶ 高频近义词
senate n. 参议院
congress n. 国会；代表大会
summit n. 顶点；最高级会议
convention n. 大会，会议
conference n. 会议；正式商谈

▶ 精选例句
She lost his seat in the Parliament at the election.
她在选举中失去了议会中的席位。
Parliament has passed an act forbidding the killing of rare animals.
国会通过了一项法令，禁止捕杀珍稀动物。

词根 rid/ris 285

词根 rid/ris，来源于拉丁语的 rid 和 ris，意为 to laugh，即"笑"的意思。

【同根词汇】

deride [dɪˈraɪd] vt. 嘲笑；嘲弄
ridiculous [rɪˈdɪkjʊləs] adj. 可笑的；荒谬的
risible [ˈrɪzɪb(ə)l] adj. 可笑的；爱笑的
derisive [dɪˈraɪsɪv] adj. 嘲笑的；可笑的

代言词 ridicule

【代言词剖析】

[ˈrɪdɪkjuːl] CET6/GRE/TOEFL

n. 嘲笑；愚弄；笑柄
v. 嘲笑；愚弄

常用表达

self ridicule 自嘲
ridicule of the public 公众的嘲笑

ridicule 一般指故意用言语戏弄某人，以使之显得渺小、不重要。这样的嘲笑善意或者恶意都可以；mock 指一种挖苦的、带挑衅的嘲笑；scoff 是对一般受到尊重的事物的嘲笑、嘲弄；而 sneer 除了用讽刺言语讥笑外还带轻蔑的表情。

▶ 从词根到单词

= rid（笑）+ ic（形容词或者名词后缀）+ ule（名词后缀）
= 会谈，商谈的状况 → 用来代指"议会，国会"。

▶ 后缀扩展

第一个后缀是 ic，即是名词后缀也是一个形容词后缀。例如：
classic n. 名著；经典著作
logic n. 逻辑；逻辑学
atomic adj. 原子的
alcoholic adj. 酒精的；含酒精的

▶ 高频近义词

mock v. 嘲弄
scorn vt. 轻蔑；藐视
sneer vt. 嘲笑，冷笑

▶ 后缀扩展

第二个后缀是 ule，是一个名词后缀。例如：
molecule n. 分子；微小颗粒
cellule n. 小细胞
globule n. 水珠；药丸

▶ 高频反义词

respect vt. 尊敬，尊重
worship vt. 崇拜；尊敬

▶ 精选例句

He is the object of ridicule among his colleagues.
他在公司里是同事的笑柄。
Those who ridicule others will be punished in return.
经常愚弄别人的人迟早会得到报应的。

词根

cub
286

词根 cub，来源于拉丁语的 cub，cumb 是其变形，表示 to lie，即"躺"的意思。

【同根词汇】

cube [kju:b] n. 立方；立方体
cubicle [ˈkjuːbɪk(ə)l] n. 寝室，小卧室
succumb [səˈkʌm] vi. 屈服；被压垮
incubator [ˈɪnkjubeɪtə] n. 孵化器，孵卵器

代言词

incubate

【代言词剖析】

[ˈɪŋkjubeɪt] GRE/TOEFL/IELTS

v. 孵化；培育；逐渐形成；潜伏在体内

incubate 指的是"孵化"这一过程，重点是孵化。另外 incubate 还有"（使某事物）逐渐发展，酝酿"的意思。hatch 指孵出来，重点是"出来"这个结果。所以，母鸡孵在蛋上可以说 incubate，小鸡从里面出来就是 hatch 了。

常用表达

incubate a plan 酝酿一项计划

▶ 从词根到单词
= in（里面，内）+ cub（躺）+ ate（动词后缀）
= 躺在里面 → 孵卵，培育。

▶ **前缀扩展**

第一个后缀是 in，在这里表示"里面，内"。例如：
incur vt. 招致，引发
indicate vt. 表明；指出
instruction n. 指令，命令

▶ **后缀扩展**

后缀是 ate，这里是动词后缀。例如：
donate vt. 捐赠；捐献
alternate vt. 使交替；使轮流
suffocate vt. 压制，阻碍；使……窒息

▶ **高频近义词**

hatch v. 孵化
nurture v. 养育
brood vt. 孵；沉思

▶ **精选例句**

She incubated germs in a laboratory.
她在实验室中培养细菌。
The plans for revolution has long been incubating in our minds.
革命计划在我们心中酝酿已久。

词根 dorm 287

词根 dorm，来源于拉丁文 dormire，表示 sleep，即"睡"的意思。

【同根词汇】

dormant ['dɔːm(ə)nt] *adj.* 睡眠状态的，静止的
dormancy ['dɔːmənsɪ] *n.* 休眠，冬眠
dormitive ['dɔːmɪtɪv] *n.* 安眠药；麻醉剂

代言词 dormitory

【代言词剖析】

['dɔːmətrɪ] CET6/CET4/TOEFL

n. （学校等的）宿舍；集体寝室

　　dormitory 在口语中可以缩略成 dorm，指学校或机关团体提供单间或套间的集体寝室，也可指在市内工作者的郊外住宅区。apartment 通常指单房，复数形式时指套房，也可指私人房或出租房，有无设备均可，多用在美式英语中。英式英语中用的比较多的 flat，指比较简朴的住宅，通常占有不大或不很讲究的楼内某一层。

常用表达
dormitory area 宿舍区
dormitory attendant 宿舍管理员

▶ **从词根到单词**

= dorm（睡）+ itory（表示场所、范围）
= 睡觉的地方 → 可以表示"宿舍，寝室"。

▶ **后缀扩展**

　　后缀 itory，表示场所、范围。例如：
territory *n.* 领土，领地
repository *n.* 贮藏室，仓库

▶ **高频近义词**

hall *n.* 会堂；食堂；学生宿舍
dorm *n.* （集体）宿舍
residence *n.* 住宅，住处
apartment *n.* 公寓；房间

▶ **精选例句**

Every boy must sign in when he comes back to the dormitory.
每个男生回到宿舍的时候都必须签到。
Over there stands the dormitory for us to live in.
那边就是给我们住的宿舍。

词根 forc/fort
288

词根 forc 和 fort，来自拉丁语的 fort，forc，意为 strong，即"强大"的意思。

【同根词汇】

force [fɔːs] v. 促使，推动
reinforce [riːɪnˈfɔːs] vt. 加强，加固
effort [ˈefət] n. 努力；成就
fortitude [ˈfɔːtɪtjuːd] n. 坚忍；刚毅
fortress [ˈfɔːtrɪs] n. 堡垒

代言词 enforce

【代言词剖析】

[ɪnˈfɔːs] 考研/CET6/CET4/IELTS
vt. 强迫服从；实施，执行；加强

因为有前缀 en，所以在表示"强迫，加强"这个含义时，enforce 比 force 的语气要重一些。enforce 一般是指规章条例、法律等的强制执行，而 compel 表示强制时，用得比 enforce 范围广一些。

▶ **从词根到单词**

= en（使）+ forc（强大）+ e（补充字母）
= 使强大，使变得强势起来 → 强迫服从，实施。

常用表达

enforce sth on/upon
强迫，把……强加于
enforce a law/order, rules
执行法律/命令/规定

▶ **前缀扩展**

前缀 en，表示"使……，使……置于……"的意思，例如：
encompass v. 包含；围绕
entreat v. 恳求；请求
endeavor vt. 努力；尽力
enlighten vt. 启发，启蒙

▶ **高频近义词**

impose vt. 强加；征税
implement vt. 实施，执行
execute vt. 实行；执行
oblige vt. 迫使；强制
compel vt. 强迫，迫使

▶ **高频反义词**

exempt vt. 免除；豁免
liberate vt. 使自由，使摆脱束缚

▶ **精选例句**

Our teacher enforced the principles by examples. 我们的老师用实例来强调这些原则。
Don't enforce your will on the child, please. 请别把你的意愿强加给这孩子。

词根 fug

289

词根 fug，来源拉丁语 fugere，意为 to flee，即"逃，离开"的意思。

【同根词汇】
refuge ['refju:dʒ] vt. 给予……庇护；接纳……避难
fugitive ['fju:dʒɪtɪv] n. 逃犯；逃亡者
centrifuge ['sentrɪfju:dʒ] n. 离心机
centrifugal [sen'trɪfjʊg(ə)l] adj. 离心的

代言词 refugee

【代言词剖析】
[ˌrefju'dʒi:] 考研/CET6/GRE/IELTS
n. 避难者，难民

refugee 是从战争国家中逃离的难民，都还活着；而 victim 是受害者，加害者可以是疾病、战争、自然灾害，或者杀人犯，"受害者"无论活着或死亡都可以用 victim 表示。

▶ 从词根到单词
= re（回）+ fug（逃）+ ee（人）
= 逃回避难所的人 → 避难者，难民。

常用表达
refugee camp 难民营
refugee government 流亡政府

▶ 前缀扩展

前缀 re，在这里是表示"回，向后"的意思，例如：
retract v. 缩回；收回
reflect v. 回想；反射
resonant adj. 回响的；洪亮的
reverberate vi. 起回声，反响

▶ 后缀扩展

ee 是名词后缀，一般表示动作的承受者，例如：
employee n. 雇工，雇员
examinee n. 受审查者，应试者
trainee n. 受训练者

▶ 高频近义词
runaway n. 逃跑；逃走的人
defector n. 背叛者；逃兵
emigrant n. 移民，侨民
immigrant n. 移民
migrant n. 候鸟；移居者

▶ 精选例句
The economy was further burdened by a flood of refugees. 难民大批涌来使经济负担愈加沉重。
The government is trying to stop the increasing flow of refugees entering the country.
政府正在设法阻止越来越多的难民涌入本国。

词根 fus 290

词根 fus，来源于拉丁语的 fundere，意思是 to melt，to pour，即"融化，倾倒"的意思。

【同根词汇】

refuse [rɪˈfjuːz] v. 拒绝
confuse [kənˈfjuːz] vt. 使混乱；使困惑
defuse [diːˈfjuːz] vt. 平息
fusible [ˈfjuːzɪb(ə)l] adj. 易熔的，可熔化的
effusive [ɪˈfjuːsɪv] adj. 流出的；感情洋溢的

代言词 diffuse

【代言词剖析】

[dɪˈfjuːs] 考研/GRE/TOEFL/IELTS

vt. 扩散；散开；传播　　vi. 弥漫；扩散
adj. 四散的；散开的；冗长的

　　diffuse 指光线、声音或气味等在空中传送或散布，强调覆盖面积与物质分布相对密度之间的关系，还可指（将）两种不同的东西"慢慢混合在一起"，可用于被动结构。scatter 指用暴力等手段使人或物向四处散开，或把物随意撒开。disperse 多指把一群人或物等彻底驱散。

常用表达
diffuse light 漫射光
diffuse knowledge 传播知识

▶ **从词根到单词**

= dif（回）+ fus（融化，倾倒）+ e（构词后缀）
= 分开倒，分开融化 → 扩散，散开，也可以形容散开的状态。

▶ **前缀扩展**

　　前缀 dif，原本的含义是"不"，表否定，还可以引申出"分开"的意思，例如：

differ v. 不同，不一样
difficult adj. 困难的
diffident adj. 自卑的
diffluence n. 分流；溶解

▶ **高频近义词**

disperse v. 分散
scatter v. 散播
spread v. 传播
radiate vi. 辐射；流露

▶ **高频反义词**

focus vi. 集中；聚焦
concentrate vi. 集中；浓缩
fusion n. 融合；熔化

▶ **精选例句**

The lilies diffuse the scent to the air miles around. 百合花的香味儿弥漫在几英里的空气中。
Her talk was so diffuse that I missed her point. 她的谈话漫无边际，我抓不住她的要点。

词根 gen 291

词根 gen，来源于印欧语词根 gen，变形有 gen（gn），gener，geni，意思是 birth，produce，即"出生，产生"的意思。

【同根词汇】
general [ˈdʒen(ə)r(ə)l] adj. 一般的，普通的
generate [ˈdʒenəreɪt] vt. 使形成；发生
genetic [dʒɪˈnetɪk] adj. 遗传的；基因的
genius [ˈdʒiːniəs] n. 天才，天赋
genuine [ˈdʒenjʊɪn] adj. 真实的，真正的

代言词 ingenious

【代言词剖析】
[ɪnˈdʒiːniəs] 考研/CET6/GRE/TOEFL/IELTS
adj. 机灵的；精巧的；有独创性的

ingenious 意为"机灵的"，常指人的头脑聪明，有发明的才能；clever（adj. 聪明的）表示学得快、解决问题快；expert（adj. 有专门技巧的，熟练的）强调有经验的或在某方面特别精明、熟练；proficient（adj. 精通的，熟练的），常指擅长于某事，侧重技艺或科学方面；skilled（adj. 熟练的，有技能的）强调实际的、真正的功夫。

常用表达
ingenious mind 聪明的头脑
ingenious idea 有创意的想法

▶ 从词根到单词
= in（向内，入）+ geni（产生）+ ous（形容词后缀）
= 从内心里面产生的 → 引申一下可以表示"机灵的，有独创性的"。

▶ 前缀扩展
前缀 in，表示"内，入"，例如：
intimidate vt. 恐吓，威胁
intensive adj. 加强的；集中的
innovation n. 创新，革新
inhabitant n. 居民；居住者

▶ 高频近义词
creative adj. 创造性的
inventive adj. 发明的；有发明才能的
skillful adj. 熟练的；巧妙的
intelligent adj. 智能的；聪明的

▶ 后缀扩展
ous 是形容词后缀，例如：
desirous adj. 渴望的；想要的
fibrous adj. 纤维的，纤维性的
hilarious adj. 欢闹的；非常滑稽的
auspicious adj. 吉兆的，吉利的

▶ 高频反义词
awkward adj. 尴尬的；笨拙的
clumsy adj. 笨拙的

▶ 精选例句
She invented an ingenious excuse for being late.
她为迟到编造了一个巧妙的借口。
You should try to think of unusual and ingenious solutions.
你应该尽量想想不同寻常的、巧妙的解决方法。

词根 gnor

292

词根 gnor，来源于含有否定前缀 i 的拉丁语动词 ignor，变形是 gnos，表示 to know，即知道的意思。

【同根词汇】

ignore [ɪgˈnɔː] v. 不顾；忽视
ignorance [ˈɪgn(ə)r(ə)ns] n. 无知，愚昧
diagnose [ˈdaɪəgnəʊz] vt. 诊断；断定

代言词 ignorant

【代言词剖析】

[ˈɪgnərənt] 考研/CET6/CET4/GRE/TOEFL

adj. 无知的；愚昧的；不知道的

　　ignorant 一般指无知或指不知道某个具体的事，如果是自己应该知道的却不知道，那就有点愚昧了；illiterate 指不识字的人或没有文化的人。

常用表达

be ignorant of 不知道
ignorant upon the matter 不知此事

从词根到单词

= i（同 in，不）+ gnor（知道）+ ant（形容词后缀）
= 不知道的 → 引申一下，可以表示 "无知的，愚昧的"。

▶ 前缀扩展

　　前缀 i，是 in 的省略，表示无，不，例如：
inglorious *adj.* 不光彩的
incapable *adj.* 无能力的
inhuman *adj.* 不人道的

▶ 后缀扩展

　　ant 是常见的形容词后缀，例如：
accordant *adj.* 和谐的，一致的
attendant *adj.* 在场的
extravagant *adj.* 奢侈的

▶ 高频近义词

foolish *adj.* 愚蠢的；傻的
unaware *adj.* 不知道的，无意的
uninformed *adj.* 无知的；未被通知的
illiterate *adj.* 文盲的；不识字的

▶ 高频反义词

learned *adj.* 博学的；有学问的
informed *adj.* 消息灵通的；见多识广的
knowledgable *adj.* 有见识的；知识渊博的

▶ 精选例句

He regarded his critics as ignorant and prejudiced.
他认为那些批评他的人既无知又存有偏见。
Her parents were kept ignorant of the fact that she failed in the examination.
关于她考试不及格的事，她父母还蒙在鼓里。

词根 grad

293

词根 grad，来自拉丁动词 gradi，变形有 gress 和 gred，意为 to go, to walk，即"走"的意思。

【同根词汇】

grade [greɪd] n. 年级；等级
gradual [ˈɡrædʒuəl] adj. 逐渐的；平缓的
graduate [ˈɡrædʒueɪt] n. 研究生；毕业生
digress [daɪˈɡres] vi. 离题；走向岔道
congress [ˈkɒŋɡres] n. 国会；代表大会
ingredient [ɪnˈɡriːdɪənt] n. 原料；要素

代言词 degrade

【代言词剖析】

[dɪˈɡreɪd] CET6/TOEFL/IELTS

v. 降格；使屈辱；贬低；退化；降解

degrade 多指因不道德的习惯或行为而丢脸；disgrace 指因使人丢脸的、不光彩的行为而丢脸；humble 仅指一种敬畏或卑微的心理状态。

常用表达

degrade oneself 贬低自己的身份
be degraded into （某人）堕落成为

▶ **从词根到单词**

= de（向下）+ grad（走）+ e（构词后缀）
= 向下走 → 引申一下，可以表示"降格，贬低，退化"。

▶ **前缀扩展**

前缀 de，表示"向下"，例如：

decline n. 下降，衰退
decrease n. 减少
descent n. 下降，血统
delivery v. 传递
depress vt. 压抑；使沮丧

▶ **高频近义词**

reduce vt. 减少；降低
demote vt. 使降级，使降职
abase vt. 使谦卑；使感到羞耻
dishonor vt. 使蒙羞；玷辱
demean vt. 贬低……的身份

▶ **高频反义词**

promote vt. 促进；提升
exalt vt. 提升；提拔
elevate vt. 提升；举起
uplift vt. 提高；抬起

▶ **精选例句**

We should not degrade ourself by telling such a lie. 我们不该说那样的谎话来降低自己的人格。
The major was degraded for disobeying orders. 这个少校因不服从命令而被降级。

词根 quit 294

词根 quit，来源于古法语或中古拉丁语 to quiter，to quietus，表示 free，release，即"自由，释放"的含义。

【同根词汇】
quit [kwɪt] v. 放弃，停止
acquit [əˈkwɪt] v. 开释，免罪
acquittal [əˈkwɪtəl] n. 赦免；无罪开释
requite [rɪˈkwaɪt] v. 报答；报应

代言词
ubiquitous

【代言词剖析】
[juːˈbɪkwɪtəs] GRE/IELTS
adj. 普遍存在的；无所不在的

这个单词比较强大，表示同一时间出现在很多地方，似乎无处不在的样子。omnipresent 也可以表示"无所不在"，omniscient 表示"无所不知的"，这些词都会让人感觉 omnipotent（adj. 无所不能的；全能的）。ubiquitous 的反义词可以用 unique（adj. 独特的，稀罕的）表示。

常用表达
ubiquitous player 多功能播放器
ubiquitous network 无处不在的网络

▶ 从词根到单词
= ubi（地方）+ quit（自由）+ ous（……的）= 自由进入什么地方的，放之四海而皆准的 → 无所不在的。

▶ 词根扩展
单词的第一个词根是 ubi，也来自拉丁语，在中世纪英语总比较常见，表示 place，location，即"地方，位置"的意思。相关的单词还有：
ubiquity n. 普遍存在；到处存在

▶ 后缀扩展
ous 是常见的形容词后缀，例如：
timorous adj. 胆小的
ingenuous adj. 单纯的
courageous adj. 勇敢的
prosperous adj. 繁荣的

▶ 高频近义词
universal adj. 普遍的
pervasive adj. 普遍的
prevalent adj. 流行的；普遍的
omnipresent adj. 无处不在的

▶ 精选例句
Another ubiquitous casual item is the pair of jeans.
牛仔裤是另一种随处可见的休闲服饰。
the ubiquitous bicycles of university towns
大学里处处可见的自行车

词根 terr 295

词根 terr，有两个主要的含义：当表示 earth，即"土地"时，来自拉丁语的 terra，当表示 fright，即"颤抖，恐惧"时，来自拉丁文 terrére，还有一个变形是 trem。

【同根词汇】

terrace ['terəs] n. 平台；梯田
terrain [tə'reɪn] n. 地形，地势
extraterrestrial [ˌekstrətə'restrɪəl] n. 外星人
terrible ['terəbl] adj. 可怕的；很糟的
terrific [tə'rɪfɪk] adj. 极好的；极其的
tremendous [trɪ'mendəs] adj. 极大的，巨大的

代言词 territory

【代言词剖析】

['terətrɪ] 考研/CET6/CET4/IELTS

n. 领土；领域；版图；范围

territory 主要表示"领地，领土"；district 表达"地区"的意思时是指行政区划；area 表达"地区或区域"时，是指地理概念的划分；realm 强调的是（研究活动）的范围。

常用表达
territory dispute 领土争端
unexplored territory 未开发区域

▶ **从词根到单词**

= terr（土地）+ itory（名词后缀，表示范围，场所）
= 土地的范围 → 领土，版图，领域。

▶ **后缀扩展**

后缀 itory，最常见的形式是 ory，是一个表场所的名词后缀，最常见的形式是 ory，例如：
dormitory n. 寝室
inventory n. 存货，存货清单
observatory n. 天文台

▶ **高频近义词**

district n. 区域；地方
area n. 区域，地区
realm n. （知识、活动、思想的）领域，范围
domain n. 领域，范围
region n. 地区；范围
section n. 部门；地区

▶ **精选例句**

We must defend our sacred territory.
我们要保卫我们的神圣领土。
The company was entering new and uncharted territory.
公司进入了一个陌生的、未知的领域。

词根 carn 296

词根 carn，来源拉丁语的 carn，变形是 caro，意为 flesh，即"肉"的意思。

【同根词汇】
carnal [ˈkɑːn(ə)l] adj. 肉体的；肉欲的
carnage [ˈkɑːnɪdʒ] n. 大屠杀；残杀
carnivore [ˈkɑːnɪvɔː] n. 食肉动物
carnation [kɑːˈneɪʃ(ə)n] n. 康乃馨
incarnate [ˈɪnkɑːneɪt] vt. 体现；使……具体化
reincarnate [ˌriːɪnˈkɑːneɪt] vt. 使转世

代言词 carnival

【代言词剖析】
[ˈkɑːnɪvl] CET4/IELTS/TOEFL

n. 嘉年华会；狂欢节；联欢

carnival 是词根 carn 与单词 festival（n. 节日；庆祝）的组合。它是指古代斋戒之前，人们疯狂吃"肉"的"狂欢节"，现在，人们更习惯上叫它"嘉年华会"，这是音译的称呼。carnival 变形之后得到 carouse，做动词，可以表示"狂欢作乐，痛饮狂欢"。

常用表达
Brazilian Carnival 巴西狂欢节
carnival parade 狂欢节游行

从词根到单词
= carn（肉）+ ival（festival 后缀，表名词）
= 吃肉的节日 → 狂欢节，嘉年华。

后缀扩展
ival 是常见的名词后缀，实际上是后缀 ive 去掉 e，再加上后缀 al 构成，例如：
arrival n. 到达
survival n. 残存；幸存者
revival n. 复兴；复活

高频近义词
fair n. 展览会；市集
ball n. 球；舞会
fete n. 游园会；庆祝会
circus n. 马戏；热闹的场面
celebration n. 庆典，庆祝会
entertainment n. 娱乐；消遣

精选例句
Towards evening the carnival entered its final stage.
临近傍晚时，狂欢节进入最后阶段。
The carnival was immersed in a festival atmosphere.
嘉年华沉浸在节日的气氛中。

词根 herb

297

词根 herb，来源于拉丁语 herba，意为 grass，即"草"的意思。

【同根词汇】

herb [hɜːb] n. 香草，药草
herbal [ˈhɜːb(ə)l] adj. 草药的；草本的
herbivore [ˈhɜːbɪvɔː] n. 食草动物
herbicide [ˈhɜːbɪsaɪd] n. 除草剂

代言词
herbivorous

【代言词剖析】

[hɜːˈbɪvərəs] GRE/IELTS/TEM8
adj. 食草的

herbivorous 是由 herbivore（n. 食草动物）加上形容词后缀构成。我们人类是典型的 omnivorous（adj. 杂食性）动物，但如果再细分一下，还有 vegetarian（n. 素食主义者）和 meatatarian（n. 肉食主义者）的区别。

▶ 从词根到单词

= herb（草）+ i（连接字母）+ vor（吃）+ ous（……的）
= 吃草的 → 食草的。

常用表达

herbivorous insect 食草性昆虫
herbivorous fishes 食草性鱼类

▶ 词根扩展

还有一个词根是 vor，常表示吃，例如：
devour v. 吞食；毁灭
voracious adj. 贪婪的；贪吃的
omnivorous adj. 杂食的

▶ 后缀扩展

ous 是常见的形容词后缀，例如：
joyous adj. 令人高兴的；充满欢乐的
murderous adj. 杀人的；残忍的
gorgeous adj. 华丽的；极好的
humorous adj. 诙谐的；幽默的

▶ 高频近义词

vegetarian adj. 素食的
botanic adj. 植物的；植物学的

▶ 精选例句

Kangaroo were **herbivorous** mammals.
袋鼠是食草性哺乳动物。
It was the main food for **herbivorous** dinosaurs.
它就是食草性恐龙的主要食物。

词根 dot/don
298

词根 dot 和 don，来源于拉丁语的 donare，donum，变形是 dow，意为 to give，即"给"的意思。

【同根词汇】
donor ['dəʊnə] n. 捐赠者
donate [də(ʊ)'neɪt] vt. 捐赠；捐献
condone [kən'dəʊn] vt. 原谅，宽恕
pardon ['pɑːdn] v./n. 原谅
endow [ɪn'daʊ] vt. 赋予；捐赠

代言词
anecdote

【代言词剖析】
['ænɪkdəʊt] 考研/GRE/TOEFL/IELTS

n. 趣闻，轶事；传闻

anecdote 是指不见于正式记载、鲜为人知的传闻趣事，有时统称一切轶事，一般较短，有趣味。fable 指寓言，myth 指神话，tale 指故事或传说，story 指完整故事，而 account 则指对于某事的详细说明，原原本本，有头有尾，多用于报道事实。

常用表达
historical anecdotes 历史典故
trifling anecdotes of celebrities 名人轶事

▶ 从词根到单词
= an（不）+ ec（向外）+ dot（给）+ e（补充字母）= 不向外公开的事，没有正式公开给别人的事 → 趣闻，传闻。

▶ 前缀扩展
第一个前缀 an，表示 not，即"没有，不"的意思，例如：
anarchism n. 无政府主义
anonymous adj. 无名的；匿名的

第二个前缀是 ec，表示 out，即"向外，远离"的含义，例如：
ecstasy n. 狂喜；入迷
eccentric adj. 古怪的，反常的
eclipse n. 日食，月食

▶ 高频近义词
tale n. 故事
narrative n. 叙述；故事
episode n. 插曲；一段情节
saga n. 传说；冒险故事

▶ 精选例句
She related several anecdotes about her first years as a manager.
她讲述了自己初任经理那几年的几则轶事。
The book is full of amusing anecdotes about his life in Japan.
这本书里全是他在日本生活的趣闻轶事。

词根

sci
299

词根 sci，来自拉丁语的 sci，意为 to know，即"知道"的意思。

【同根词汇】
science ['saɪəns] n. 科学；技术
scientific [ˌsaɪən'tɪfɪk] n. 科学的；有系统的
prescient ['preʃənt] adj. 有预知能力的；有先见之明的
conscience ['kɒnʃ(ə)ns] n. 良心；道德心
conscientious [ˌkɒnʃɪ'enʃəs] adj. 认真负责的；本着良心的

代言词
conscious

【代言词剖析】
['kɒnʃəs] 考研/CET6/CET4/TOEFL/IELTS
adj. 神志清醒的；意识到的；自觉的；有意的

conscious 通常比较正式，强调内心的意识，一般接 of 或者 that 引导的从句；而 aware 则是指通过信息或者感觉器官意识到。

常用表达
be conscious of
意识到的，知道的

从词根到单词
= con（全部）+ sci（知道）+ ous（……的）
= 全部知道的 → 意识到的，自觉的。

▶ 前缀扩展
前缀 con，表示"全部，都"，例如：
condense v. 凝结，缩短
contemporary adj. 同时代的
conceive vi. 怀孕；设想

▶ 高频近义词
alert adj. 警惕的，警觉的
aware adj. 意识到的；知道的
awake vi. 觉醒；意识到
sensible adj. 知道的；（可以）觉察的
intentional adj. 有意的；故意的

▶ 后缀扩展
ous 是典型的形容词后缀，例如：
courteous adj. 有礼貌的；谦恭的
disastrous adj. 灾难性的；损失惨重的
erroneous adj. 错误的；不正确的

▶ 高频反义词
unaware adj. 不知道的；无意的
insensitive adj. 感觉迟钝的；对……没有感觉的

▶ 精选例句
She is badly hurt but still conscious.
她伤得很重，不过神志还清醒。
Jack was not conscious of having made a mistake.
杰克没意识到犯了错误。

词根 astr 300

词根 astr，来源于希腊语 astron，个别字母发生变化后出现了 aster，stell 这些变形，都表示 star，即"星星"的意思。单词 star 也就是来源于这个词根。

【同根词汇】

astrology [əˈstrɒlədʒɪ] n. 占星术
astronaut [ˈæstrənɔːt] n. 宇航员，航天员
disaster [dɪˈzɑːstə] n. 灾难，灾祸
astrospace [ˈæstrəspeɪs] n. 宇宙空间
constellation [ˌkɒnstəˈleɪʃ(ə)n] n. 星座；星群

代言词 astronomy

【代言词剖析】

[əˈstrɒnəmɪ] 考研/CET6/TOEFL/IELTS

n. 天文学

astronomy 和 astrology 这两个词大家容易记混，因为后缀 logy 和 nomy 都表示名词后缀"学科"，所以理解为都是与星星有关的学科。其实 astronomy 是天文学，astrology 是占星术。后缀 logy 里面 log 也是一个词根，在讲 prologue 这个单词时给大家也介绍过，意思是"说"，我们在大街上看到很多占星的，他们都在滔滔不绝地给你讲占星后的吉凶，而 nomy 表示的是一个学科，没有包含"说"这样的动作，这样理解就很容易区别开来了。

▶ 从词根到单词

= astr（星）+ o（连接字母）+ nomy（知识，学科）
= 有关星星的学科 → 天文学。

常用表达

astronomical satellite 天文卫星
theoretical astronomy 理论天文学

▶ 词根扩展

单词后缀 nomy 也是一个词根，表示某一领域的知识或者学科，例如：

economy *n.* 经济；节约
bionomy *n.* 生态学
autonomy *n.* 自治，自治权
agronomy *n.* 农学，农艺学

▶ 高频近义词

celestial *adj.* 天上的，天空的
heaven *n.* 天堂；天空
galaxy *n.* 银河；星系

▶ 高频反义词

geography *n.* 地理；地形
geology *n.* 地质学；地质情况
terrestrial *adj.* 陆地的；人间的

▶ 精选例句

Mathematics is connected with astronomy. 数学与天文学有联系。
Astronomy is the scientific study of the sun, moon, and stars and other heavenly bodies.
天文学是一门研究太阳、月亮、星星和其他天体的科学。

附　录　词根速查索引

A

ac / 226
act / 227
aer / 270
ag/ig/act / 215
alt / 157
alter / 228
ambl / 31
anim / 114
ann / 33
anthrop / 221
apt / 229
archi / 90
art / 46
astr / 307
audi / 109

B

bat / 112
bell / 273
brev / 60

C

cad/cas / 127
cand / 57
cap / 42
card/cord / 230
carn / 303
ced / 8
celer / 231
cent/cant / 154
centr / 72
cept / 13
cern / 41
cert / 288
chron / 232
cid / 96

cid/cis / 128
cit / 158
claim / 159
clar / 212
clin / 116
clus / 12
cogn / 213
corp / 160
cosm / 220
crat / 21
cre / 162
cred / 161
cruc / 65
crypt / 281
cub / 293
cult / 141
cur / 120
curs / 77
cycl / 123

D

dem / 163
dict / 10
dign/dain / 56
doc / 164
dom / 32
dorm / 294
dot/don / 305
du/dupl / 224
duc / 23
dur / 73
dyn / 218

E

em / 233
equ / 36
erg / 234
err / 211

ev / 34

F

fabl/fabul / 222
fac / 24
fall/fal / 216
fer / 133
ferv / 139
fid / 25
fil / 155
fin / 11
flam/flagr / 217
flect / 235
flict / 130
flor/flour / 125
flu / 236
forc/fort / 295
form / 132
frag / 113
frig / 140
fug / 296
fund / 183
fus / 297
fut / 115

G

gen / 298
ger / 53
gnor / 299
grad / 300
gram / 106
grav / 119
gree / 92
greg / 150
gress/gred / 134

H

habit / 165

hap / 39
helic / 275
her / 58
herb / 304
host/hospit / 118
hum / 166

I

idio / 290
insul / 278
integr / 93
it / 210

J

ject / 203
jud / 167
junct / 101
jur / 168
juven / 35

L

labor / 94
laps / 52
lat / 237
later / 28
lect / 95
leg / 238
leg/lect / 205
lev / 107
liber / 279
lim / 239
line / 240
liter / 188
loc / 187
log/logue / 204
logy / 241
loqu / 91
lu/lav / 48

luc / 85
lumin / 242
lus / 243

M

magn / 43
man / 27
manu / 135
marin / 269
mark / 176
mater / 265
medi / 144
memor / 177
mens / 143
ment / 37
merg / 286
migr / 108
min / 178
mini / 111
mir / 47
mis / 282
misc / 40
miss/mit / 179
mob / 148
mod / 15
mon / 223
mort / 267
mot / 100
mount / 180
muni / 87
mut / 14

N

nat / 285
nav / 271
neg / 274
nihil / 283
noc/nox / 207

nomin / 138
norm / 137
not / 181
nounce / 22
nov / 82
numer / 59
nutr/nurt / 129

O

onym / 284
oper / 75
opt / 182
ora / 170
ordin / 50
ori / 122
orn / 121

P

par / 76
parl / 291
part/port / 171
pass / 172
past / 142
patr / 266
ped / 81
pen / 173
pend / 61
per / 174
pet / 63
petr / 69
phon / 110

pict / 105
plac / 268
plat / 175
plen / 185
plex / 208
plic / 209
plor / 189
polic / 190
popul / 264
port / 147
pos / 104
pound / 103
preci / 219
prehend / 79
press / 191
prim / 184
pris / 45
priv / 192
proper / 193
prov / 38
puls / 84
punct / 71
pur / 272
put / 194

Q

quiet / 195
quir/quist/quest / 153
quit / 301

R

rad / 276
radic / 280
range / 251
rav / 252
rid/ris / 292
rig/rect / 145
rod/ros / 151
rog / 152
rot / 124
rud / 88
rupt / 17

S

san / 253
sat / 74
scend / 156
sci / 306
scrib / 254
sect / 287
sens / 98
sequ / 117
sert / 255
serv / 51
sid / 99
sign / 256
sim / 225
sist / 146
soci / 54
sol / 289

solu / 257
somn / 258
son / 149
soph / 78
speci / 259
spect / 9
sper / 64
spers / 86
spir / 29
spon / 55
sta / 260
sting / 262
stit / 261
strain / 263
stru / 244
sum / 245
sur / 246

T

tact / 247
tail / 97
tain / 62
tect / 89
tempor / 83
tens / 20
terr / 302
test / 248
text / 249
thesis / 250
thus / 66

tim / 196
tir / 277
tom / 197
ton / 70
tort / 26
tour / 186
tract / 16
tribut / 198
trus / 80
turb / 199

U

und / 49
ut/us / 214

V

vac / 206
vag / 200
val / 18
van / 102
vas / 30
veget / 126
ven/vent / 67
vert / 19
vi / 68
vict/vinc / 44
vis/vid / 131
viv / 202
voc / 169
vor / 136
vuls / 201